向往的大学

全国优质大学全景指南

（下册）

赵爱平 ◎ 主编

湖南人民出版社·长沙

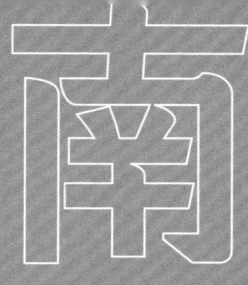
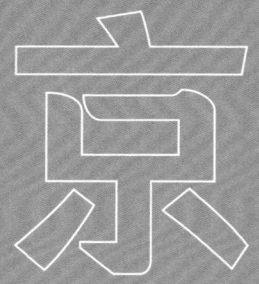

南京大学
如诗如画的南大四季 / 002

东南大学
关于东大的独家记忆 / 007

南京航空航天大学
雄鹰起飞，天蓝日暖 / 012

南京理工大学
选己所爱，择国所需 / 017

南京师范大学
在南师的日子 / 021

河海大学
因水而生、缘水而为、顺水而长 / 026

中国药科大学
只争朝夕，不负好时光 / 031

南京农业大学
在大地上书写种子的力量 / 035

南京林业大学
百廿南林，传琼林之美 / 040

南京信息工程大学
下个春天，相约宁六路 219 号 / 045

南京邮电大学
我与南邮的回忆 / 050

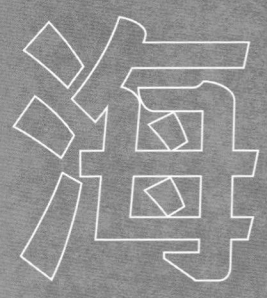

SAHNG HAI

复旦大学
复旦二十四小时 / 056

上海交通大学
燃不尽的上海交大 / 061

同济大学
同舟共济,自强不息 / 066

华东师范大学
不负青春的追逐 / 071

上海财经大学
百年财大的前世今生 / 076

华东理工大学
与华理的画卷 / 081

上海外国语大学
我们"语"众不同 / 086

上海科技大学
感受科技与艺术的魅力 / 091

上海体育大学
绿瓦下的追风者 / 096

武汉 WU HAN

成都 CHENG DU

武汉大学
月色绮丽，落"樱"缤纷 / 102

华中科技大学
我眼中的华科大 / 107

中国地质大学
倾听地球的生命脉动 / 112

武汉理工大学
金秋九月，武理见 / 117

华中农业大学
春风十里，华农等你 / 122

华中师范大学
桂子山下，不负好时光 / 127

中南财经政法大学
拥有硬币的两面 / 132

电子科技大学
我在成电等你 / 140

四川大学
以梦为马，不负韶华 / 144

西南财经大学
孜孜以求的西财人 / 149

西南交通大学
来日再相逢 / 154

西南石油大学
我的一百分母校 / 159

长沙 CHANG SHA

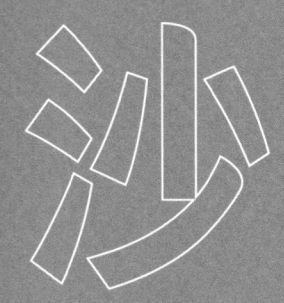

国防科技大学
祖国需要我们 / 166

中南大学
唯美有容，挚爱中南 / 170

湖南大学
秋红叶，历史长河染红了这些楼 / 175

湖南师范大学
在这个寂静的春天重走木兰路 / 180

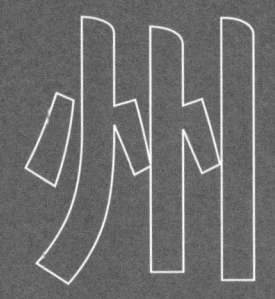

广州 GUANG ZHOU

中山大学
红墙绿荫，最美中山 / 188

华南理工大学
我爱极了这华园 / 193

暨南大学
岭南学子的精神后花园 / 198

华南师范大学
在这个秋天开启粉白浪漫情缘 / 203

合肥 HE FEI

深圳 SHEN ZHEN

中国科学技术大学
今时才识科大美 / 210

合肥工业大学
绒花一朵朵，坠落仙梦中 / 215

安徽大学
你是什么，安大就是什么 / 220

南方科技大学
年轻就是资本 / 226

深圳大学
年轻时尚，荔香满园 / 231

重庆 CHONG QING

杭州 HANG ZHOU

重庆大学
重大的多面之美 / 238

西南大学
雨僧楼下的百年约定 / 243

浙江大学
求知路上，永不停歇 / 250

厦门 XIA MEN

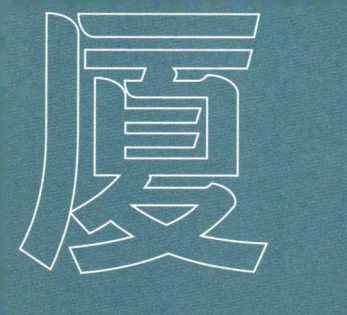

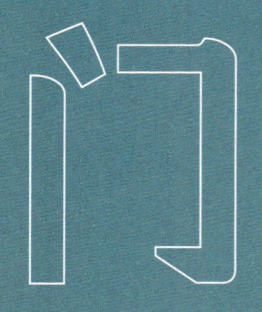

南昌 NAN CHANG

厦门大学
我的灵魂归处 / 256

南昌大学
我的母校前景无限 / 264

贵阳
GUI YANG

贵州大学
千人千面的贵大 / 270

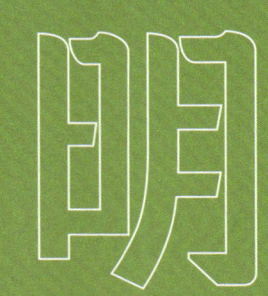

昆明
KUN MING

云南大学
百年云大的韵味 / 276

海口 HAI KOU

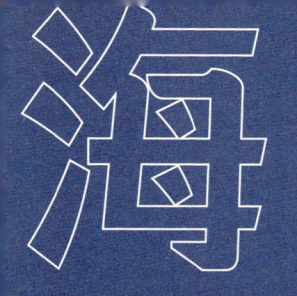

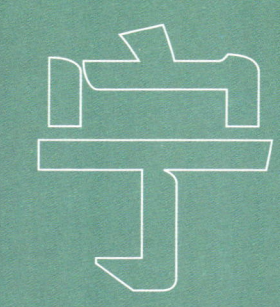

南宁 NAN NING

海南大学
面朝大海，春暖花开 / 284

广西大学
西大的美，等你亲自来挖掘 / 290

「校友印象」

NANJING UNIVERSITY

南京大学

如诗如画的
南大四季

在拿到大学录取通知书的那一刻，我的激动之情溢于言表。

南京大学鼓楼校区地处闹市，周边高楼林立，但不管外面的世界如何喧嚣，一踏进校园，时间在这里仿佛静止了。校园里有很多中西合璧的建筑，不但毫无违和感，从它们身上，还能看到东西方文化的巧妙融合。南大校园的绿化率很高，校内绿树成荫、鸟语花香、空气清新。南大人身上有一种特殊的文人气质，"嚼得菜根，做得大事"，这也是南大先驱们对后辈的要求。南大的学子，必须朴实谦逊地治学，这以便他们走出校门，也能向外展示那份文化自信。

鼓楼校区不大，但校区内的每条道路都能通往上课的教室，每天我会选择不同的路线，以便欣赏校园的美景。当前进的道路上缺少动力时，我会抬头仰望南大的百年大鼎，从先辈身上汲取精神力量。走在校园中，我经常会有种身处博物馆的感觉，我所见到的那些物件，仿佛都是难得一见的孤品，从它们身上，我可以感受到岁月的痕迹与历史的厚重。

藤蔓缠绕的北大楼，楼体外正中央是一颗闪闪的红星，它指引着每个南大学子，也提醒着每个南大学子不要忘记身为南大人的使命。从西大楼到运动场的途中，有一个叫念慈亭的地方，在这里可以看到各式各样的小屋子，其实这是温柔的南大学子给小猫们在校园里安的

家。这些慵懒的小猫，也给紧张的校园生活增添了一丝乐趣。吃饱喝足的小猫舒展着身躯，伸着懒腰，用自己的方式和路过的人打招呼。

沿着体育场走出南门后又是别有洞天，这里是南大学子休闲娱乐的"后花园"——创意集市金银街。我最喜欢去的是路口的杂货铺，店铺门口摆放着各种各样的多肉植物供人们挑选。老板娘是个很随性的人，选花的时候还能跟她聊几句，交流一些养花心得。

南京的春天不是很热，是百花盛开的季节，樱花、海棠、玉兰等争奇斗艳。骑车路过南雍大道时，仿佛风都是温暖的，和煦的阳光下，花瓣迎面飘落，芳香沁人心脾。

盛夏，南大的校园里简直美不胜收，路旁郁郁葱葱的梧桐为路过的人提供了大片的阴凉，这时在校园里行走，温度似乎要比市区低一点。生生不息的爬山虎，每到夏季，就会自然地装点每一座教学楼。

深秋的银杏小道，可以说是让人百看不厌。金黄色的银杏叶给校园披上了一层金衣。秋风吹起时，金黄的叶子也会随着风在空中旋转、飞舞，随后飘落，好不浪漫。每到此时，我就会随手捡几片好看的银杏叶，做成书签送给舍友。

南方的冬天其实不常下雪，每年若是有第一场冬雪总是会让我们欣喜若狂。银装素裹的南大，净化着学子的心灵。

南大的四季，是如诗如画的四季。让我们相约金陵城，在南大书写自己的人生篇章，收藏属于自己的南大记忆吧。

昔日东方教育之中心

★ **南京大学**

南京大学前身是创建于 1902 年的三江师范学堂，此后历经两江师范学堂、南京高等师范学校、国立东南大学、国立第四中山大学、国立中央大学、国立南京大学等历史时期，于 1950 年更名为南京大学。值得一提的是，在国立中央大学时期，学校已经发展成为一所文理为基本、兼有

农工商等专门应用学科的现代化大学，在当时被称为"东方教育的中心""中国现代科学大本营"和"中国自然科学的发祥地"。1952年，在全国高校院系调整中，南京大学调整出工学、农学、师范等部分院系后与创办于1888年的金陵大学文、理学院等合并，仍名南京大学，校址从四牌楼迁至鼓楼金大原址。"格物致知、追求真理"的科学精神和传统始终贯穿南京大学的发展史，成为南京大学办学最重要

的特色。一代又一代的南大人孜孜求索、攀高攻坚、为国争光、为民造福，涌现出一大批优秀的科研成果，蜚声国内外学界。

南京大学是国家"985工程""211工程""双一流"建设大学。学校占地5500多亩，图书馆藏书600多万册，设有40个院系、91个本科专业。师生方面，南京大学有本科生1万多人、硕士研究生1万多人、博士研究生9000多人、留学生1000多人；有教职工总计4000多人，其中专任教师2000多人。

南京大学的哲学、理论经济学、中国语言文学、外国语言文学、物理学、化学、天文学、大气科学、地质学、生物学、材料科学与工程、计算机科学与技术、化学工程与技术、矿业工程、环境科学与工程、图书情报与档案管理等16个学科已经入选"双一流"建设学科。同时，学校设有1个南京微结构国家实验室（筹）、7个国家重点实验室、1个国家工程技术研究中心、1个国家科技资源共享服务平台、1个国家应用数学中心、1个国家野外科学观测研究站、2个国家级2011协同创新中心等各类科研平台。

报考须知

 学费标准:

大多专业为 5200～7480 元 / 学年，软件工程专业第三、四学年为 16000 元 / 学年。

 住宿费用:

1200～1500 元 / 学年。

 录取规则:

南京大学按照分数优先的原则，依据考生高考实考成绩（不含政策加分，下同）进行专业录取，不设专业级差。实考成绩相同时，按照招生主管部门提供的投档位次排序。未提供投档位次的依次比较数学、语文、外语成绩。

南京大学戏剧影视文学为艺术类专业，报考考生高考成绩须达到所在省（区、市）同科类或首选科目类本科第一批次录取控制分数线或合并本科录取批次省（区、市）单独划定的相应分数线以上。南京大学按照各省（区、市）招生主管部门相应批次规定，依据招生计划和考生高考实考成绩录取。考生入学后不得转入其他专业。

生活在南京大学：

南京大学有 10 余个食堂，四、五、六食堂因良好的地理位置——紧挨着教学区、生活区、运动区，成为学生去的次数最多的食堂。四食堂的瓦罐汤、五食堂的羊肉面、六食堂的小炒都是人气王。九食堂环境优美，菜品也很独特。民族食堂则满足了少数民族同学的需求。十食堂是在图书馆自习的同学最爱的去处，里面的饭菜也丰富多样。

南大的宿舍基本为四人间，上床下桌布局，有洗手台、卫生间、开放阳台等。南大也提供了 12 人的大套间，配备独立卫浴以及客厅等。宿舍楼内还配有物联网式洗衣机、洗鞋机、烘干机、开水器、微波炉，生活便利。每栋宿舍楼设有通宵开放的大自习室，便于学生学习。

在南大，除了必修的专业课，还有形形色色的选修课，不仅可以学到新知识，还能拓宽视野，培养兴趣，像游泳课、油画课都非常热门。社团方面更是丰富多彩，有 BRAVO 吉他协会、九歌国风音乐社、仙语手语社、永遇乐相声社、古琴社、拉丁舞社、集庆会馆、CAC 动漫社、幻影魔术协会、长歌行配音社、南韵汉服社等。

第四轮教育部评定 A+ 学科：

天文学、地质学、图书情报与档案管理。

「校友印象」

SOUTHEAST UNIVERSITY

东南大学

关于东大的独家记忆

我们学校坐落在韵味十足的南京城里，它既有历史的温度，同时又颜值与实力并存，它就是东南大学。南京的地铁三号线，贯穿了东大三个校区，这大概就是南京这座城市给东大学子最好的礼物了吧。

整个东大，其实就像是一座建筑博物馆，设计上中西合璧，博采众长，每一栋教学楼都出自大家手笔，堪称经典。每块砖瓦，都见证着文化的传承和交融。在1923年落成的东大体育馆中，哲学家罗素和文学大家泰戈尔曾经发表过激情飞扬的精彩演讲，徐志摩在一旁流利地翻译，把最真实的信息传递给大家。无疑，这是一座充满了学术气息的体育馆。方方正正的李正文图书馆，和东大工科强校的身份非常契合。这座图书馆四周被一池碧水环抱，水面如同镜子一般，将图书馆倒映在水中。人们常说遨游在知识的海洋中，这里大概是这句话最形象的写照。

"正是江南好风景，'梅花'时节又逢君。"环境清幽古朴的梅庵，是东南大学的红色地标，见证着学校的历史变迁。与其说梅庵是一座建筑，不如说这里藏着学校的风骨，有着引领东大人的精神。历史上有太多文人墨客喜欢用梅花来形容人的风骨，有太多歌颂梅花的诗篇，一如梅花的品性，东大在面对挫折时，同样能够泰然自若。

学校西北角的千年古树六朝松，见证着南京城的历史变迁，更是东南大学的"活化石"。这棵树实为桧柏，据说是由梁武帝亲手栽种，虽然饱经风霜，但是在东大人的呵护下，这株桧柏如今依然苍劲葱翠。这棵桧柏也象征着东大旺盛的生命力，是东大学子的精神图腾，每次他们返校后，都会特意来这里，看到它，似乎又有了力量面对生活中的苦难。

记忆中，还有很多关于东大的幸福瞬间，这些回忆都值得我珍藏一生。在前工院南楼二楼的教室，和粉嫩的樱花来一场美丽的邂逅，这个教室就是传说中的樱花教室，东大的学子可以隔着教室的玻璃窗欣赏漫天飞舞的花瓣。

还记得报到的那一天，你把名字写在了签名墙的哪个位置吗？还记得你和东大的第一张合影是在哪拍的吗？对于饱含深情的东大学子来说，这些都是可以珍藏一生的独家记忆，常忆常新。

学府圣地

★ 东南大学

东南大学是中国较早建立的高等学府之一，素有"学府圣地"和"东南学府第一流"之美誉。学校创建于 1902 年的三江师范学堂，后历经两江师范学堂、南京高等师范学校、国立东南大学、国立中央大学等重要发展时期。1952 年，学校经过调整，在国立中央大学本部原址建立了南京工学院。1988 年 5 月，学校复更名为东南大学。2000 年 4 月，原东南大学、南京铁道医学院、南京交通高等专科学校合并，南京地质学校并入，组建新的东南大学。在 120 余年的办学历程中，东南大学始终心怀天下、心系祖国，为科学进步、民族复兴而自强不息、追求卓越，逐步形成了"严谨、求实、团结、奋进"的优良校风和"以科学名世、以人才报国"的办学理念，铸就了"止于至善"的校训精神。学校也始终把人才培养作为办学的根本任务，一个多世纪以来，为国家和社会培养了 38 万名各类优秀人才，涌现了一大批建功立业的精英翘楚，在东南大学工作或学习过的两院院士有 200 多位。

东南大学坐落于六朝古都南京，是享誉海内外的著名高等学府。学校是国家"985 工程""211 工程""双一流"建设大学。东南大学是一所以工科为主要特色的

综合性、研究型大学,涵盖哲学、经济学、法学、教育学、文学、理学、工学、医学、管理学、艺术学、历史学等多个学科。学校占地 5800 多亩,图书馆藏有各类纸本图书资料 400 多万册。学校设有 36 个院系,90 个本科专业。截至 2023 年 3 月,学校有全日制在校生 3.8 万余人;有专任教师 3000 多人,其中具有博士学位的教师超 3000 人,具有正、副高级职称的教师 2000 多人,博士研究生指导教师 1000 多人,硕士研究生指导教师 2000 多人。学校有两院院士 10 余人,欧洲科学院院士 3 人,国务院学位委员会第八届学科评议组成员 13 人。

东南大学学科优势明显,机械工程、材料科学与工程、电子科学与技术、信息与通信工程、控制科学与工程、计算机科学与技术、建筑学、土木工程、交通运输工程、生物医学工程、风景园林学、艺术学理论等 12 个学科已入选"双一流"建设学科。另外,学校有 3 个国家重点实验室,1 个国家技术创新中心,1 个国家工程研究中心,3 个国家地方联合工程研究中心,2 个国家工程技术研究中心等科研平台。

报考须知

 生活在东南大学:

东南大学有八大食堂,汇聚了来自天南海北的美食,学生足不出校就能享受到各种美味。其中九龙湖校区的桃园新食堂算是妥妥的网红食堂,环境优美,色彩搭配明亮,还提供了可预订包厢以及休闲空间,是同学们讨论学习、聚餐的好地方。食堂除了提供日常饮食,还会举行美食文化节。在庆祝建校 119 年的活动上,食堂烹制了 300 多道具有地域特色的菜肴供学生品尝,还免费发放了 1000 多斤小龙虾,同学们直呼吃得过瘾!

东大的本科生宿舍一般为四人间,带有空调等设施,床铺为上床下桌的结构,书桌旁是大衣柜,可以放置个人的衣物等,同时也提供了鞋柜。学校为每间宿舍提供了灭火毯,学生入住时如果发现缺失可以联系宿舍管理员进行领取。宿舍内禁止使用大功率的冰箱、洗衣机等电器。

东南大学为学生提供了不少有意思的选修课,其中舞龙课就深受学生喜爱,在老师的指导下,学生会在课堂上举起龙头、龙身，做着各种穿、腾、跃、翻的动作，摆出龙的各种不同姿态。不过舞龙既是技术活，也是体力活，选课的男生居多。社团方面，永乐相声队在学校甚至南京高校中都算得上是明星社团，入选过全国大中专学生最具影响力的十佳社团。该社团自创办以来已经举办过24届相声大会、21场撂地演出，还演出了大型古装相声剧《龙凤呈祥》，深受师生喜爱。

 第四轮教育部评定 A+ 学科：

艺术学理论、建筑学、土木工程、交通运输工程、生物医学工程。

 学费标准：

5200～7480元/学年。

 住宿费用：

600～1200元/学年。

 录取规则：

对于进档考生，学校按投档成绩从高分到低分排序，并按照各专业招生计划数依次录取（即分数优先）。对于同一专业，若考生投档成绩相同，文史类或首选科目为历史的综合改革省（区、市）考生依次比较语文、外语、数学成绩，实行"3+3"模式的综合改革类、理工类和首选科目为物理的综合改革省（区、市）考生依次比较数学、语文、外语成绩。

对所有专业志愿都无法满足的考生，如果符合各项条件且服从专业调剂，将调剂到其他专业。对所有专业志愿都无法满足且不服从专业调剂的考生，作退档处理。本规则适用于所有东南大学投放生源计划的省（区、市）。

按照顺序志愿投档的批次，在第一志愿考生生源不足的情况下，东南大学可接收非第一志愿考生，按照投档成绩择优录取。若符合条件的非第一志愿考生生源仍不足，将征集志愿。按照平行志愿投档的批次，未完成的计划也将征集志愿。征集志愿仍不足则将剩余计划调剂到其他生源质量好的省（区、市）完成招生计划。

「校友印象」

NANJING UNIVERSITY OF
AERONAUTICS AND ASTRONAUTICS

南京航空
航天大学

雄鹰起飞，
天蓝日暖

我们学校里有一尊雕塑，是一只准备展翅高飞的雄鹰。每次看到它，我都会抬头望向蓝天，心里的梦也跟随着它锐利的眼神飞向了苍穹。南京航空航天大学，也像一只雄鹰。学校被机场高速一分为二，这反而给它增添了几分浪漫，因为只要你俯瞰东西两区，就会发现它们像意欲展翅高飞的雄鹰的两翼。虽然东西区相隔有些远，但南航人的梦想并不遥远，因为我们有飞上蓝天的力量！

南航的航空航天专业早已名声在外，不少学子也是因为心中不灭的蓝天梦才苦读多年考来这里，而南航从来都没有让我们失望。1996年中国民航总局赠予的退役飞机、校园内的组装直升机，以及多架老旧机型残骸，它们都静静地躺在校园里，也许在一些观光的旅客眼里，这些不过是有趣新奇的展品，只是南航的装饰品。但在我眼里，它们承载着南航学子的青春记忆，更是我们追逐蓝天梦的见证者，一次又一次震动着我的心。

每当有所懈怠时，我就会到这些飞机残骸前静立几分钟，看着它们，心中那根松动的弦便绷紧了；每当茫然无措时，我就会去砚湖西南角的草坪上，看着竖立着的火箭模型，脑海里放映着理论课、实操课的画面，心中的热血便再次沸腾了起来；每当惴惴不安时，我会到那架退役的飞机前冥想，想象飞行员笑着向天空招手的样子，心中便再没了不安和畏惧。

飞机，承载了我的蓝天梦，而明故宫校区，给了我最佳的心灵抚慰。估计没有哪所学校像我们南航这么独特了，学校建在了明故宫的遗址上，我们只要走进校门就能近距离接触"明代史"，亲身感受历史的厚重感。所以一来到南航，我便对它一见钟情。玉带河，碧波荡漾，穿过了整个校区，在河畔闲走几步，不失为一种乐趣。太庙井和御园是太庙遗址，和普通的景点不一样，它们既是历史文化景观，又是南航传承中华历史文化的载体，通过它们，我们能与前人来一场跨越时空的深入对话。

也不知道为什么，我总能被这些历史留下的痕迹打动，我喜欢低下头仔细观察，循着痕迹，回顾它们见证过的悲与喜；也喜欢仰望蓝天，梦想着能早日翱翔长空。

正因为是在南航，我才能有无数次的机会近距离接触这些飞机；正因为是在南航，我才能触碰历史，与历史对话；正因为是在南航，我才会如此坚定自己的蓝天梦；正因为是在南航，我才会有机会展翅高飞！

"嗡嗡——"

你听，是直升机在我们头上盘旋的声音，我的同学正在进行飞行训练，他认真驾驶的样子真的很帅。

下一个就到我了，下下个会是你吗？

志在长空

★ **南京航空航天大学**

南京航空航天大学的前身是1952年创建的南京航空工业专科学校,是新中国自主创办的第一批航空高等院校之一,1956年升格为南京航空学院,同年苏州航空工业专科学校并入;1970年底,西北工业大学直升机专业调入;1993年,南京航空学院改名为南京航空航天大学。生于抗美援朝的战火日期,南航因航空而生、伴航空而长、依航空而强,始终秉长空之志、育国之栋梁,传军工之魂、铸国之重器,坚持"航空报国"的办学传统,发扬"团结、俭朴、唯实、创新"的优良校风,践行"智周万物,道济天下"的校训,栉风沐雨,砥砺奋进,不断推动学校跨越式发展。在70余年的办学历程中,学校为国家培养了19万余名各类高级专门人才,校友中涌现出了25位两院院士,数十位省部级党政领导干部和将军,以及一大批著名的科技专家和管理专家。

南京航空航天大学是国家"211工程""双一流"重点建设大学,学校是一所以工为主、理工结合,工、理、经、管、文等多学科协调发展,具有航空航天民航特色的高水平研究型大学。学校设有20个学院,64个本科专业。学校占地3000多亩,图书馆有300多万件印刷型文献、170个中外文数据库、1000多万册各类电子型及数字型文献信息资源。截至2023年4月,

学校共有学生3万多人；有教职工3000多人，其中专任教师2000多人。

学校"双一流"建设学科有力学、控制科学与工程、航空宇航科学与技术3个学科。同时，学校设有200多个科研机构，包括国家（级）重点实验室10个、国防科技工业创新中心1个、省部共建协同创新中心1个、国家地方联合工程实验室1个、国家工科基础课程教学基地2个、国家基础学科拔尖学生培养基地1个、国家级实验教学示范中心4个。

报考须知

 生活在南京航空航天大学：

南京航空航天大学的食堂早已经出圈，还曾上过《天天向上》，可谓"别人家的食堂"。南航的食堂都十分具有特色，在设计上有航天主题、运动主题、港式主题、中式竹林主题、智能科技主题等。航天主题餐厅自然跟航天有关，拱形的墙面与椭圆形的玻璃窗营造出机舱的氛围，食堂内还随处可见"登机口""VIP头等舱"的牌子，以及高飞C919、歼-10等模型，在这吃饭会给你一种在飞机上吃饭的感觉。除了梦幻般的设计，南航各大食堂的味道也很不错，几乎没有踩雷的。航空餐厅的卤肉饭、重庆小面，运动餐厅的水饺、冒菜，民族餐厅的大盘鸡、烤鱼等，都备受好评。在毕业季举办的"飞天小龙虾节"中，学生可以品尝到蒜香、麻辣、十三香等各种口味的小龙虾，让人直呼过瘾！学校的智能结算系统也值得一提，它会自动计算餐盘中食物的价格并且显示热量、蛋白质、脂肪、卡路里等信息，师生不用担心摄入超标。

学校宿舍大多为标准的四人间，带独立的卫生间、空调、热水器等。每栋宿舍楼都有洗衣房、微波炉，方便日常生活。不过，也有宿舍是使用大小寝的模式，四人为一小寝，四小寝为一大寝，共用客厅、卫生间、阳台、沙发等。

学校为学生开设了名为南航滋味的厨艺选修课，在课堂上，老师从理论知识的讲解到切菜、炒菜等实践操作的指导，每个环节都不会落下。学生学成之后不说可以变为厨艺大师，但应付日常生活是足够了。除了厨艺课，喜欢运动的同学还可选修橄榄球、跆拳道等课程。学校还有剪纸、相声、建模、舞蹈、吉他、摄影等各种不同类型的学生社团。

 学费标准：

学费由专业学费和学分学费组成，专业学费按学年收取，学分学费按学生学年实际所修课程的学分数收取。新生入学第一学年初按所学专业学年收费标准预收学费，其中，工科类为5800元/学年，理科类为5500元/学年，文科类为5200元/学年，艺术类为6800元/学年，省优势学科专业上浮10%。在下一学年开学时，根据学生上一学年实际所修的学分，按多退少补的原则进行学费结算，第二学年及以后根据学生选修学分数收费。中外合作办学专业国内为26400元/学年，国外学费按照国外高校收费标准收取。少数民族预科班在预科阶段的学费按学校现有专业最低学费标准收取，为5200元/学年。

 住宿费用：

800～1500元/学年。

 录取规则：

报考英语、日语、飞行技术专业的考生，要求外语语种为英语。其他专业无外语语种限制，但考生进校后，除日语专业外均以英语为第一外语。

飞行技术专业根据委托单位的培养需求只招收男生；根据专业培养特点和行业实际情况，交通运输（空中交通管制与签派）专业建议男生报考，女生慎重报考；其他专业无性别限制。

飞行技术专业的体检要求按中国民用航空局颁布的《民用航空招收飞行学生体检鉴定规范》（MH/T 7013—2017）执行；结合民航专业特点，飞行器适航技术专业、交通运输专业各方向要求肝功能正常、色觉正常，交通运输（空中交通管制与签派）专业还要求考生单眼裸视E字表4.0以上，无语言、发音、听力障碍；应用化学专业要求色觉正常。

对进档考生（除内蒙古自治区）按分数优先的原则依据投档成绩安排专业，不设专业级差。投档成绩相同时，文史类（或首选科目为历史）考生依次比较语文、外语、数学成绩，理工类（或首选科目为物理）、3+3模式综合改革类（除飞行技术专业）考生依次比较数学、语文、外语成绩。

「校友印象」

NANJING UNIVERSITY
OF SCIENCE & TECHNOLOGY

南京理工大学

选己所爱，择国所需

六朝古都南京，有这样一所高校，它既有底蕴深厚的人文环境，又有风景如画的校园环境，在灿烂的学术星海中闪耀着璀璨的光芒，为共和国国防科技事业的发展做出了不可磨灭的贡献。从这里走出的学子，至今依然活跃在国防军工领域的各个战线上，它就是被誉为"国防七子"之一的南京理工大学。

南理工有全国少见的兵器博物馆，从古老的手工枪支火炮，到现代化的高精尖信息化兵器，里面全是独一无二的藏品，令很多军事爱好者心驰神往，为之震撼。南理工的学子不仅对这里的馆藏如数家珍，还对这些兵器的原理和构造了如指掌。

理工科的学习是枯燥无味的，大量的基础性原理让人有点疲于应对。但我们深知只有打好了基础，才能在实战操作中得心应手。理论和实践结合，才能发挥更大的作用，而南理工为我们搭建了畅想的平台，让枯燥的理工科学习变得更为有趣。老师要求我们熟练掌握发动机的原理，并在实操课上独立进行拆卸和组装。来到南理工之前，这对我们来说是无法想象的挑战。在这样一所以实践为特色的高校里，任何复杂的难题都会被解决，任何复杂的构造都可以被拆解。南理工学子的动手能力是毋庸置疑的，在一年一度的"挑战杯"学科竞赛上的硕果累累就是实力的证明。

南理工并非只有枯燥的试验场，这里更是一处浑然天成的风景区。如果说南京城是一座古典的大园林，那么南理工就是一个浓缩的南京城。学习之余，南理工学子随时都可以来到明城墙，感受古时的风物之美。三月，草长莺飞的季节，校园里更是景色绝佳。我最爱校园里成片的二月兰，它们生长在笔直高大的水杉树下，清新脱俗，让人无法抗拒，总是忍不住驻足停留。二月兰朴实无华，低调地绽放，装点着校园，和南理工人的务实精神不谋而合。闷热的夏季，行走在明城墙边枝繁叶茂的法国梧桐树下，就再也不想走近喧嚣的城市。

南理工更不乏陶冶情操的地方，所谓处处是风景，处处是情怀。小巧精致的"三迎桥"坐落在紫霞湖上，毫无违和感地融入了周边的山水之中，是拍照的绝佳点。来到"冶园"，梅花朵朵，紫薇树成片。据说这里还有南京城里最年长的紫薇树，树龄已经超过百年。

我最爱绿荫遮蔽的校园小径，走在一草一木之间，不仅可以放松精神，愉悦身心，还能净化心灵，陶冶情操。在南理工，我们不断地收获和成长，"选己所爱，择国所需"，今生足矣。

兵器技术人才摇篮

★ 南京理工大学

1952年，在毛泽东、彭德怀的指示下，陈赓着手筹建一所陆海空军综合性的军事工程技术学院。终于在1953年9月，在哈尔滨创建了日后对中国军队及中国高校都影响巨大的军事工程学院，简称哈军工。第一任院长即为陈赓大将。当时，学院分设空军、炮兵、海军、装甲兵、工程兵五个工程系，而南京理工大学的前身则是哈军工炮兵工程系，后来又经历了华东工程学院、华东工学院等发展阶段，1993年正式更名为南京理工大学。建校70多年，学校坚持"以人为本，厚德博学"的办学理念，秉持"进德修业，志道鼎新"的校训，弘扬"团结、献身、求是、创新"的校风，以服务国家战略需求、推动社会进步为使命，累计为国家培养输送了19万余名各类高级专门人才，其中16人当选两院院士。学校也被誉为"兵器技术人才摇篮"。

南京理工大学是国家"211工程""双

一流"建设大学，学校涵盖工、理、法、文、管、经、教育等多个领域，设有21个专业学院。学校占地3200亩（南京校区），图书馆有纸质图书280余万册。截至2023年4月，学校有全日制学生3万多名，其中留学生1000余名；有教职工3500余人，含专任教师2300余人，其中具有高级职称者1600余人、高层次人才600余人，包括两院院士27人、外国院士4人、国家级领军人才63人、国家级青年人才107人。

南京理工大学的"双一流"建设学科有兵器科学与技术，学校另有国家级重点实验室3个，前沿科学中心1个，国家级工程技术研究中心1个，国家地方联合工程实验室1个，国家级技术研究推广中心1个，国家级技术研究开发中心1个，国家级检测中心2个，省部共建协同创新中心1个，省部级科研平台(哲社基地)75个。

报考须知

生活在南京理工大学：

南理工有 10 多个食堂，煎炸烹煮样样都有。星苑的麻辣香锅常年霸榜南理工学子最爱的美食，一到饭点窗口就排着长长的队伍。风味美食广场的杂粮煎饼、卫孔记面馆经受住了代代学子的考验，在南理工久负盛名。明苑的瓦罐汤，也是个开了十几年一直受欢迎的老窗口。即便毕业后，有些同学也会一直怀念南理工食堂的美食，甚至会为了它而返校。

南理工的宿舍不仅有标准间，还有无障碍宿舍，方便特殊同学出入。宿舍大楼刷脸进出，寝室门为指纹解锁，智能方便。宿舍一般为上床下桌的四人间，带储物柜等，且 24 小时不间断提供热水。宿舍楼不仅配备了洗衣房等生活设施，还设置了心理咨询室，可服务于有需求的同学。

南理工的军事地形学与定向越野选修课已经火爆多年。这门课的上课方式很新颖，老师会带着同学们夜爬紫金山，他们凭借地图按照预定路线前进，在途中完成坐标任务，上过这门课的同学都表示，自己的路痴症被治好了。还有儒释道——中国传统思想概说这门哲学课，虽然上课时老师从不点名，但每次都是座无虚席，它颠覆了很多人对哲学的理解。南理工大概有 90 多个社团，同学们可以在娱乐中学习、在学习中成长，像登山协会还曾成功登顶珠穆朗玛峰。

第四轮教育部评定 A+ 学科：

兵器科学与技术。

学费标准：

普通类学费有 5200 元 / 学年、5800 元 / 学年、6380 元 / 学年等不同标准。

住宿费用：

1200 元 / 学年。

录取规则：

对于所有进档考生，学校根据投档成绩从高分到低分录取并安排专业，各专业志愿之间不设级差。

在实行高考改革的省（区、市），考生所报考专业（类）必须符合学校选考科目要求。

学校根据有关省（区、市）招生录取改革的建议要求，制定相应录取方案。其中：内蒙古自治区采用"专业志愿清"录取规则，即在招生计划 1∶1 范围内按专业志愿排队录取。

按照顺序志愿投档的批次，在第一志愿考生生源不足的情况下，学校可接收非第一志愿考生，按照投档成绩择优录取。

「校友印象」

NANJING NORMAL UNIVERSITY

南京师范大学

在南师的日子

我的母校南京师范大学是中国创办较早的师范院校之一，历史悠久，文化多元。

南师的美，来自建筑之美，植物之美，风景之美，人文之美。对历史的尊重，是南师人的天赋和秉性。"北有燕园，南有随园"，北大的燕园与南师的随园，出自同一位设计师之手。不过比起北园的雄伟大气，随园更加精致秀丽，随便推开一扇窗，窗外就是红墙绿瓦、雕梁画栋的江南园林。

校园的建筑，是活着的文物，是对历史风貌最好的保留和最真实的还原。100号楼作为随园最具标志性的建筑，众多前辈曾在这里潜心耕耘、著书立说、殚精竭虑。如今100号楼已有超百年历史，却历久弥新，这不仅要得益于学校的不断修缮，还要得益于先辈们在这里的沉淀，为它注入的精神力量。如今的它不只是一座建筑，还是南师的精神图腾。华夏图书馆，也是一代代南师人魂牵梦绕的地方，在这里学习是一种高度的精神享受。穿行在学海、学正、学明三座教学楼之间，汲取着知识，发散着思维，收获着人生，我们就这样度过了四年的大学时光。

梧桐树是南京城的一种文化符号。南师的校园里，绿树成荫，其中最具代表性的树种便是梧桐树。枝繁叶茂的参天大树，造福着一方学子。春天，它萌发新芽，蕴藏着无限生机。盛夏的南京热气腾腾，南师的梧桐给了我们难能可贵的清凉。道路两旁的梧桐整齐地在一起牵手，搭建绿意盎然的叶幕。学子穿行在这绿色隧道里，灵魂似乎都得到了洗涤。

我在南师收获了知识，也收获了简单的快乐，月亮湾功不可没。月亮湾是南师学子的一个舞台。夏日的傍晚，

我们在这里参加活力四射的草地音乐节；众多社团更喜欢在这里各显神通、招贤纳士；热力四射的水火箭大赛也在这里举办，让人感受科技的力量。

起霞坡，顾名思义，是霞光升起的地方，于我而言更是培养友谊的地方。带着书本和零食坐在宽阔平整的草地上，跟三五好友一起看朝霞。在欢声笑语中，和大自然亲密接触。不远处的采月湖，天鹅嬉戏，树影斑驳，让人沉醉不知归路。这样的美景，有没有拨动你的心弦？

动静相宜，是我们南师学子的一个特

正德厚生，笃学敏行

★ **南京师范大学**

南京师范大学的主源可追溯到 1902 年创办的三江师范学堂，该学堂是中国高等师范教育的发祥地之一，后历经两江师范学堂、南京高等师范学校、国立东南大学、国立第四中山大学、江苏大学、国立中央大学、国立南京大学等时期；其另一源头为 1888 年创办的汇文书院，后发展为金陵大学，1951 年与金陵女子文理学院（曾称金陵女子大学）合并，成立公立金陵大学。1952 年，原南京大学、公立金陵大学等有关院系合并组建南京师范学院。学校名家大师辈出，文化底蕴深厚，诸多蜚声海内外的专家学者曾在此主政或执教。目前更有一大批国内外知名的专家学者在此潜心耕耘，著书立说，培育后学。经过一代又一代南师人薪火相继、身教言传，历史性地生成了"严谨朴实"的学术品格，形成了"以人为本"的厚生传统，砥砺出"团结奋进"的拼搏意识，培育出"追求卓越"的创新精神。学校以"正德厚生、

点。学校有 30 多个运动场供我们挥洒汗水。在教室里进行过头脑风暴后，到运动场上来一场快节奏高强度的篮球赛，既感受了竞技体育的魅力，也释放了压力。校园马拉松也是南师的特色之一，长距离的奔跑，不仅磨炼了我们的意志，也让我们懂得了坚持的意义，这和治学研究殊途同归。不管大家是不是专业的马拉松运动员，只要参与进来，就已经胜利。

历史长河中，群星闪耀，而这里面，必然有南师学子发出的一束光。

笃学敏行"为校训，形成了"严谨、朴实、奋发、奉献"的优良校风。

南京师范大学是国家"211工程""双一流"建设高校，也是一所百年老校，有着"东方最美校园"之称。学校学科覆盖哲、经、法、教、文、史、理、工、农、医、管、艺和交叉学科等门类，设有二级学院28个，独立学院2个，79个专业。学校占地超3000亩，图书馆为全国古籍重点保护单位，有纸本文献380多万册。截至2023年5月，学校共有普通本科生2万余人，在校研究生1万多人；有在职教职工3000多人，其中专任教师2000多人。在专任教师中，有正高级职称600多人，副高级职称700多人，院士2人，国家级突出贡献专家2名，"百千万人才工程"国家级人选7名等。

目前学校拥有国家"双一流"建设学科1个（地理学），学校很重视科研发展，设有江苏省生物医药功能材料国家地方联合工程研究中心，2个教育部重点实验室，多个省重点实验室，以及包括江苏法治发展研究院、南京师范大学道德教育研究所、江苏省创新经济研究基地在内的数家省部机构。

报考须知

🎓 **生活在南京师范大学：**

南京师范大学大小食堂共20多个，汇聚了来自天南海北的各种美食。东区的鸭血粉丝+小笼包套餐，是每一位南师人必尝的经典美食，其鸭血嫩滑，粉丝筋道，小笼包鲜香，令人回味无穷；还有麻辣香锅，吃起来又麻又辣，十分过瘾，让人欲罢不能；自选快餐种类丰富，经济实惠；拔丝香蕉软糯香甜，椒麻鸡拌面富有嚼劲。另外，西区的金牌瓦香鸡、南区的菠萝套餐饭、老北区的烧烤、新北区的炒锅面与掉渣饼等都非常具有人气，深受学生喜爱。

南师大的宿舍环境优良，生活园区绿草如茵，公寓楼内四季摆放着盆栽花木，空气清新。宿舍一般为四人间，带有独立卫浴、空调以及标准化家具等，且不断水、不断电。宿舍楼内设置了洗衣房、自助打印机、开水房，同时宿舍服务区还会提供很多生活类服务，比如供应病号饭、订牛奶、保洁、提供应急开水等，也会定期组织沙龙、英语四六级辅导、插花等各类活动。

南师大也有不少新颖有趣的选修课，比如在中国民族民间舞蹈鉴赏课上老师还会亲自上场演示舞种，从东北秧歌、西藏果谐到全国其他各民族的特色舞蹈，老师都无所不会。而社团方面，五星级社团光裕戏曲社、趣多多相声社，四星级社团文博义工社、伯藜学社、南京师范大学江豚保护协会、蓝声Blues吉他协会等都为丰富同学课余生活、服务学生多元能力发展贡献了很大的力量。

学费标准：

工科类为5800元/学年，理科类为5500元/学年，文科类为5200元/学年，艺术类为6800元/学年，体育类为5300元/学年，其中省优势学科部分相关专业上浮10%。中英合作办学专业国内为26400元/学年，国外学费按照国外高校收费标准收取。

住宿费用：

600～1500元/学年。

录取规则：

对于投档分相同的江苏省进档考生，依次按语文数学两科成绩之和、语文或数学单科最高成绩、外语单科成绩、首选科目单科成绩、再选科目单科最高成绩由高到低的顺序择优录取并安排专业，最后处理各专业志愿不能满足但服从专业调剂的考生。

对于投档分相同的江苏省以外进档考生，依次按语文数学两科成绩之和、语文或数学单科最高成绩、外语单科成绩从高到低的顺序择优录取并安排专业，最后处理各专业志愿不能满足但服从专业调剂的考生。

报考学校外语类专业的考生高考外语语种须为英语，并热爱外语类专业且英语基础扎实。其他专业不限制考生应试的外语语种，但学校的公共外语课只开设英语课程。

「校友印象」

HOHAI UNIVERSITY

河海大学

因水而生、缘水而为、顺水而长

在六月的骄阳中，目送着舍友离去的身影，我也将离开这所学习和生活了四年的大学。回首刚入学时的日子，万千学子相聚河海，共筑梦想。是河海大学，让大家相遇，让我们在这里汲取知识，收获友谊，雕琢人生，最终毅然挥手，各自奔赴各方。

在很多高校都用各种鲜花来争奇斗艳的时候，河海大学选择用低调的绿来浸润学子的心灵。鼓楼校区的水文水资源学院，每到夏季就会长满郁郁葱葱的爬山虎，像是给这栋楼换上了绿色的新装。被包裹在绿色海洋中的楼宇，仿佛一位儒雅的书生在静静地思考。能够在这样的教学楼里上课，我的身心也感到格外放松。

河海大学是传说中"别人家的大学"，有五层楼高的餐厅，有全天候开放的图书馆，甚至有在天花板上安装麦克风的教室。河海大学的图书馆里还有一座文艺气息十足的旋转楼梯，它是电影《致青春》的取景地之一。这座旋转楼梯从任何角度看过去，都有一种错落之美。学子已经将这里视为学校的文化符号，毕业照里也总少不了它的身影。

河海大学因水而生、缘水而为、顺水而长。百年河海，不仅拥有得天独厚的校园环境，水利类专业的实力更是相当雄厚，想要在这座"皇家水利学院"里深造，必须成为佼佼者才行。河海人具有水的灵气与秉性，懂得因势利导，顺势而为。从长江三峡大坝到黄河小浪底，再到南水北调……这些世纪工程里面，都有河海人躬身践行的身影。"钟灵毓秀石头城，人才蒸蔚起。河疏湖蓄水利兴，工学昌明时。"这是前人送给河海的生日祝福，正如校歌所唱，哪里有水资源，哪里就有巧夺天工的河海人奋斗的身影，河海人的足迹可谓遍布五湖四海，这也是属于河海学子的自信和骄傲。

于我而言，最不舍的是相处了四年的同学。四年的同窗时光，成为了我对河海最深的眷恋。我们一起去图书馆遨游书海，一起争抢梧桐树下的阴凉，一起去食堂吃 15 元一份的龙虾面，一起在运动场上摇旗呐喊，一起在旋转楼梯上合影，一起畅想未来。河海大学，满足了我对大学所有的期待，青春无悔，回忆永恒。

水利行业的黄埔军校

★ **河海大学**

河海大学源于1915年由近代著名爱国实业家、教育家张謇创办的河海工程专门学校，是中国第一所培养水利人才的高等学府，开创了中国水利高等教育的先河。张闻天、沈泽民等无产阶级革命家曾在河海求学，并从这里走上革命道路。1924年学校与东南大学工科合并成立河海工科大学，1927年并入第四中山大学土木工程系（后历经江苏大学工学院土木系、中央大学工学院水利组、中央大学水利系、南京大学水利系等多次更名）。1952年，南京大学水利系与交通大学、同济大学、浙江大学等高校的水利系科以及华东水利专科学校组建华东水利学院，钱正英为首任院长。1985年恢复传统校名"河海大学"，邓小平同志题写了校名。100多年来，学校在治水兴邦的奋斗历程中发展壮大，被誉为"水利高层次创新创业人才培养的摇篮和水利科技创新的重要基地"，也为社会培养了25万余名毕业生。

河海大学是国家"211工程""双一流"建设高校，也是一所拥有百余年办学历史，以水利为特色，工科为主，覆盖了哲学、经济学、法学、教育学、文学、理学、工学、农学、管理学等多个学科门类的重点大学。学校设有20多个院系，70多个本科专业。学校占地面积2400多亩，图书馆藏书300多万册。学校有学生5万多名；有教职工3000多名，其中具有高级职称的教师

1000多名。此外，学校有院士5人（其中外籍院士3人）。

河海大学的"双一流"建设学科有水利工程、环境科学与工程2个。学校拥有水灾害防御全国重点实验室和水资源高效利用与工程安全国家工程研究中心，12个省部级重点实验室，1个省部共建协同创新中心和4个江苏省高校协同创新中心。

报考须知

🎓 生活在河海大学：

河海大学西康路校区设有金水餐厅和学生城食堂（三楼为教工餐厅），江宁校区设有将军山餐厅（四楼为教工餐厅，五楼为宴会厅）、叠翠山餐厅和牛首山餐厅。西康路的学生城食堂设计感强，到处可见河海元素。食堂内有30多个窗口，选择丰富，餐厅内实现了全自动收餐，科技感满满。食堂一楼还设有小舞台，三楼有演讲区，配备灯光、音响等设备，在用餐时间之外，食堂可化身为自习、休闲、讨论的场所供学生使用。

河海大学的宿舍均为上床下桌布局的四人间，带空调、独立卫浴，还配备大衣橱。宿舍楼一楼设置了洗衣房，学生可通过小程序扫码使用，并且可实时查询洗衣进度，智能又便利。另外，江宁校区每幢学生公寓均设有管理站、接待室和活动室。

选修课的最高境界是让你舍不得逃课，河海大学的大学生心理学课、篮球赛事赏析课、漫话南京课都是属于这一类型的课程，深受学生喜爱。另外，学校还设有烹饪课，烹饪大师会亲自教授如何做蛋糕甜点，在这门课上学生不仅可以学到技能，也不用担心饿肚子。河海大学总共有200多个社团，比如有热烈的摇滚社、高颜值的JK模特社、霸气的双节棍社、幽默有趣的南腔北调相声社、弘扬传统文化的舞狮协会等，像舞狮协会早在

2003年就已经成立，在每年的迎新晚会、校运会、文化节上都能见到他们舞动的身影。

第四轮教育部评定 A+ 学科：

水利工程。

学费标准：

普通类为 5200 ~ 6380 元 / 学年（按专业收费），艺术类为 6800 元 / 学年，中外合作办学项目的环境科学专业为 26400 元 / 学年，河海里尔学院的土木工程、机械工程专业为 58000 元 / 学年。

住宿费用：

江宁校区、常州校区住宿费为 1500 元 / 学年，西康路校区住宿费为 750 ~ 1400 元 / 学年。

录取规则：

对实行平行志愿投档的批次，按照平行志愿投档规则，对填报河海大学志愿且投档到学校的考生择优录取。如投放计划未完成，剩余计划将公开征集志愿，征集仍未完成的将调整至生源充足省（区、市）。对实行非平行志愿投档的批次，将采用"志愿清"的办法，优先录取第一志愿报考河海大学的考生；第一志愿生源不足时，方录取第二志愿报考河海大学的考生，依次类推。

学校专业排序分采用各省（区、市）招生主管部门提供的考生投档分，各专业志愿之间不设级差。对所有已投档考生按投档成绩分科类排队，从高分到低分按照各专业招生计划数录取。对所有专业志愿都无法满足的考生，如果服从专业调剂，将调剂到其他专业。对所有专业志愿都无法满足且不服从调剂的考生，作退档处理。

学校在内蒙古自治区实行"招生计划1∶1范围内按专业志愿排队录取"的录取规则。各省（区、市）如考生投档成绩相同，则依次比较语数总分、数学成绩择优录取。

英语专业仅招收英语语种考生，法语专业只招收英语或法语语种考生，其他招生专业外语语种不限。

「校友印象」

CHINA PHARMACEUTICAL UNIVERSITY

中国药科大学

只争朝夕，不负好时光

相信大家都听说过神农尝百草的故事，对于神农很多人都非常敬佩。而在中国药科大学里，当代的"神农们"正沿着先贤的足迹，用全新的方式探索着真理。

学校的药用植物园里，有上千种植物，满足了学子的探索之心。千万别小看这些默默无闻的花花草草，它们具有极高的药用价值，等待着药科大学子去挖掘。

南京的每所高校几乎都有自己的樱花大道，药科大也不例外。每年春季，樱花苑不同品种的上千株樱花树竞相开放，微风拂过时，便会下起樱花雨，让人仿佛置身于樱花的海洋，浪漫极了。不过，在药科学子的眼中，樱花不仅具有观赏价值、食用价值，更具药用价值。樱花树全身都是宝，它的树皮、木材、叶子等均可入药。所以说，药科大的每棵樱花树都是有其独特价值的。

除了樱花，药科大的彼岸花也是一道亮丽的风景线。每逢9月开学季，彼岸花总是毫无保留地绽放，热情如炽，血红如炽。彼岸花数量不多，但是光芒足够耀眼，即便最美的夕阳在其耀眼的光环之下也会稍显逊色。彼岸花的花和叶子是永不相见的，有叶时无花，开花时无叶。在常人看来这是一种遗憾，但我却觉得，正因为有叶的厚积薄发，才成就了花的绚烂。这是叶的牺牲，是明知前路艰险却依旧勇往直前的豪气，一如药科大学子为药学事业奋斗的决心。

和樱花大道隔湖相望的实验楼里总是灯火通明，学子昼夜不停地做着实验，因为我们深知只有经过反复的实验论证，才能出具科学严谨的实验报告。在GMP实训中心，我们可以在媲美一流药企的标准化生产车间进行实践，在学习的同时也积累了工作经验。药学动物实验中心对于刚入学的学子来说是一个充满神秘感的地方，我们要感谢里面可爱的小动物们为药学的发展做出的重要贡献。

都说我们学校图书馆的外观恢宏而不失灵动，但其实它的内里更为丰富，多达七层的馆藏，可以任由学子在书海中徜徉。温文尔雅的理工科学子其实很善于表达自我，在学校的涂鸦墙上，就可以看到大家天马行空的想象力。学子们在小小的一面墙上，用富有想象力的涂鸦，来表达自己的内心。

秦淮河穿城而过，给南京这座历史名城增添了不少柔情。药科大的镜湖，烟波浩渺，夏季酷暑未退的傍晚，漫步湖边，凉风习习，全身心都得到了放松。风中飘来的不是湖水的腥气，而是淡淡的花草香，此刻，灵魂仿佛都得到了洗涤。四年的时间太短，药科大还有太多的美等待着你去挖掘，让我们只争朝夕，不负好时光吧！

中国生物医药人才摇篮

★ 中国药科大学

中国药科大学是我国历史上第一所由国家创办的药学高等学府，素有"中国生物医药人才摇篮"的美誉。学校始建于1936年，前身为国立药学专科学校（本科，四年制）。建校初期，抗战全面爆发，学校初迁汉口，复迁重庆，精研学术，哺育英华；1946年回迁南京；1952年，齐鲁大学药学系和东吴大学药学专修科并入学校，成立华东药学院；1956年更名为南京药学院；1986年与筹建中的南京中药学院合并，成立中国药科大学。80多年来，学校秉承"精业济群"的校训精神，兴药为民、荣校报国、存心以仁、任事以诚，有着深厚的文化底蕴，铸就了独特的治校品格，努力成为"全球最受尊敬的药学高等学府"。80多年来，学校先后培养了10多万名毕业生，一大批学术栋梁、行业领袖和政界精英在卫生健康事业方面发挥了重要作用。

中国药科大学是国家"211工程""双一流"建设高校，学校以药学为特色，是一所多科性的研究型大学。学校有16个院部，31个本科专业（类）。学校占地2100余亩，图书馆有印刷型文献百万余册。截至2023年3月，学校有全日制在校生1.9万余人；有在职教职工1800余人，其中专任教师1100余人。学校会聚了医药领域众多知名专家，走出了10位院士和一大批药学领域著名专家学者，并且有中国工程院院士1人、德国科学院院士1人。

学校的中药学已被列入"双一流"建设学科名单，同时建有"多靶标天然药物"全国重点实验室和省部级重点实验室、工程技术中心以及创新平台，实现了化学药、中药、生物药三大领域科研平台的全覆盖，为各类新药的研发提供了全方位服务。

报考须知

生活在中国药科大学：

药科大江宁校区有第一食堂、第二食堂，不过药科大学子对食堂有独特的称谓：1.1 就代表着一食堂一楼，1.2 就代表着一食堂二楼，以此类推。菜品方面，1.1 的饺子、2.1 的瓦香鸡、蛋黄牛油饭，都很美味。如果你想吃面食，那么 1.2 的大秦故里是个不错的选择，这里有陕西牛肉面、岐山臊子干拌面、肉夹馍等，选择丰富。

药科大的宿舍大多为上床下桌布局的四人间，宿舍内有大衣柜、储物柜，还带空调、热水器、独立卫浴、阳台。宿舍楼一楼有洗衣房，开学后各宿舍也可以根据需求申请安装洗衣机，而且，在学校住宿期间每位新生有 320 度的免费用电额，水费全免，这很让人惊喜。

药科大的选修课多得让人眼花缭乱，串珠和手链编织这门课旨在弘扬与传承中华文化传统手艺，舌尖上的非遗文化课则以介绍各地美食为主。社团方面，梨园春雪戏曲社很值得一提，该社团成立已经有 10 余年时间，致力于传播国粹、弘扬传统文化，也为同学们搭建了一个了解与学习戏曲的平台。社团的戏曲种类丰富，有京剧、昆曲、越剧、黄梅戏、锡剧等，而且社团还会不定期邀请戏曲表演艺术家来学校开讲座。

第四轮教育部评定 A+ 学科：

药学。

学费标准：

有 5200 元 / 学年、5800 元 / 学年、7480 元 / 学年等不同标准，中外合作办学类国内学习阶段学费为 26400 元 / 学年，国外学习阶段学费按照该年英方学校收费标准收取。

住宿费用：

1500 元 / 学年。

录取规则：

对进档考生按照分数优先的原则依据投档成绩安排专业，专业志愿间不设分数级差。在投档成绩相同的情况下，文史类考生依次比较文综、语文、外语、数学成绩，理工类考生依次比较理综、数学、语文、外语成绩，实施高考综合改革省（区、市）的考生依次比较数学、语文、外语成绩。

在专业招生规模允许的范围内，学校将根据考生专业志愿情况适度调整专业招生计划安排。

报考英语专业的考生限考英语语种；报考其他专业的考生不限制外语语种，入学后外语教学为英语，非英语语种考生请谨慎填报。

「校友印象」

NANJING AGRICULTURAL UNIVERSITY

南京农业大学

在大地上书写
种子的力量

中华民族以农为本，农业文明源远流长。有这样一所高校，她诚、她朴、她勤、她仁，她似乎一直默默逆着时代浪潮俯身黄土，守望山川，以至于今天很多人都忽视了她为我国成为农业强国所做出的种种贡献。她便是位于古都南京的南京农业大学，也是我的母校，我的荣誉所在。

主楼是南京农业大学的标志性建筑，也是很多南农学子对学校的第一印象。它是由我国著名建筑大师杨廷宝先生设计，至今已有近70年的历史，建筑打破了中国古典传统一以贯之的对称结构。主楼从屋檐到檐角均被一层黛绿色的琉璃瓦片覆盖，周身由深灰色的砖石包砌，显得端庄又雅致。主楼两侧则是挺拔秀丽的松柏，苍劲而富有生命力。

伫立在主楼前坪那宽阔的，被新雨微润的绿茵上平视，它宛如一艘巨大的江轮，漂浮在知识的海洋上；走到南农最高处俯瞰主楼，它又似一架欲展翅翱翔的飞机，带领南农学子奔向未来与希望。我的校友曾这样评价过："主楼是每一位南农学子的精神图腾。"若是没有在南农生活过、学习过，是不可能有如此深刻的体会的。主楼不仅是南农学子学习的地方，还是寄托着我们炽热而纯粹的梦想的地方。

来到南农，一定要去农博路1号参观中华农业文明博物馆，这座同样有70多年历史的老建筑，本身就是一件蕴含了中国农作哲学的艺术藏品。"国以民为本，民以食为天。"博物馆入口处两侧的墙壁上悬挂着几幅惟妙惟肖的农事图与耕织图，穿着汗衫的青年插着秧，身着红衣的孩童挑着桶，披着丝巾的妇人"札札"地弄着机杼，这些场景看起来是那么熟悉，却又如此陌生。昔日的农耕生活养育了华夏儿女，尽管风雨波折不断，但得益于扎根大地的农业，五千年的文明得以延续，至今依旧屹立不倒。博物馆的镇馆之宝是那几颗"最长寿的鸡蛋"，历经两千多年岁月的洗礼，它们出土时早已不是最初的模样，但依旧令人无比敬畏，也让我对农业有了更深刻的认知。

扎根大地的践行者

★ **南京农业大学**

南京农业大学的前身可溯源至 1902 年三江师范学堂农学博物科和 1914 年私立金陵大学农科。1952 年，全国高校院系调整，金陵大学农学院、南京大学农学院（原国立中央大学农学院），与浙江大学农学院部分系科，合并成立南京农学院；1971 年，搬迁至扬州与苏北农学院合并，成立江苏农学院；1979 年，回迁南京，恢复南京农学院；1984 年，更名为南京农业大学。在百余年的办学历程中，学校秉承以"诚朴勤仁"为核心

今日的南农学子奔波在教室与实验室之间，从土地中汲取养分，悉心培育每一颗种子，那是大地对我们的召唤，也是我们对大地的回应，更是我们对大地的感恩。我俯下身来，捧一抔南农水杉树下的泥土，露出了会心的微笑——我的点滴汗水，也在其中啊！

的南农精神，培养具有"世界眼光、中国情怀、南农品质"的拔尖创新型和复合应用型人才，先后造就包括66位院士在内的30多万名优秀人才。

南京农业大学是一所以农业和生命科学为优势和特色，农、理、经、管、工、文、法学多学科协调发展的教育部直属全国重点大学，是国家"211工程""双一流"建设高校。学校设有20个学院（部），74个本科专业，校园占地9000多亩，图书馆藏书235万册（部）。截至2023年11月，学校有全日制本科生1.7万余人，研究生1.1万余人；有教职员工2900余人，其中中国工程院院士4名，国家级教学名师3人，全国优秀教师、模范教师、教育系统先进工作者5人。

南京农业大学的作物学、农业资源与环境2门学科已入选"双一流"建设学科。此外，学校建有作物遗传与种质创新利用全国重点实验室、肉品质量控制与新资源创制全国重点实验室、国家肉品质量安全控制工程技术研究中心、国家大豆生物育种产教融合创新平台等100多个国家及部省级科研平台。

报考须知

🎓 生活在南京农业大学：

南京农业大学向来是以美食闻名，食堂不仅提供美味可口的餐食，而且还注重营养搭配，旨在让学生吃得健康。以本部为例，食堂汇聚了来自天南海北的美食。像一食堂以经济实惠的食物为主，还提供夜宵，是熬夜学习时的不二选择；二食堂有种类繁多的快餐，也有麻辣香锅、兰州拉面等特色风味美食，也是学生去的次数最多的食堂之一；三食堂供应水果捞、鸡蛋仔、面包等；四食堂因为离教学楼很近，一到饭点就会挤满人；五食堂小而精，装修典雅干净，里面的网红大碗面备受学生喜爱。

南京农业大学的宿舍多为四至六人间，布局以上下床为主，宿舍内配有空调、衣柜、书桌等，部分宿舍楼配有洗衣机，可自助预约洗衣。

南京农业大学有不少新颖的选修课，比如果品鉴评与文化这门课，每年都很受学生喜爱。教授会在每节课上分享水果，让同学们品尝，这门课的主要目的是让学生了解水果的营养价值与历史，掌握科学食用水果的方法与保持身体健康的秘诀；在运动减脂课上，学生不仅能得学分，还可以减肥，有同学在半年多时间成功减重20多斤，不过想要上这门课的同学必须达到一定体重才行。南农有上百个学生社团，包括了南农之声、摄影协会、旅游爱好者协会、瑞华励志公益社团、心理健康协会等，社团活动丰富多彩，为学生提供了展示自我的舞台。

第四轮教育部评定 A+ 学科：

作物学、农业资源与环境、植物保护、农林经济管理。

学费标准：

文科类专业为 5200 元 / 学年，理科类专业为 5500 元 / 学年，工科类专业为 5800 元 / 学年，农林类专业为 2500 元 / 学年，艺术类专业为 6800 元 / 学年，其中部分优势学科专业学费上浮 10%。少数民族预科班在预科阶段的学费以江苏省物价局批复的标准为准。

住宿费用：

800～1200 元 / 学年。

录取规则：

对进档考生依据投档成绩安排专业，分数优先、遵循志愿，不设专业级差。

若投档成绩相同，排序规则如下：文史类考生依次按照语文加外语总分、语文单科成绩、数学单科成绩从高到低排序；理工类考生依次按照数学加外语总分、数学单科成绩、语文单科成绩从高到低排序。

在专业招生规模允许的范围内，学校将根据考生专业志愿情况适度调整专业招生安排。

「校友印象」

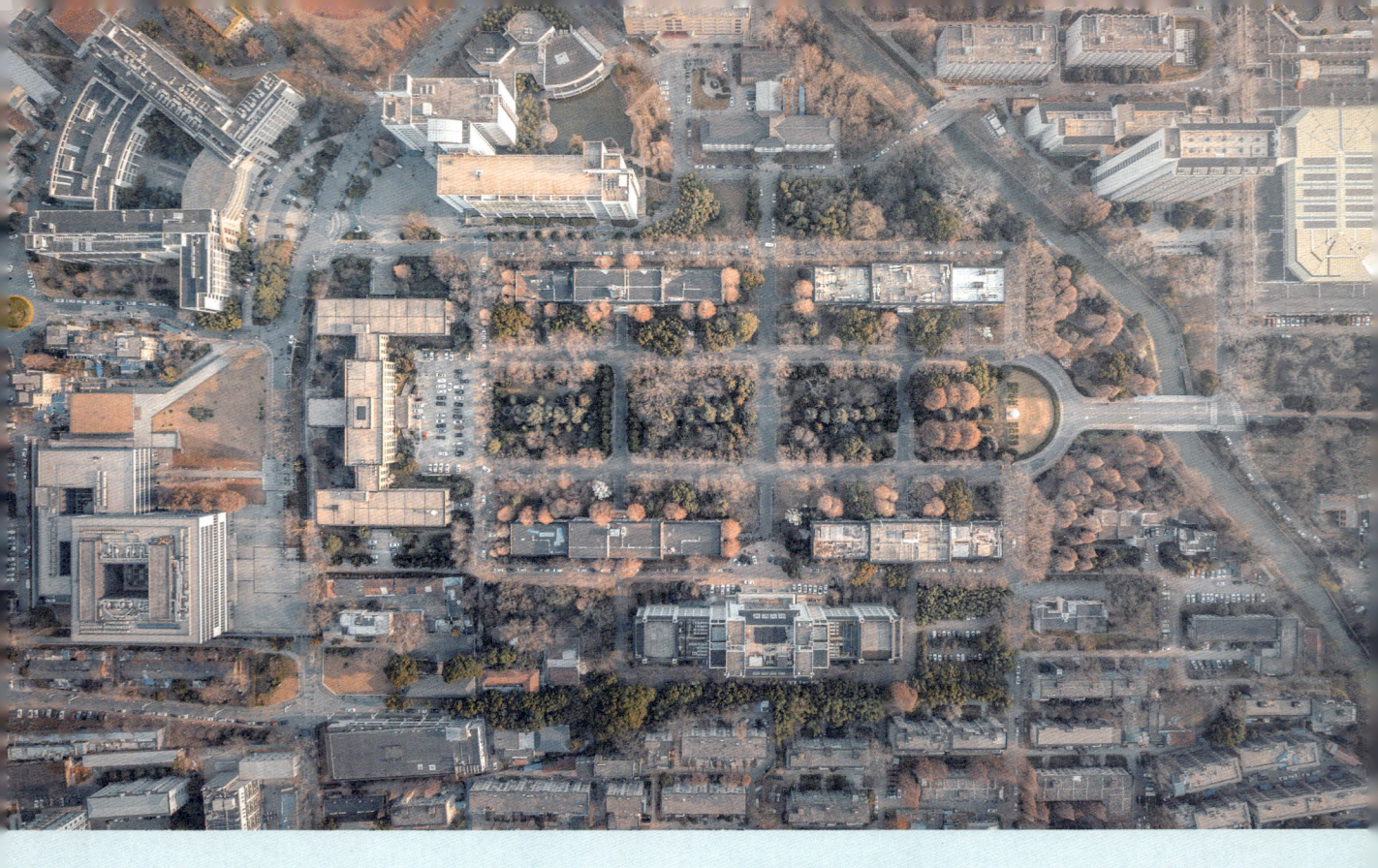

NANJING FORESTRY UNIVERSITY

南京林业大学

百廿南林，
传琼林之美

如何评价南京？想必很多人会感慨道：这里有好多大学！

我的母校也在其中，她已经有超过120年的历史，根深叶茂，这便是南京林业大学。百余年前，无数南林先辈培苗育林，将牛山灌濯开拓，才有了百余年后南林后辈在密密丛丛的林地上挥洒智慧，实践科学。

南林景如其名，满目"花林"之美。南林学子虔诚地对待每一枝花、每一棵木，初入校园的我，也不禁被学长学姐身上那种笃爱自然的气质所深深吸引。我喜欢迎着春日和煦的晨光，伴着梅花淡淡的清香晨读，好不惬意。烦恼的时候，静坐在紫湖溪边，看着河畔倒挂着的杨柳和一团团黛紫色的二月兰映在湖中，湖面波澜不惊，一切都那么宁静美好，我的烦恼似乎也随之渐渐消散。有时候，逆着人流行走在樱花大道上，看着一群南林学子穿着鲜绿的篮球队队服，从漫天飞舞的落樱中穿过，仿佛是从动漫里跑出的少年，看着他们打着嘴仗，奔向远处，自己也瞬间恢复了活力。

南京林业大学不仅水秀山明，林木青翠，还有先进的硬件设施。南京林业大学新图书馆有一个"豪气"的名字——南京皇家林学院图书馆，站在图书馆对面第五教学楼的天台远望，繁体字题写的"图书馆"三字排列整齐，呈现出一种方正的秩序感与沉稳感，图书馆灰白相间的设计也更显得肃然而高雅。南林的图书馆一层高约5米，分外敞亮，在玻璃窗前抬眼便能望见外面的水杉随风摇曳。

南林优美的校园环境，恢宏大气的图书馆为学习这件费神的"苦差事"添了些许安慰。每逢年末，总有不少考研的南林学子在这里挥洒着汗水，现在回忆起来，我曾经也是其中一员。后来再回到母校，总能看到更多的学弟学妹在这里手不释卷，我感到很欣慰。

这又何尝不是一种传承？百余年前，南林先辈们在破旧的书桌上全神贯注地勾勒着建筑草图，完全无暇顾及那一块块翘起来的、可能会划伤手的树皮碎片。如今，莘莘学子在崭新开放的环境下，勤学不辍，夜以继日，始终抱着希冀。也正是有了这些人的坚持，才有了今日的南林。

诚朴雄伟，树木树人

★ **南京林业大学**

南京林业大学的前身为中央大学（创建于 1902 年）森林系和金陵大学（创建于 1910 年）森林系，1952 年合并组建南京林学院，是当时全国仅有的三所高等林业院校之一。1955 年华中农学院林学系（由武汉大学、南昌大学和湖北农学院森林系合并组成）并入，1972 年更名为南京林产工业学院，1983 年恢复南京林学院名称，1985 年更名为南京林业大学。一直以来，学校秉承"诚朴雄伟，树木树人"的校训精神，弘扬"团结、朴实、勤奋、进取"的优良校风，以实现"黄河流碧水、赤地变青山"为宏伟目标，以培养德智体美劳全面发展的社会主义建设者和接班人为根本任务，步履不停，躬耕不辍。

南京林业大学是"双一流"建设高校，也是一所以林科为优势，以服务国家生态文明建设为引领，理、工、农、文、管、经、法、艺等多学科协调发展，特色鲜明的高水平大学。学校设有 23 个学院（部），

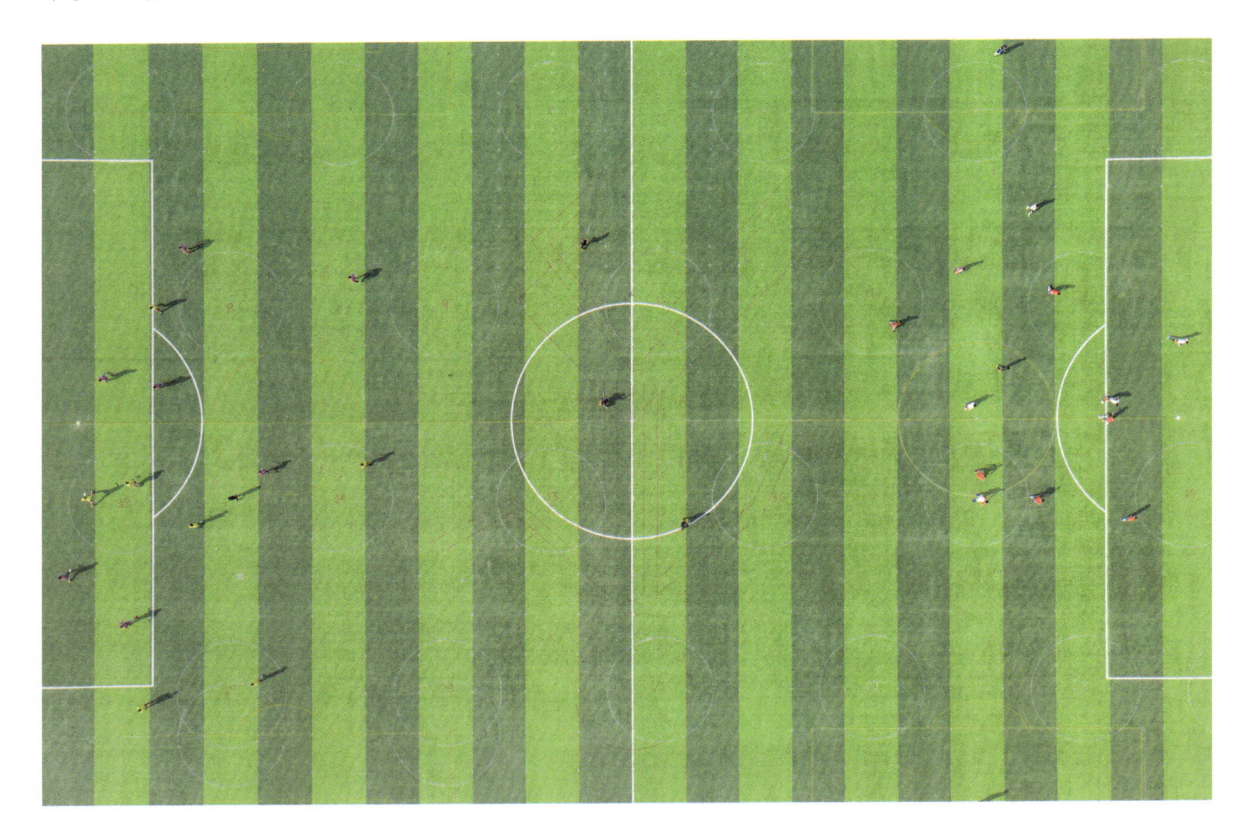

73个本科专业。学校占地1万多亩，图书馆有纸质文献200多万册，电子图书400多万册。截至2023年2月，学校有全日制学生3万余人，其中博士与硕士研究生8500余人；有教职工2000多人，其中专任教师1600多人。

南京林业大学的林业工程学科已列入"双一流"建设学科名单，学校也充分发挥林科优势，高度重视科技创新，以服务生态文明建设、碳中和、乡村振兴等国家战略和促进现代林业高质量发展。学校建有林木遗传与育种全国重点实验室、林木生物质低碳高效利用国家工程研究中心、机电产品包装生物质材料国家地方联合工程研究中心等省部级以上科技创新平台50余个。

报考须知

生活在南京林业大学：

南京林业大学食堂因食物价格实惠、色香味俱全，在南京各大高校中享有盛名。其中最受学生欢迎的是一食堂、二食堂和水杉园。一食堂也被称为老食堂，一楼的食物价格低廉，学生花十几块钱就能吃得很饱；二楼设有清真食堂，味美且正宗；三楼是风味餐厅，石锅饭、拌面等美食应有尽有。二食堂即新食堂，一楼供应早餐；二楼拥有瓦香鸡、西安面等特色餐饮；三楼与老食堂一样，是风味餐厅，平日里人气很旺。水杉园是部门团建的好去处，平日里经常会有同学在这吃夜宵，进行娱乐活动，非常热闹。

南京林业大学的宿舍可以说是大学"住宿天花板"，宿舍基本是上床下桌的四人间，每间宿舍都带有热水器、独立卫浴以及空调，公共区域还有自动洗衣机、微波炉等生活设备，生活条件非常优越。

南京林业大学有着丰富的选修课程；也有很多社团可以参加，例如动漫协会、跆拳道社、水杉剧团、书法协会、摄影协会等。像牧青环保社就很有特色，平日里社团会组织高校漂流瓶、水果贺卡、冬日火锅团建等活动，也会参与一些政府或其他高校共同组织的活动，如长江巡河、生态科学考察。

第四轮教育部评定 A+ 学科：

林业工程、林学。

学费标准：

文科类专业为 5200 元 / 学年，理科类专业为 5500 元 / 学年，工科类专业为 5800 元 / 学年，艺术类专业为 6800 元 / 学年，农林类专业为 2500 元 / 学年，中外合作办学为 26400 元 / 学年。一流学科、优势学科专业学费上浮 10%；根据南京林业大学 2023 版本科人才培养方案，部分本科专业实行专业大类招生，专业分流前按专业大类收取学费，专业分流后按照所选择专业的学费标准收取。

住宿费用：

500～1500 元 / 学年。

录取规则：

普通类进档考生的专业安排采取"分数优先"原则，依据投档成绩安排专业。投档成绩同分情况下，学校依据各省（区、市）招生主管部门出台的同分排序规则从高到低择优录取，确定专业。若考生所在省（区、市）没有明确的同分排序规则，文史类考生依次比较语文、外语、数学成绩，理工类、高考综合改革省（区、市）考生依次比较数学、语文、外语成绩。按照以上规则排序后，如仍相同，对于高考综合改革省（区、市）考生综合衡量综合素质评价档案，对于其余省（区、市）综合衡量考生德智体美劳发展情况，择优录取。实行高考综合改革省份的考生需满足填报专业(类)选考科目要求，选考科目要求由省级招生主管部门向社会公布。

生源省（区、市）有固定投档规则的，按照其固定投档规则进行录取，投档成绩同分情况下，学校依据各省（区、市）招生主管部门出台的同分排序规则从高到低择优录取，确定专业。如生源省（区、市）无明确规定，则按综合分 [综合分＝专业统考成绩＋高考文化成绩＋加分（各省政策性加分）] 从高到低择优录取，综合分相同情况下，文化成绩高者优先录取，若仍相同，再依次按语文、数学、外语分数从高到低择优录取。

「校友印象」

NANJING UNIVERSITY OF INFORMATION
SCIENCE & TECHNOLOGY

南京
信息工程大学

下个春天，
相约宁六路219号

南信大的强势专业毋庸赘述，对于气象爱好者来说，在处处是风景的南信大，不论是治学还是生活，都是不二的选择。

南京气象学院，这是南信大的曾用名。南信大坐落在龙王山脚下，所以现在的南信大又被学子亲切地称为"龙王山皇家气象学院"，拿到录取通知书的小伙伴也可以自豪地说自己是一名"皇室"成员。南信大学子称其为"皇家"，底气其实来源于南信大的学术自信，学校的大气科学多次蝉联全国首位，堪称学术界老大。当然，气象学并非高高在上，也并非不接地气，而是关乎国计民生，与你我的生活息息相关。明德才能格物，立己方可达人，这是学校对每个南信大学子做人治学的要求。

建筑可以记录时代的变迁，南信大的老校门至今依然保留着，它见证了一代代人的传承。竺可桢老人作为中国气象学的先驱，同样一直都在用自己的方式默默守护着南信大的每个学子。老人的雕像静静地坐落在尚贤楼前方，目视远方，目光深邃，它也犹如南信大学子的灯塔，提醒着我们不负韶华，要在青春的舞台上尽情地绽放自我。

南信大的学习环境是宽松而自由的。校园里随处可见的小动物，给严谨治学的学子平添了不少乐趣。这里也有真正的天鹅湖，每到傍晚，天鹅们在水面上悠闲地划出一圈圈荡漾的碧波，绚烂的晚霞倒映在水面，如梦如幻，如诗如画。此等良辰美景，可以赶走一天的疲惫。

慵懒的午后，校园的猫咪用各种我们想不到的睡姿肆意地躺在校园的草坪上，有的还会半眯着眼瞧着过往的人。偶尔也会有人蹲下来问候，猫咪也总是很淡定地任其抚摸，没有丝毫防备心，可见这里的学子是多么爱护小动物。

南方的冬天没有暖气，这让很多来自北方的同学黯然神伤。但南信大的冬天并不会让人感觉到寒意，反而更多的是温暖。学校的宿舍楼自带供暖系统，因此也被认为是南京最暖和的高校，这大概就是学校的人文关怀吧。

春天，樱花盛开时，南京城里的人似乎都涌入了鸡鸣寺和玄武湖。如果你信得过我，可以来南信大的樱花大道，感受一场文化气息浓厚的樱花盛宴。盛开的樱花和教学楼交相辉映，体现的又是另一种别致的美。从任何角度，任何方向看过去，都是一幅天然的画卷。

最美人间四月天，让我们不负春光，下个春天，相约宁六路219号，来感受气象人独有的浪漫吧。

气象人才的摇篮

★ **南京信息工程大学**

南京信息工程大学因服务新中国国家战略和国民经济建设而生，前身为 1960 年设立的南京大学气象学院，隶属原中央（军委）气象局；1963 年独立建校为南京气象学院；2004 年更名为南京信息工程大学。学校一直秉承"艰苦朴素、勤奋好学、追求真理、自强不息"的优良校风，恪守"明德格物、立己达人"的校训，建校以来，已培养各类毕业生 20 多万人，校友中涌现出一批两院院士、部委领导、央企高管、战略专家、国际组织官员等杰出人才，众多校友成为中国乃至世界气象行业的业务骨干和科研精英，学校被誉为"气象人才的摇篮"。

南京信息工程大学是国家"双一流"建设高校，学校学科覆盖理、工、文、管、经、法、农、艺、教等门类，下设有 24 个专业学院。学校占地 2000 余亩，图书馆有纸质文献 260 万余册，数据库总量近 60 种，中外电子图书 199 万余种，电子期刊 227 万余册，年订阅纸质中外期刊 996 种，是国内大气科学类文献最齐全的高校图书馆。截至 2023 年 8 月，学校有全日制在校生 3.6 万余人；学校的 2000 余名专任教师中包括中科院院士 2 人、海外院士 16 人、IAA 院士 1 人、国家级人才 117 人、

省部级人才 500 余人。

学校的大气科学已入选国家"双一流"建设学科，并且，学校还建有气象灾害教育部重点实验室、气候与环境变化国际联合实验室、数字取证教育部工程研究中心、水利部水文气象灾害机理与预警重点实验室（筹）、中国气象局气溶胶与云降水重点实验室、中国气象局生态系统碳源汇重点开放实验室（培育类）等 40 多个省部级以上科研平台。

报考须知

🎓 生活在南京信息工程大学：

南信大的食堂一直是传说中"别人家的食堂"般的存在，是好吃不贵的典型。东苑新食堂一楼装潢富有科技感，供应各式快餐、早点；二楼以特色窗口为主，设计上以"气象"为主题，加入了闪电、云朵等元素，以此呼应学校特色；三楼有软包的座椅，是约会的好去处。中苑老食堂同样不逊色，二楼设置了多媒体投屏、立体音响、点歌机等各种音响设备，是团建 K 歌的好去处。

南信大是江苏非强制供暖区的首个供暖高校，每到固定时节宿舍会开始供应暖气，在这座湿冷的南方城市，同学们终于可以不用只靠"一身正气"过冬了。宿舍一般为四至六人间，内有空调，学生不必害怕炎炎夏日。宿舍大楼安装了电子智能人脸识别系统，更安全，24 小时循环热水系统也让同学们实现了热水自由。每栋宿舍楼配有自助式开水设备、自助洗衣机、烘干机等，生活上也很便利。

在书法鉴赏课上，学生不仅可以感受

五千年华夏文明传承下来的书法作品的魅力，还可以分享自己的作品、与老师同学们交流心得；人类学入门这门课既有广度、又有深度，学习内容涉及考古学、语言学、民族学等多个领域，它可以帮助我们更懂自己、更懂他人；在园林花卉文化与鉴赏课上，学生可以深刻地感受自然之美，而且老师在上课时使用的道具，都是来自我们身边的花花草草。南信大也有丰富的学生社团，比如思裳汉服社、吉他协会、自行车协会、古韵民族器乐协会、棋牌协会、FD手语社等。

第四轮教育部评定 A+ 学科：

大气科学。

学费标准：

文科类专业为 5200 元/学年，理科类专业为 5500 元/学年，工科类专业为 5800 元/学年，艺术类专业为 6800 元/学年，农学类专业为 2500 元/学年，省优势学科专业为 6050 元/学年，嵌入式培养专业在原科类学费基础上增收 2000 元/学年。

住宿费用：

800～1500 元/学年。

录取规则：

当进档考生的投档成绩相同时，学校依据各省（区、市）招生主管部门出台的同分排序规则（或排序分），从高到低择优录取，确定专业。若考生所在省（区、市）没有明确的同分排序政策，则按专业志愿顺序，靠前的优先录取，如仍相同，则文科类考生再依次按语文、数学、外语分数从高到低进行排序，理科类考生再依次按数学、语文、外语分数从高到低进行排序，体育类、艺术类考生再依次按文化总分和语文、数学、外语分数从高到低进行排序，录取分数高者。按照以上规则排序后，如仍相同，则综合衡量考生德智体美发展情况，择优录取。

针对江苏省考生，普通类进档考生的录取规则为：考生进档后采用等级级差法，将进档考生的选测科目等级折算成等级级差分，在考生投档分的基础上加上等级级差分后进行排序，按照"分数清"的方式决定考生是否录取及所录取专业。本科普通类专业考生等级级差加分办法为：选测科目中每取得一个 A+、A、B+ 等级，分别加上 3 分、2 分、1 分的等级级差分；中外合作办学专业的考生等级级差加分办法为：选测科目中每取得一个 A+、A、B+、B 等级，分别加上 4 分、3 分、2 分、1 分的等级级差分。

「校友印象」

NANJING UNIVERSITY OF POSTS AND
TELECOMMUNICATIONS

南京邮电大学

我与南邮的
回忆

南京邮电大学是一所具有光荣革命历史的高校。在战火纷飞的革命年代，邮电通信发挥着至关重要的作用。南邮的先辈们给我党培养了专业化的通信人才，为抗日战争的胜利立下了"通信奇功"。争取光荣和肩负使命，是历代南邮人肩上的责任。在数据化、信息化的时代，南邮人紧跟时代的步伐，书写着绚烂的新篇章。"因邮电而生，随通信而长，由信息而强"，开学第一课，南邮校歌就激发了我们赓续红色血脉的昂扬斗志。

我的研究生时代是在南邮的仙林校区度过的，不知道为何，在拿到录取通知书的那一刻，我兴奋和激动的程度远远超过了本科时代。心心念念的六朝古都南京，我来了。初来乍到的我，盲目自信到没有听从师兄的建议，想要用双脚来丈量整个校区，结果吃尽了苦头。我确实低估了这里的面积，仙林校区占地2000余亩，超出了我对大学校园的认知。最后我晕头转向，所幸在师兄的热情帮助下，才踩着单车勉强地逛完了仙林校区。

学校教学楼成群，林荫小道穿插其间，还有宛如江南的小桥流水，虽是人工打造，但风韵不输旅游景点。整个校园绿意盎然，建筑风格干净典雅，让人心旷神怡。

我的研究生生涯最厚重的一页是在仙林校区图书馆中翻开的，学校图书馆表面质朴简约，内部却宝藏颇多，等待着每个南邮学子去发现和探索。图书馆也见证了我的努力，多少个日日夜夜，我在这里积累、沉淀、成长。南邮的学子亦是如此，通过一种无声的方式，我们以知识为桥梁，用自己的认知，探索和世界沟通的渠道，这也是通信的魅力。

如果说在图书馆里"挥洒汗水"是无形的，那么在运动场上流下的汗水则是看得见摸得着的。特别是在进行了大量的脑力活动后,体力活动反而成了放松的方式。阳光下的我们，奔跑欢笑，互相倾诉着各自的故事，聊着充满希望的未来。这里也是整个南邮最具活力和激情的场所，大家在这里讲述着青春和奋斗的故事。生活，我准备好了；未来，我们将会创造更多的可能。

仙林校区的美，无法用只言片语完全形容。有空一定要来彩虹阶梯上留下自己的足迹，感受南邮人的天马行空。古色古香的三好亭，是观赏南邮四季分明景色的最佳地点。春天温柔的紫藤，夏日清秀的荷花，仲秋斑斓的梧桐，冬季无声的落雪，在这里都可以一览无余。春华秋实，梧桐大道也是最好的见证者。下个秋季，在迎来送往的鼎新大道，是否会有你的身影呢？

华夏 IT 英才的摇篮

★ **南京邮电大学**

南京邮电大学的前身是 1942 年诞生于山东抗日根据地的八路军战邮干训班，是我党、我军早期系统培养通信人才的学校之一。1958 年经国务院批准改建为本科高校，取名南京邮电学院；2005 年 4 月，学校更名为南京邮电大学。2013 年 10 月，原南京人口管理干部学院正式并入南京邮电大学。办学 80 多年以来，学校一直秉承"信达天下、自强不息"的南邮精神，践行"厚德、弘毅、求是、笃行"的校训，发扬"勤奋、求实、进取、创新"的校风，为国家输送了各类优秀人才 27 万余名，很多成为国内外信息产业和人口健康领域的领军人物、技术精英和管理骨干，享有"华夏 IT 英才的摇篮"之誉。

南京邮电大学是国家"双一流"建设高校，也是一所以工学为主体，以电子信息为特色，理、工、经、管、文、教、艺、法等多学科相互交融，博士后、博士、硕士、本科等多层次教育协调发展的高校。学校设有 25 个教学机构，1 个独立学院。学校占地 3000 余亩，图书馆藏书 283 万余册，其中信息、通信、电子等专业文献齐全。截至 2024 年 1 月，学校有各类在籍生 3 万余人；有教职工 3000 余人，其中中国两院院士（含双聘）8 人。学校还曾引进江苏省属高校首位诺贝尔奖获得者。

南京邮电大学的电子科学与技术已入选"双一流"建设学科，另学校设有有机电子与信息显示国家重点实验室 1 个，国家地方联合工程研究中心 1 个，国家地方联合工程实验室 1 个，省部共建教育部重点实验室 1 个，教育部工程研究中心 2 个，国家级实验教学示范中心 2 个等。

报考须知

生活在南京邮电大学：

南邮的食堂用餐环境舒适。食堂内不仅有许多绿植，还设置了沙发卡座，非用餐时段学生可在这里进行学习、讨论。"南三"作为学校的网红食堂，提供了丰富的菜品，除了有快餐、风味菜等，还有各种小吃饮品。"南三"的价格也很实惠，一份口水鸡套餐只需要10元出头。

南邮的仙林宿舍可以刷脸出入，学生不用担心忘记带钥匙。宿舍一般采用套间的形式，有两室一厅、三室一厅，多为四人一间。宿舍内有独立卫生间、阳台、洗衣机、空调等设施。此外，宿舍夜间不会断电，这一点深得人心。

南邮的热门选修课有很多，像动漫广告艺术鉴赏课已经连续十多年成为学生最爱的选修课之一。在这堂课上，学生不仅能锻炼自己的思维能力，也能深切体会广告的艺术性、创意性。南邮还有丰富的学生社团供新生加入，如传承传统文化的龙狮团、如喜爱探索夜空的天协、如段子频出的相声社以及集结二次元爱好者的动漫社等。

学费标准：

艺术类专业为6800元/学年，文科类专业为5200元/学年，理科类专业为5500元/学年，工科类专业为5800~6380元/学年。

住宿费用：

800~1500元/学年。

录取规则：

学校对实行院校平行志愿投档的进档考生，依据"分数清"的原则从高分到低分安排专业，各专业志愿之间不设级差。进档考生的投档成绩相同时，依据各省（区、市）投档的辅助排序分排序录取；投档时如考生所在省（区、市）无辅助排序分，则按语文、数学两门科目总分排序录取，若该分数仍相同，则依次按数学、语文、外语成绩由高到低排序录取。按照以上规则排序后，如仍相同，则综合衡量考生高中阶段综合评价结果，择优录取。

学校在新高考改革省（区、市）普通类专业招生实行专业（组）平行志愿，考生所填报的专业（组）志愿须满足该专业（组）选考科目要求，考生报考专业（组）的选考科目要求，以当地招生主管部门公布为准。

普通高考外语类专业只招收英语语种考生。其他专业不限制考生应试的外语语种，但学校的公共外语课只开设英语课程。

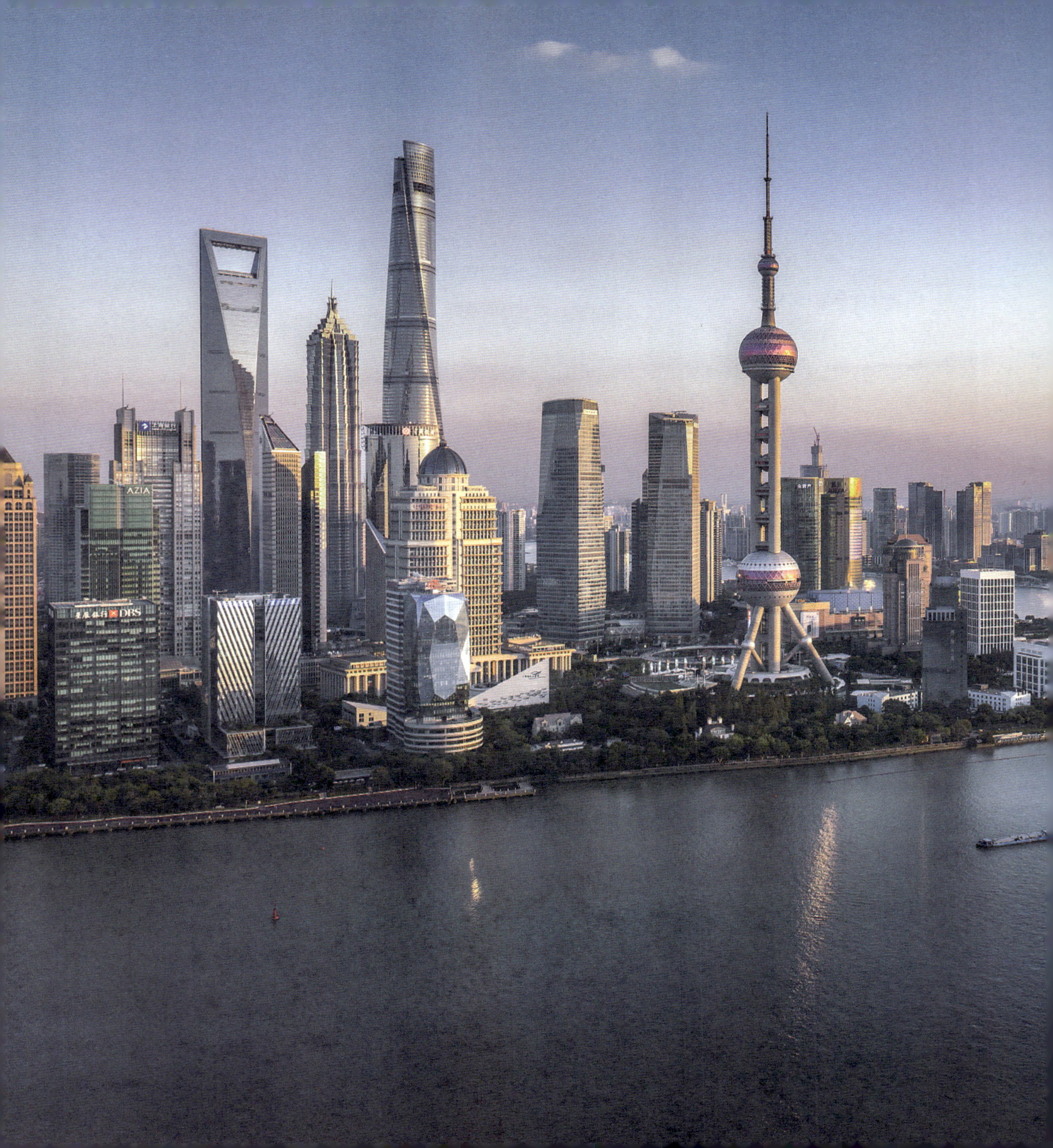
AZIA
DBS

上海

SHANG
HAI

「校友印象」

FUDAN UNIVERSITY
复旦大学

复旦
二十四小时

"日月光华，旦复旦兮"，创建复旦的前辈们，是一群浪漫的追光者，带领大家在旧时代的混沌中冲破束缚，寻找光明，开辟新天地。在复旦人的字典里，总有日月的光华，照耀着广大学子一路走来。

如今的复旦，坐落在魔都上海，早已经完成了旧使命，翻开了新的篇章。复旦是一座宝藏丰富的宝库，集名气和实力于一身，也是无数人魂牵梦萦的地方。

如果不习惯北京春天粗犷的风，那么不如来复旦大学感受江南的婉约和国际大都会的时尚。初来乍到，想要在复旦不迷路，只需要寻找复旦大学的地标性建筑——光华楼，一切便都明朗。我们可以以它为参照物来丈量校园的每一寸土地。作为校园里最高的一座建筑，光华楼也被称为"中国高校第一楼"，它犹如灯塔般，给每个学子指引着前进的方向。平时，很多同学也喜欢到楼前的草坪去沐浴阳光，或者到十五楼的星空咖啡厅感受一下闲适和浪漫，校园美景也能尽收眼底。

"旧时王谢堂前燕，飞入寻常百姓家。"据说复旦本部的燕园曾先后成为王姓和谢姓这两家富贾的休闲园林，后来被学校买下成为复旦的后花园，因此复旦师生以"燕园"为其命名。

燕园曲径通幽，叠山枕水，是晨读的好去处。微风习习的下午，如果没课，也可以到曦园，感受江南的婉约之美。池塘、竹影、亭台楼阁，这里满足了我对江南人文情怀的种种幻想。这里最吸引人的，还是小山丘上飘落的樱花瓣。

每年的9月，光华大道上就会挂满五彩的迎新横幅，让新生感受这所百年老校的活力和热情。迎来送往的光华大道，见证了太多青涩的容颜，有人年少轻狂，有人拘谨小心，有人无限好奇，更有人意气风发。

日月光华，旦复旦兮。来到复旦本部的中轴线，这里的日晷记录着复旦的二十四小时，记录着学子在复旦的步履匆匆。青春短暂，韶华易逝，它无时无刻不在提醒着我们要努力和时间赛跑，规划好自己的二十四小时。

玖园乃复旦大学第九宿舍的雅称，是众多名师大家曾经的居所，若你想领略《共产党宣言》首个中文全译本翻译者陈望道的风采，想进一步感受"东方第一几何学家"苏步青的人格魅力，体会谷超豪、胡和生夫妇这对数学王国里的神仙眷侣的浪漫，不妨到玖园信步闲庭，感受在时代变迁中生生不息的复旦精神。

岁月更替，时代变迁，复旦精神历久弥坚。老建筑是用石头篆刻的史诗，相辉堂的一场相遇，最终要化为真情流露的告别。但关于复旦的记忆，永不退场。

日月光华，旦复旦兮

★ 复旦大学

复旦大学始创于 1905 年，原名复旦公学，它是中国人自主创办的第一所高等院校，其名取自《尚书大传》之"日月光华，旦复旦兮"，描绘的是日月光华日复一日照耀着大地的美好景象，也寓意着复兴中华的美好愿景与使命。1917 年，复旦公学改名为复旦大学。2000 年，复旦大学与前身为 1927 年创办的国立第四中山大学医学院的上海医科大学强强联合，组建成为今日的复旦大学。

复旦大学属国家"985 工程""211 工程""双一流"建设高校，学校文理医三足鼎立，拥有哲学、经济学、法学、教育学、文学、历史学、理学、工学、医学、管理学、艺术学、交叉学科等 12 个学科门类。学校下没直属院（系）35 个，附属医院 18 家（其中 2 家筹建），有本科专业 80 个。复旦大学校园占地超 3600 亩，图书馆有纸质书刊 600 万余册，古籍珍本数十万册。截至 2023 年 10 月，复旦大学共有全日制本科生 1.5 万余人，研究生 3 万余人，留学生 2000 余人，教职工 3600 余人，中国科学院、工程院院士共 59 人（含双聘）。

在国家第二轮"双一流"建设学科评

估中，复旦大学有 20 个学科入选，分别为哲学、应用经济学、政治学、马克思主义理论、中国语言文学、外国语言文学、中国史、数学、物理学、化学、生物学、生态学、材料科学与工程、环境科学与工程、基础医学、临床医学、公共卫生与预防医学、中西医结合、药学、集成电路科学与工程。学校也注重科研发展，建有上海数学中心、上海国家应用数学中心，另有国家重点实验室 5 个、国家野外观测台站 1 个、国家自然科学基金基础科学中心项目 5 个等。

报考须知

🎓 生活在复旦大学：

复旦的北区食堂堪称学校"最美食堂"，从外部看是工业风的建筑，酷似电子竞技比赛场馆，内部设计却相当温馨，原木风的桌椅，各角落还有不少仿真绿植，用餐环境很舒适。得益于多用途的设计，非用餐时食堂还可"变身"为自习室、社交场所，供学生使用。食堂还会全天候免费供应饮用水。北区食堂一楼主要经营快餐、大众菜、麻辣香锅、卤味、小面等；二楼以风味小吃居多，有韩国石锅饭、木桶饭、西北小火锅、日式咖喱饭、瓦罐汤、中式铁板炒饭等。北区食堂的大部分窗口都推出了电子点餐服务，点餐很便利。

复旦大学是书院制宿舍，目前共有志德书院、克卿书院、任重书院、腾飞书院、希德书院五个书院。每个书院有相对独立的物理空间。学校以大类融合和学科交叉为原则来安排学生住宿，这样也使得不同专业的学生有了更多的机会相互交流与学习，有利于提高学术兴趣与文化素养。这样的书院生活无疑也是复旦第二课堂与校园文化的重要组成部分。此外，学校还在宿舍楼内设置了共享空间，有微型图书馆、健身房、琴房、自习室、书法室等，方便同学们学习、交流、锻炼。

复旦大学的网红选修课不少，比如"似是而非"这门课是由多位不同专业的教授授课，他们会从各自专业领域出发，向学生讲述有关"伪科学"的事例，锻炼学生的辨别能力；而在陶艺课上，学生不仅可以学到技能，还能通过泥土与内心对话，非常解压、治愈。在学生社团方面，复旦大学有古琴、武术、美式橄榄球、飞盘、脱口秀等共 120 多个社团供新生们选择。

第四轮教育部评定 A+ 学科：

哲学、理论经济学、政治学、中国史、数学。

学费标准：

按学分收取，按学年预收。本科专业学费预收标准为 6500 ~ 8140 元 / 学年。

住宿费用：

约 1200 元 / 学年。

录取规则：

对达到学校最低录取分数线的考生，按分数优先原则进行专业志愿录取。分数相同时按各省（区、市）确定的同分排序规则进行排序录取，无同分排序规则的批次参照所在省（区、市）本科普通批次的规定执行。

对达到学校最低录取分数线但未满足专业志愿且愿意服从所有专业调剂的考生作调剂录取。

按照平行志愿投档的批次，未完成的计划可征集志愿；按照顺序志愿投档的批次，在第一志愿生源不足的情况下，省招办可补充投档非第一志愿考生（包括征集志愿）。若生源仍不足，可以将剩余的招生计划调配至生源充足的省（区、市）安排录取。

外语类专业只招收高考外语语种为英语的考生；生源地省招办统一组织英语口试的，考生应参加并成绩合格。

鉴于专业培养的特殊性，高考统招批次（含国家专项和高校专项批次）俄语、朝鲜语、马克思主义理论专业只录取有专业志愿的考生，且入学后不实行校内转专业政策。

「校友印象」

SHANGHAI JIAO TONG UNIVERSITY

上海交通大学

燃不尽的
上海交大

上海交通大学有多大呢？就我而言，我已经在学校生活半年了，却仍然不能离开手机导航，若是想要走遍交大，至少需要花上一天的时间，所以我的很多同学也戏称我们学校是"上海脚痛大学"。这个称呼可能不太好听，但我认为可爱得很。也正因为我们学校自带工科气质，学校很多地方都特别接地气，比如新建的图书馆，直接简单叫做"新图书馆"，有趣得很，而食堂的名字更加质朴无华，就叫做"第一饮食大楼"以及"第二饮食大楼"！

实在朴素，也实在有特色。

上海交大的这份实在源自交大人的自强不息、踏实敢干，交大在二十世纪四十年代差一点失去了航海、轮机学科，但交大人敢于直面国民党的层层阻力。火车不开，自己开，车厢不够，闷罐来凑，没有铁轨，拆后方补前路，三千名学子一路高歌，披荆斩棘地到了南京。他们请愿，他们抗议，他们努力发出自己的声音，终于让南京政府没能停办航海、轮机两科。这份热忱不是一般的情怀，这份魄力也不是一般的果敢，什么都难不倒交大人，没有路，就自己开路，没办法，就想办法。

也正因为有这样的行动力，上海交通大学创造了诸多奇迹，作为交大校友，黄旭华先生潜心研究新中国第一艘核潜艇；钱学森先生闭门苦研新中国第一枚运载火箭、第一颗人造卫星；还有第一例心脏二尖瓣分离术，同样凝聚了交大校友的心血。交大人贯彻了"交通"的深层内涵，"天地交而万物通也，上下交而其志同也"。

交大人不得了，上海交通大学不得了！

此外，我们学校也有着自己的人文情

怀。仅仅从校训便可窥见一斑，"饮水思源"告诉我们做人不能忘本，要有对"自我"的道德约束，而"爱国荣校"则告诉所有的交大人，要有崇高的人格，要爱国家爱社会，志存高远。

我们学校的校园环境也很优美。春天，暖阳将绽放的樱花、梨花、玉兰笼罩，清晨去跑道上小跑半个小时，沐浴着春风，身心也会变得格外轻松。初夏，蔷薇花开，在蔷薇园里散散步、拍拍照，留下青春里最美的一瞬。夏浓，荷花满池，我会去捭阖塘的荷花丛中，静静地等待清风徐来，花香拂过鼻尖时，片片圆叶也激动得你呼我唤，还戏耍着心窝上的银色水珠。若平时忙于课业，来此处换一种心境，也是不错的选择。秋时，桂花灿如金，幽香扑鼻，惹人忍不住登高而望，登上东下院天台，湖泊、金桂、银杏尽收眼底。就算冬至到了，也能见到一片片红彤彤的南天竹，似火焰般，也似我们交大人心中浇不灭的满腔热血与爱国情怀。这片熊熊烈火烧出了交大，烧出了国门，交大软科实力排名世界前100名，也是中国第一梯队的大学。

"本校将来须成为中国第一大学，校旗所到之地，即中国国旗所到之地。"这是唐文治先生所愿，亦是交大人坚定的行动。

东方的麻省理工

★ 上海交通大学

19世纪末，甲午战败，民族危亡。中国近代著名实业家、教育家盛宣怀秉持"自强首在储才，储才必先兴学"的信念，于1896年在上海创办了交通大学的前身——南洋公学。建校伊始，学校即确立"求实学，务实业"的宗旨，以培养"第一等人才"为教育目标，精勤进取，笃行不倦，在20世纪二三十年代已成为国内著名的高等学府，被誉为"东方麻省理工"。解放前夕，广大师生积极投身民主革命，学校被誉为"民主堡垒"。在此期间，学校也曾多次易名，交通部南洋大学、交通部第一交通大学、国立交通大学，直到1959年交通大学分立，交通大学上海部分定名为上海交通大学。在120余年的办学历程中，上海交通大学已为国家和社会培养了逾40万名各类优秀人才，包括杰出的政治家、科学家、社会活动家、实业家等。

上海交通大学是国家"985工程""211工程""双一流"建设高校。作为一所"综合性、创新型、国际化"的国内一流、国际知名大学，上海交通大学学科涵盖经济学、法学、文学、理学、工学、农学、医学、管理学和艺术等9个学科门类，设有34个学院/直属系，13家附属医院，13个直属研究平台，23个直属单位，5个直属企业，75个本科专业。学校占地超5000亩。学校图书馆有纸质图书342万册，电子图书429.9万册。学校有全日制本科生（国内）1.8万余人，全日制研究生2万余人，学位留学生1800余人，有专任教师3000多名，其中中国科学院院士30名，中国工程院院士26名，国家重大科学研究计划首席科学家14名，国家杰出青年基金获得者213名。

在第二轮"双一流"建设学科评估中，上海交通大学的数学、物理学、化学、生物学、机械工程、材料科学与工程、电子科学与技术、信息与通信工程、控制科学与工程、计算机科学与技术、土木工程、化学工程与技术、船舶与海洋工程、基础医学、临床医学、口腔医学、药学、工商管理等18个学科入选国家"双一流"建设学科。另外，学校设有15个国家级重点实验室。

报考须知

🎓 生活在上海交通大学：

"胖大交大"这句话可不是说说而已，很多同学都表示，交大的食堂已经将自己的胃给牢牢"捏住"了，在食堂吃饭是一种享受。像早餐就非常多样化，有油条、灌汤包、馒头、蒸饺、牛肉饼、锅贴等。不仅如此，食堂连粥跟豆腐脑都分出了甜口、咸口，另外还提供了本地的生煎包、葱油饼，武汉的热干面，广东的肠粉，台式的手抓饼等各地不同特色早餐，基本能满足每个学生的口味。

交大宿舍楼内均设有洗衣房、开水房、浴室等服务设施，以及阅览室、党团活动室、书画活动室、自习室等学生活动场所。部分宿舍配备有独立卫生间、淋浴房、热水器和每人一套的组合式家具。宿舍楼管理室也为同学提供各类便民服务，如将牛奶、饮用纯净水等送到学生寝室，将报纸、杂志送到学生楼栋。宿舍有三人间、四人间，一般为上床下桌布局，带空调。

交大的文娱生活很丰富，从校级迎新晚会开始你就能感受到，除此之外还有院级迎新晚会、民族文化节、绿洲音乐节、运动会等各种活动，同时也有各类学生社团可以加入。选修课方面，值得推荐的也有很多，像龙舟、宝玉石鉴定法、佛教哲学等课程，都很不错。性与健康这门课是交大最热门的课程之一，每学期都有数千名学生抢课，这门课程不仅能提升学生的性知识水平，对他们的人格教育和素质教育也很有帮助。

第四轮教育部评定 A+ 学科：

生物学、机械工程、船舶与海洋工程、临床医学、工商管理。

学费标准：

大部分本科专业为 6500～8140 元/学年，软件工程专业为 400 元/学分，临床医学（法语班）专业为 10000 元/学年，临床医学五年制（英语班）为 19500 元/学年，按平台、院（类）招生的学生分流后按照分流专业标准收费。

住宿费用：

1200 元/学年。

录取规则：

学校对进档考生，按分数优先、遵循志愿的原则进行择优录取，不设分数级差。进档考生中，投档成绩相同时，优先录取相关科目分数高者。相关科目分数比较顺序：数学、外语、语文。上海交通大学在专业录取中认可经教育部备案的各省（区、市）全国性高考加分项目，且分值不超过20分。

按照顺序志愿投档的批次，在第一志愿考生生源不足的情况下，上海交通大学可接收非第一志愿考生，按照投档成绩择优录取。若符合条件的非第一志愿考生生源仍不足，将征集志愿。按照平行志愿投档的批次，未完成的计划也将征集志愿。征集志愿仍不足则将剩余计划调剂到其他生源质量好的省份完成招生计划。

「校友印象」

TONGJI UNIVERSITY

同济大学

同舟共济，
自强不息

站在同济大学校名石前，我突然移不开步子，这所具有悠久历史的学校，承载着无穷的精神力量。很多人不知道，这所大学曾经做过多么惊人的事，当初上海沦为战区，同济大学为保存文脉，只能一路西迁。10 年间几经辗转，几乎没有完整的校舍，没有系统的教学课表，但同济一直坚持，直到 1946 年才重新回到创校之地上海。

以前的我目光短浅，以为只有人和动物才会旅居迁徙，但没想到这所大学也做到了。1937 年，同济大学被日本炸成一片废墟，这个在中西方文化碰撞过程中以医学起家的学校，并没有因此一蹶不振。被炮火夷为平地后，怀着满腔怒火与爱国热情，同济大学走出了属于自己的红色"长征路"。它在这条路上留下了独特的脚印，而这踏实的足印让这所大学更具魅力，让无数满怀憧憬的学子从这里开始，从这里出发。

同济大学有许多古朴典雅的中式建筑，这些各具特色的建筑错落有致，每到一处周围都有浓浓绿荫，树影下还有碎花细草。伴着和风细雨，这里比公园还要舒适，因为学校没有围栏大门，附近的居民也喜欢在这里散步休闲。而我就更不用说了，如此舒适的环境简直是学习的最佳场所，我最喜欢清晨伴着鸟鸣背专业课知识、念英语单词，午时闻着樱花的清香在樱花大道散步消食，傍晚追着夕阳跑上一两圈，夜里吹着凉风练习听力，最后美美入梦。除了环境优美，这里的一砖一石，一楼一阁，都与众不同，体现出同济文化的多样性。正因为有这样的好榜样，作为学生的我们才不会故步自封，墨守成规，而是不断发散思维，在传承中华文化的同时又与时俱进。

同济的土木工程专业全国闻名，培养的一代又一代学子，在全国各地开花。他们朝着前方不断攀登、奋进，港珠澳大桥的成功就有孙钧院士以及其他同济人的一份力量。关于下沉管道的对接、人工岛的建设，同济在不断的思想碰撞中给出了最优解。除此之外，同济大学在雄安设立的未来城市研究院，更是展现了同济的担当与不断更新自我的魄力。而这些，正体现了同济"同舟共济、自强不息"的坚定意志和昂扬精神。

我为同济自豪，也将不断弘扬这种精神。

与祖国同行，以科教济世

★ **同济大学**

同济大学历史悠久、声誉卓著，是中国最早的国立大学之一。学校始于 1907 年德国医生埃里希·宝隆在中德两国政府和社会各界支持下创办的德文医学堂。1908 年，德文医学堂更名为同济德文医学堂，1912 年与创办不久的同济德文工学堂合称同济德文医工学堂。1917 年学校由华人接办，先后改称为同济医工学校和私立同济医工专门学校，1923 年定名为同济大学，1927 年成为国立大学。1937 年抗日战争全面爆发后，同济大学经过六次搬迁，先后辗转沪、浙、赣、桂、滇等地，1940 年迁至四川宜宾的李庄古镇坚持办学。1946 年回迁上海以后，发展成为以理、工、医、文、法五大学院著称的综合性大学。1949 年，全国院系调整，全国 10 多所大学土木建筑相关学科汇聚同济，同济成为国内土木建筑领域规模最大、学科最全的工科大学。1996 年，上海城市建设学院和上海建筑材料工业学院并入，2000 年又与上海铁道大学合并，组建成今日的同济大学。"同济天下，崇尚科学，创新引领，追求卓越。"今天的同济大学正朝着"与祖国同行，以科教济世，建设成为中国特色世界一流大学"的目标奋力前行！

同济大学是国家"985 工程""211 工程""双一流"建设高校。同济大学特色鲜明，在海内外有较大影响力，是一所综合性、研究型、国际化的大学。学校学科设置涵盖工学、理学、医学、管理学、经济学、哲学、文学、法学、教育学、艺术学、交叉学科等 11 个门类，设有 30 个专业学院，12 家附属医院。学校占地超 3800 亩，图书馆总藏书 400 万余册。截至 2023 年 12 月，学校全日制本科生共 1.8 万余人，硕士研究生 1.1 万余人，博士研究生 8000 余人，国际学生 4000 余人。

师资方面，同济大学拥有专任教师2000多人，其中中国科学院院士19人（含双聘），中国工程院院士28人（含双聘）。

在国家第二轮"双一流"建设学科评估中，同济大学的生物学、建筑学、土木工程、测绘科学与技术、环境科学与工程、城乡规划学、风景园林学、设计学等8个学科入选国家"双一流"建设学科。同济大学共有上百个政府批建的科研机构，包括土木工程防灾国家重点实验室、污染控制与资源化研究国家重点实验室（联合）、海洋地质国家重点实验室等。

报考须知

🎓 生活在同济大学：

"吃在同济"不是空谈，同济大学的食堂不仅闻名上海，甚至在全国都小有名气，还曾凭借着一块红烧大排上过电视节目。除此之外，食堂的菠萝咕咾肉、砂锅面同样引得不少游客慕名而来。对于日常饮食，学生去得最多的是学苑饮食广场，这里靠近图书馆、运动场所，地理位置很优越。菜品方面有大众菜、西餐、风味菜、煲仔饭、干锅系列等，选择丰富，来自天南海北的胃在这里都能得到满足。西苑食堂不仅提供日常三餐，还开设了上海首家高校夜宵大排档，夜宵档每天营业至23点，比起外面的大排档来说卫生更有保障，而且物美价廉。

同济大学的宿舍根据校区不同有所区别，像四平校区的西北一宿舍均为四人间，内为上床下桌布局，带空调。一楼提供了公共浴室，并且宿舍楼内提供了洗衣房（带烘干机）、厨房（带可免费使用的微波炉、电磁炉、生熟冰箱）、健身房、瑜伽房、琴房、茶艺室，每层楼均配备洗漱室、自习室等，锻炼、学习、与同学进行交流探讨都十分便利。

同济大学有用且有趣的选修课不少，有婚姻家庭及财产继承法、书法、大学生职业规划等课程。社团方面，如果你喜欢猫咪，可以加入猫咪同盟，跟社团的成员一起吸猫、喂猫、帮助猫咪绝育、给猫咪找一个新家；如果你热衷于公益活动，可以看看无止桥学生社团，该社团旨在为偏远乡村造桥，10 年时间他们已经参与建成了 12 座无止桥，惠及村民逾 8000 人。

第四轮教育部评定 A+ 学科：

土木工程、环境科学与工程、城乡规划学、管理科学与工程。

学费标准：

同济大学采用按学分收取学费的收费政策：一般招生专业（类）预计收费标准为 6500～8140 元 / 学年，其中软件工程专业三、四年级预计为 16000 元 / 学年；艺术类相关专业预计收费标准为 14300 元 / 学年；工科类中外合作办学专业预计收费标准为 23100 元 / 学年。具体以同济大学教育收费公示表为准。

住宿费用：

一般为 800～1200 元 / 学年。

录取规则：

对于投档考生，在投档成绩相同的情况下，按以下规则确定录取顺序：理科依次以数学、语文、外语成绩高低为录取顺序，文科依次以语文、数学、外语成绩高低为录取顺序。

高考综合改革省（市）北京市、天津市、上海市、浙江省、山东省和海南省依次以数学、语文、外语成绩高低为录取顺序。

高考综合改革省（市）河北省、辽宁省、江苏省、福建省、湖北省、湖南省、广东省和重庆市首选科目要求为"仅物理"的依次以数学、语文、外语成绩高低为录取顺序，首选科目要求为"物理或历史均可"或"仅历史"的以语文、数学、外语成绩高低为录取顺序。

同济大学德语专业只招收全国统一高考科目中外语语种为英语、德语的考生，日语专业只招收全国统一高考科目中外语语种为英语、日语的考生，英语专业只招收英语语种的考生，其他专业对高考外语语种均不限制。除中外合作办学的相关专业外，学校教学培养使用的外语语种一般为英语或德语。

「校友印象」

EAST CHINA NORMAL UNIVERSITY

华东师范大学

不负青春的
追逐

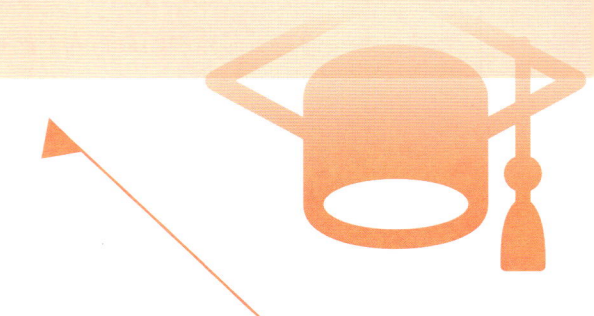

记忆中的师范院校都是严谨而古板的，华东师范大学却打破了我的刻板印象。坐落在中国魔都的华东师大，给人的第一印象就是自由而具有人文精神，有一种来自知识分子的超脱和自然。

论学术能力，华东师大实力"杠杠的"。在这种浓厚的人文气息中，华东师大孕育了无数学术成果。我每天行走在校园里，都深感自豪。初入校园的我，总是会听到"求实创造、为人师表"的校训，但要明白其真谛，也许要花上数年，乃至一生的时间。经过了华东师大的淬炼，我的知识体系更加完备，我的人生积淀更加丰厚，直到离开的时候，我才意识到自己举手投足间已经印上了华东师大的烙印。走入社会的我，将会少一些棱角，多一些成熟。但不管什么时候回到母校，我都可以和宿管阿姨轻松地拉家常；见到熟悉的老师，依然会亲切地问候一声"老师好"。每年的入学季都会有一些不熟悉的新生问路，为他们答疑解惑的同时，我也会感叹时光飞逝。

下课后我总喜欢在学校的"711"买点儿零食打牙祭，还喜欢和里面的小哥寒暄几句。有一次路过研究生公寓的时候，我意外地发现了一个小小的空间，和学术气氛浓厚的图书馆相比，这里更适合一个人思考，更有一种与世无争的超然。华东师大给了我轻松惬意的学习环境，我定然会不负青春。

每到毕业季，听着优秀毕业生的毕业感言，我总会潸然落泪。记得一个师兄曾经强调，走出校园后要善于"折腾"，"折腾"要有空杯的心态，更要勇于挑战自己。每个华师人，不管未来走向什么样的工作岗位，首先都要有良好的品行。在此基础上务实上进，不断挑战自己，才能奔赴更高的平台，才能不负青春的追逐。

每年的六、七月，毕业生们在奔赴远方之前，总会不约而同地聚集在群贤堂前，完成在母校的最后一次"打卡"。但我们很清楚，这里并不是终点，而是我们人生路上的又一个起点。再见了，华东师大！再见了，333阶梯教室！

求实创造，为人师表

★ **华东师范大学**

华东师范大学的历史最早可以追溯至1879年的上海圣约翰大学。1925年，五卅运动爆发，以圣约翰大学国文部主任孟宪承教授为首的数百名师生宣布脱离圣约翰，另立光华大学以表达对爱国运动的支持。当时，胡适、徐志摩、厉麟似、吴梅、卢前、蒋维乔、黄炎培、江问渔、吕思勉、王造时、彭文应、周有光、钱锺书等人都曾在光华大学任教。同时，1924年福建厦门大学也有300多名师生离校北迁，独立为大夏大学，时有"东方的哥伦比亚大学"之称号，教员有郭沫若、田汉、朱经农、马君武、邵力子、厉麟似等人。1951年10月16日，以大夏大学、光华大学为基础，同时调进复旦大学、同济大学和浙江大学等高校的部分系科，在大夏大学原址上创办华东师范大学。1972年学校与上海师范学院、上海体育学院等院校合并，改名上海师范大学，1980年学校恢复华东师范大学校名。学校在正式成立后70多年的变迁中，见证了中国现代高等教育的发展。而作为新中国成立后组建的第一所社会主义师范大学，学校始终恪守"求实创造，为人师表"的校

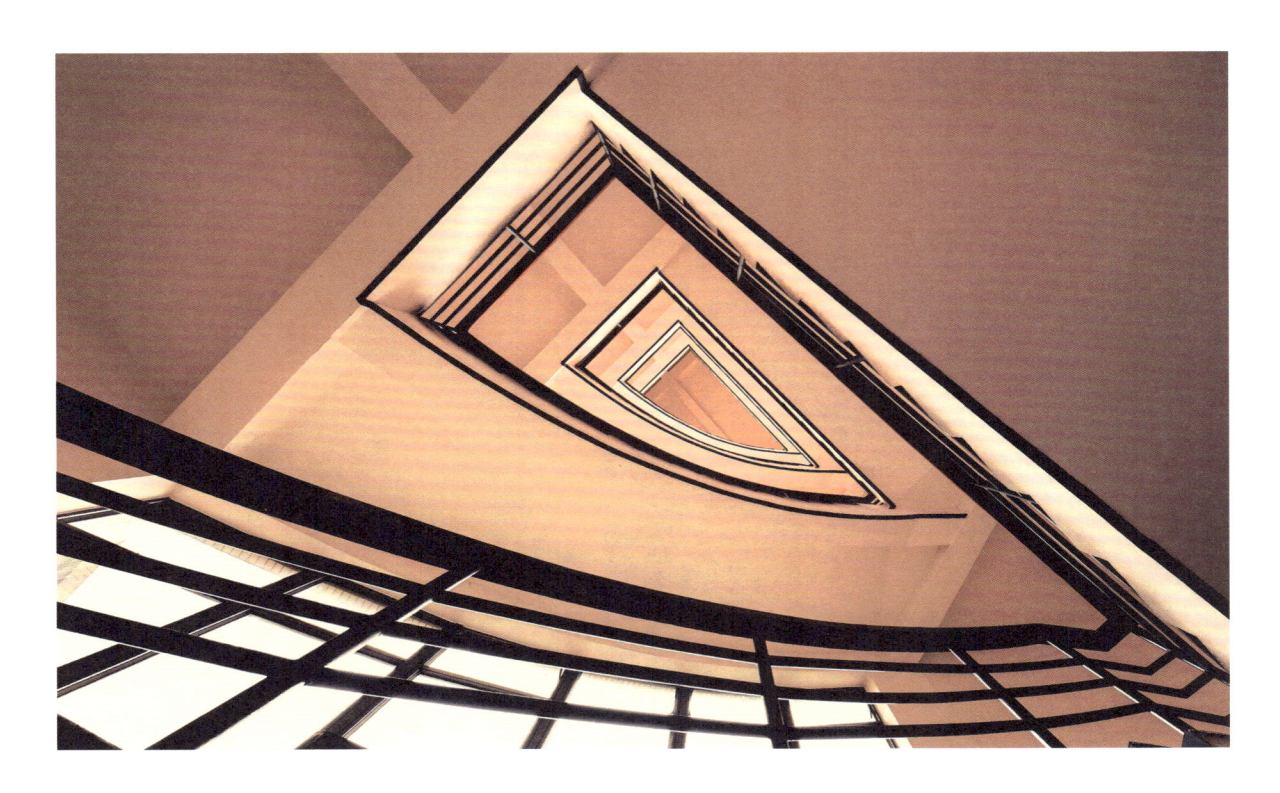

训精神，为国家培育人才。

华东师范大学是国家"985 工程""211 工程""双一流"建设大学，学校涵盖文学、历史学、哲学、教育学、经济学、理学、工学、管理学、法学、艺术学、医学等 11 大学科门类，设有 4 个学部，34 个学院（系），85 个本科专业。学校占地 3100 余亩，图书馆藏书 490 多万册。截至 2023 年 10 月，学校有全日制本科生 1.5 万余人；有教职工 4000 多人，其中专任教师 2000 多人、教授及其他有高级职称教师 2000 多人、中国科学院和中国工程院院士（含双聘院士）23 人。

在国家第二轮"双一流"建设学科评估中，华东师范大学的"双一流"建设学科有教育学、生态学、统计学共 3 个。科研平台方面，学校有河口海岸学国家重点实验室、精密光谱科学与技术国家重点实验室等国家级重点实验室。

报考须知

🎓 生活在华东师范大学：

华东师范大学的食堂被戏称为"第九菜系发源地"，校内的厨师们非常热衷于开发新菜品。学校食堂曾凭借着玉米炒葡萄这道菜一举成名，后来又有油条灌蛋、小龙虾面包、苹果炒木耳、橙汁鸡片、火龙果炒鹌鹑蛋、哈密瓜炒肉等令人耳目一新的菜品陆续推出，学生对其可谓又爱又恨。每年 6 月食堂还会推出限定"毕业季套餐"，有 10 元档与 15 元档，荤素搭配、营养均衡，就连隔壁交大的同学，有时候都忍不住要来这里"蹭饭"。

华东师范大学的宿舍一般为四人间，上床下桌布局，也有部分老宿舍有六人间。宿舍一般配有空调，带独立卫生间。宿舍楼内提供公共浴室、洗衣房等。另外，有些宿舍区还设置了共享空间，比如厨房、活动室、研习室、党建室、舞蹈室等。

华东师范大学"一票难求"的选修课不在少数，比如个人理财、家常菜等课程。家常菜课包括理论与实践两大部分，课堂上有专业厨师演示并指导操作，这堂课很受学生欢迎，毕竟烹饪可是一项重要的生活技能。学校也非常鼓励和支持学生参加社团，学校共有上百个学生社团，比如剧本杀社、扬之水话剧社等，如果加入了扬之水话剧社，还可以凭会员证终身免费看社团的话剧。

第四轮教育部评定 A+ 学科：

教育学、世界史。

学费标准：

学费按学分收取，按学年预收。预收标准：艺术类专业为 13000 元 / 学年；软件工程专业前两学年为 7000 元 / 学年，后两学年为 16000 元 / 学年；其他专业一般为 6500～7700 元 / 学年。

住宿费用：

普陀校区 700～1200 元 / 学年，闵行校区 1200 元 / 学年。

录取规则：

普通类批次专业录取采用"分数优先"原则，在同分情况下，依次比较语文、数学、外语单科高考成绩。

预科批次专业录取采用"分数优先"原则，在同分情况下，依次比较汉语文、民族语文、数学单科高考成绩。艺术类和体育类批次专业录取采用"分数优先"原则，同分处理原则按照相应专业招生简章等相关规定执行。

按照顺序志愿投档的批次，在第一志愿考生生源不足的情况下，学校可接收非第一志愿考生，按照投档成绩择优录取。若符合条件的非第一志愿考生生源仍不足，将征集志愿。按照平行志愿投档的批次，未完成的计划也将征集志愿。征集志愿仍不足则将剩余计划调剂到其他生源质量较好的省（区、市）完成招生计划。

外语类专业只招收英语语种考生，其他专业对外语语种不作限制。

「校友印象」

SHANGHAI UNIVERSITY OF FINANCE AND ECONOMICS

上海财经大学

百年财大的前世今生

一座财经类名校，就连建筑也有一段催人奋进的过往。一路走来，这座宝藏学校有太多点点滴滴值得我们去挖掘。

谁说财经类院校的男孩子都少了点儿阳刚，多了点儿阴柔？我举双手反对。在上海财经大学武川路校区，约5000平方米的运动场任由我们肆意奔跑，在紧张忙碌的学习之余，我们风雨无阻地运动。因为我们知道，强健的体魄才是治学的基础，它让我们更好地迎接挑战。

风雨操场的前世今生，只有上财的学子才懂。风雨操场建于凤凰自行车厂机动科旧址之上，曾经辉煌的国企也经历过一段风雨飘摇的日子。在改革创新的洪流中，它凤凰涅槃，摇身一变，旧厂房成了上财学子强身健体的运动场所。少年强则中国强，体魄健则灵魂刚毅，校园的体育文化也是我来到上财后感触最深的一点。爱生活、爱运动，是上财学子共同的理念。对校园文化的高度认同，将我们这群人紧紧地联系在了一起。休闲时大家也经常聚在一块打篮球、羽毛球、排球等，进行一场酣畅淋漓的运动，便是我们放松身心的方法。时间久了，你会发现上财学子身上有一种干净阳光的气质，这都是风雨操场的功劳。

静若处子，动若脱兔，能动能静，文武兼备，是我们上财学子的另一气质。洗去运动场上淋漓的大汗，转眼间来到了由凤凰自行车厂总装车间及立体仓库改建而成的3万多平方米的英贤图书馆，这里墨香浓郁。这个老仓库早就在那个辉煌的年代完成了自己的使命，如今又蜕变为知识的宝库，滋养着一代又一代学子。这是一座有情怀的图书馆，学子在这里沉淀灵魂，彼此间进行思想碰撞，用自己的方式来延续老一辈人的光荣和梦想。

如果要问我在上财踏足最多的是哪一座教学楼，那当数第四教学楼。研究生时期，我在这里上课、自习、开组会，和这座老建筑的感情颇深。每当我陷入迷茫时，望着第四教学楼窗外笔直的杉树，放空自己，就会有思路，体会到那种"车到山前必有路"的开阔感；我在这儿给家人打电话时也是报喜不报忧，可忧愁就这么悄无声息地被消除了，这就是我和第四教学楼的秘密。

从本科时期起，我就有晨读的习惯，和一群默契的同学相遇在春晖湖，不知不觉中就多了几个"读友"。在微风的吹拂下，湖边的垂柳温婉动人，水中的鱼儿似乎也熟悉了我的声音，每次都会追寻着声音，好奇地看着我，摇头晃脑，俏皮可爱。在上财的百年历史长河里，我们就像是沧海一粟，但依然闪耀着自己的那束光芒。这是因为学校给了我们足够的空间，使我们能够在知识的海洋里遨游。

春有樱花烂漫，夏有百草丰茂，秋有枫叶点缀，冬有寒梅傲雪。和我一起漫步校园，与上海财经大学来一场约会吧！

厚德博学、经济匡时

★ **上海财经大学**

上海财经大学源于 1917 年南京高等师范学校创办的商科，著名社会活动家、爱国民主人士杨杏佛任商科主任。1921 年，商科扩充改组并迁址上海，成立国立东南大学，分设上海商科大学。这是中国教育史上最早的商科大学，著名教育家郭秉文任校长，著名经济学家马寅初任教务主任。1932 年学校独立建校，定名为国立上海商学院，时为国内唯一的国立商科类本科高校。1950 年，学校更名为上海财政经济学院，著名经济学家孙冶方和姚耐先后任院长。1985 年，学校更名为上海财经大学。砥砺奋进，薪火相传，上财人铭记"厚德博学、经济匡时"之校训，坚持"扎根中国、放眼世界、立德树人、追求卓越"的办学理念，励精图治，奋发进取，为国家经济和社会发展输送了数以万计的财经管理和相关专业人才。

上海财经大学是一所以经济管理学科为主，经、管、法、文、理、工等多学科协调发展的研究型重点大学，是国家"211

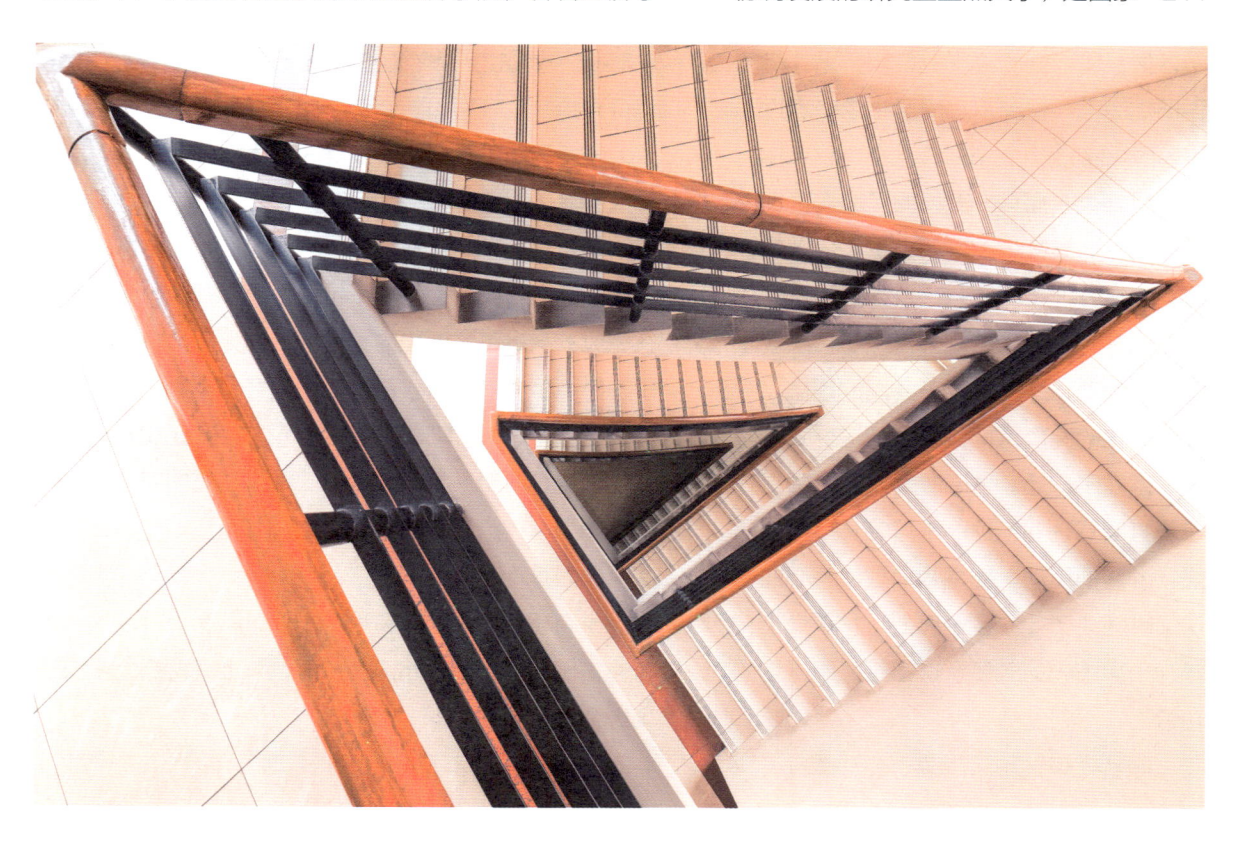

工程""双一流"建设高校，学校设有25个院系。学校共占地800多亩，有在校生近2万人，其中全日制本科生8000余人，硕士生7000余人，博士生1000余人；有专职教师千人左右，其中正高级200多人，副高级300多人。

在国家第二轮"双一流"建设学科评估中，上海财经大学的应用经济学入选国家"双一流"建设学科。另外，学校拥有数十家科研机构，其中包括会计与财务研究院、数理经济学重点实验室、计算经济交叉科学重点实验室、上海市金融信息技术研究重点实验室等，科研实力过硬。

报考须知

生活在上海财经大学：

上海财经大学的食堂各有特色，绿叶餐厅主要供应叉烧饭、煲仔饭、砂锅米线等美食；清真食堂有炒面、拌面、大盘鸡、羊肉串、羊肉泡馍等；新食堂经营的美食种类更丰富，一楼有汤面、麻辣烫，二楼有大众菜、快餐，三楼为自助餐厅，也提供凉菜、水果，新食堂还会供应烧烤、小龙虾等夜宵，是同学聚会的好去处；新园食堂有麻辣香锅、韩式拌饭、闽台风味、东南亚风味等美食，还有自助餐提供；缤纷谷主要经营西式餐点以及日式简餐，满足了很多外籍学生的需求，在非用餐时间，很多同学会在这里自习、进行小团体讨论、举行桌游等活动。

学校宿舍提供三、四、五人间，三人间一般为上床下桌布局，四、五人间部分为上床下桌、部分为上下床。洗衣房一般位于每栋楼的一楼，洗衣房带有洗衣机与烘干机。每个宿舍都会配备空调与电风扇，但学生需缴纳空调租赁费。

学校重视对学生的个性化培养，鼓励学生在选修课方面发挥特长与优势，也注重多样性。新时期热点文学分析、宝玉石文化鉴赏、音乐鉴赏、电影音乐赏析、思辨与创新、击剑等选修课程，都比较受欢迎。另外，学校有数十个学生社团，而明星社团有军事拓展团、海光摄影协会、上海财经大学足球协会、上财法学会等，这些社团都被评为过五星级社团。

学费标准：

中外合作项目本科专业为 19500～21450 元/学年，非中外合作项目本科专业为 6500～7150 元/学年，具体各专业收费标准以各省（区、市）教育主管部门对外发布为准。超过专业培养计划的学分，按学分制实施办法另行收取。

住宿费用：

一般为 1200 元/学年。

录取规则：

上海财经大学根据各省（区、市）相应批次投档规则、生源情况和招生计划确定调档比例，按照平行志愿投档的批次，调档比例原则上不超过在各省（区、市）公布计划的 105%。按照顺序志愿投档的批次，调档比例原则上不超过在各省（区、市）公布计划的 120%。

高考改革省（区、市）考生的选考科目须符合上海财经大学相关要求。内蒙古自治区按分数优先原则（分数清）进行录取。

上海财经大学在提档时原则上认可教育部和各省（区、市）教育主管部门规定的政策性加分。专业录取时根据教育部相关规定，加分幅度最高为 20 分。所有高考加分项目及分值不适用于不做分省计划的招生类型。

专业（类）录取时根据投档成绩和专业志愿，由高分至低分录取并分配专业，各专业志愿之间不设级差。投档成绩总分相同时按数学、外语、语文的单科成绩排序录取。在专业招生规模允许的范围内，学校将根据考生专业志愿情况适度调整专业招生计划安排。

商务英语专业只招外语选考英语的考生；其他专业（类）无选考外语语种限制。

按照顺序志愿投档的批次，在第一志愿考生生源不足的情况下，将按照考生投档分数和专业志愿择优录取非第一志愿考生，直至完成来源计划。若符合条件的非第一志愿考生生源仍不足，将征集志愿。按照平行志愿投档的批次，未完成的计划也将征集志愿。征集志愿仍不足则将剩余计划调剂到其他生源质量好的省（区、市）完成招生计划。

「校友印象」

EAST CHINA UNIVERSITY OF
SCIENCE AND TECHNOLOGY

华东理工大学

与华理的
画卷

魔都高校众多，不乏顶尖学府，华东理工可能并不是那么光彩耀人，但只要是在这里奋斗过的人，对它的爱都是很深的。四年前，我怀着敬畏心，带着好奇心，成为了华东理工的一分子。在这所心中向往已久的大学，我度过了人生中最美好的四年。

华东理工人的生活并不是只有实验室里的枯燥和单调，我们也有自己的一份趣味。在以化学专业见长的华东理工，学子随便一张口，就能来一场元素周期表的接力。校园里经常会有一些和专业相结合的文化活动，既丰富了我们的生活，又夯实了我们的专业基础。

在校园里，分享的乐趣大于获取的满足。来到创意集市这个交换空间，我们可以看到琳琅满目的商品，它们都是同学们用双手亲自制作的，精美手绘、迷你小盆栽……无不透露着大家对生活浓烈的爱意。我每次去总能淘到一些富有创意的物件，有时候还能收获一份友谊，而这些也都会成为我一生中永远难忘的校园回忆。

说理工男不懂浪漫，其实是偏见。在绿草蓝天的背景下，碳60分子模型和蛋白质泛素浮雕展示了华东理工人浪漫和艺术的一面。科学发展到一定的高度，就是艺术的升华。科学服务于生活，艺术来源于生活，这在华东理工得到了体现，也代表着华东理工人的浪漫。

如果说方正的信息中心看上去像个"钢铁直男",那么通海湖就体现了华东理工温柔的一面,有着江南女子的温婉。可以说,通海湖汇聚了华东理工的灵气,在不同的时间、不同的角度下,通海湖美得各不相同。月牙形的湖面时而碧波荡漾,时而平如明镜,还总能看见黑天鹅、白天鹅、白鹭、鸽子、麻鸭等在湖中怡然自得地划水,这其实也可以反映出我们学校的生态之美,自然之美。

对于我来说,华东理工最让人沉浸的地方,还得是图书馆。这里见证了我日日夜夜的努力,我啃过多少艰深晦涩的专业书,借阅过多少文学经典,做过多少题,它都知道。在这里我更加明确了一点:努力也许不会立竿见影,但只要持之以恒,必定会有意想不到的收获。

如果把华东理工比作一棵大树,那么它一定是根基深厚、枝繁叶茂的,如此,学子才能够无忧无虑地成长。这样的华东理工,也更需要我们亲手去呵护,去注入源源不断的生机与活力。快来接过时代的火炬,沿着前辈们的足迹,传承勤奋求实、艰苦奋斗、顽强拼搏、开拓创新的"黄坡岭精神",亲手描绘属于你与华东理工的画卷吧!

化学工程师的摇篮

★ 华东理工大学

华东理工大学原名华东化工学院,1952年由交通大学(上海)、震旦大学(上海)、大同大学(上海)、东吴大学(苏州)、江南大学(无锡)等校化工系合并组建而成,是新中国第一所以化工特色闻名的高等学府。1993年经国家教委批准,更名为华东理工大学。建校以来,学校为国家培养了40万余名毕业生,他们遍布海内外,校友中有32人当选中国科学院、中国工程院院士,13人当选海外院士。

华东理工大学是一所具有理工特色,学科设置覆盖理、工、农、医、经、管、文、法、艺术、哲学、教育、交叉等12个学科门类的全国重点大学,是国家"211

工程""双一流"建设高校。学校设有 17 个学院，67 个本科招生专业。学校占地 2100 多亩。截至 2023 年 1 月，学校图书馆总藏书 300 多万册。学校有在校全日制学生 3 万人左右，其中，本科生 1.6 万多人；另有教职员工 3000 人左右，其中中国科学院、中国工程院院士 11 人，欧洲科学院院士 1 人，国家杰出青年科学基金获得者等国家级人才 140 余人。

华东理工大学的化学、材料科学与工程、化学工程与技术 3 个学科已经入选"双一流"建设学科。同时，学校坚持"四个面向"，强化有组织科研，助力加快实现高水平科技自立自强，拥有全国重点实验室 4 个、国家重点实验室 2 个、国家技术创新中心 1 个、国家工程（技术）研究中心 3 个、教育部前沿科学中心 1 个、基金委基础科学中心 2 个、省部级重点科研基地 39 个、省部级人文社科智库（基地）5 个。

报考须知

生活在华东理工大学：

外界素有"学在华理"之说，其实，华东理工的食堂也毫不逊色。奉贤校区的第一食堂有三层楼，内部环境明亮整洁，用餐环境舒适，这里是平日学生最常来的地方，不仅选择丰富，价格也非常实惠。而且，这里的打菜阿姨很热情，无论走到哪个窗口都能听到："吃什么，同学？"第二食堂位于实验楼与信息楼附近，第一层是开放式的清真食堂，满足了穆斯林同学的需求，第二层有意面、焗饭、馄饨、饺子等，食物大多为现点现做。华东理工各大食堂的红烧肉堪称一绝，虽然是甜口，但味道很不错。

华东理工的宿舍一般为四人间，宿舍内带有空调、书桌、衣柜等设施，宿舍楼有公共卫生间、公共浴室、热水房、洗衣房。每个围合内都有宿管阿姨 24 小时值班，忘带钥匙、要借针线等都可以找宿管阿姨帮忙。

华东理工有着丰富的选修课，比如宝石鉴赏课、篮球裁判课，甚至还有英雄联盟课，可最大限度满足学生对不同领域的学习与追求。另外，学校有六大类学生社团，分别是思想政治类、学术科技类、创新创业类、文化体育类、志愿公益类以及自律互助类。像学校的跆拳道社团已经成立10余年，不仅让更多的同学了解到了跆拳道的精神，也对丰富同学们的课外生活、加强同学们的课外锻炼起到了积极的作用。

第四轮教育部评定 A+ 学科：

化学工程与技术。

学费标准：

文科类专业为6500元/学年；理工类专业为7000～7700元/学年；艺术类专业为13000元/学年；中外合作办学专业为21000元/学年。学生第一学年按照学年制学费标准预收一学年的学费，从第二学年开始根据学生上一学年实际修读的学分数计算并收取学费。学分制收费总额不超过政府核定的学年制学费总额。中外合作办学的本科专业按学年制学费收费制度收取。

住宿费用：

徐汇校区为700～1200元/学年，奉贤校区为900～1100元/学年。

录取规则：

考生投档成绩相同时，先按专业志愿顺序，再参考相关科目的成绩进行录取。社会与公共管理学院、外国语学院、法学院和艺术设计与传媒学院（非艺术类专业）的专业依次按外语、数学成绩排序；其余专业依次按数学、外语成绩排序。

按照顺序志愿投档的批次，在第一志愿考生生源不足的情况下，学校可接收非第一志愿考生，按照投档成绩择优录取。若符合条件的非第一志愿考生生源仍不足，将征集志愿。按照平行志愿投档的批次，未完成的计划也将征集志愿。征集志愿仍不足则将剩余计划调剂到生源充足省（区、市）完成招生计划。

外国语言文学类专业限招英语、德语、日语语种考生（其中英语专业限招英语语种，德语专业限招英语、德语语种，日语专业限招英语、日语语种），其余专业对考生所考外语语种不限。由于学校较多专业涉及双语（英语、汉语）教学且相关课程可能使用全英文教材或教学资料，请非英语语种的考生慎重报考。

「校友印象」

SHANGHAI INTERNATIONAL
STUDIES UNIVERSITY

上海
外国语大学

我们
"语"众不同

还记得电视剧《亲爱的翻译官》中才华横溢的高级翻译程家阳吗？你是不是也曾崇拜过其高超的翻译技能？如果来到上海外国语大学，你就会发现这里有不止一个程家阳，他只是我们学校里最普通的一分子。上海外国语大学的高级翻译学院，正是我国顶尖翻译人才的"生产"基地。来到上外之前，我很好奇，究竟是什么样的培养模式和校园氛围，成就了他们的"眼观六路、耳听八方"。

这里有法语的浪漫性感，英式英语的咬文嚼字，日语的简洁干练，意大利语的热情洋溢，但是这里同时也是最为严苛，甚至有些残酷的地方。选拔高级翻译的过程可以说是尖上掐尖，高强度的反复训练，加上严格的层层筛选，淘汰率极高，留下来的一定是出类拔萃的人才。可即便如此，年轻学子还是争先恐后地来此求学，想要从事这份让他们魂牵梦萦的工作。活力四射，敢于迎接挑战，这是上外学子的典型特征之一。

上外的校园精致小巧，但是内涵绝对丰富。"Dream, Conviction, Love"，要想证明你在上外读过书，那么这句"接头暗号"不得不知。一百个上外学子对这句经典"接头暗号"有一百种翻译，这都来源于他们对上外生活的体会。梦想和信念，使人心怀大爱。格高志远，学贯中西，上外学子遍布全球，用不同的语言，传递着上外人的精神和大爱。

松江校区的图文中心，绝对是上外学子的精神家园。推开干净透明的玻璃大门，仰望蓝色的穹顶，仿佛穿越了时空。这里有人类文明的时间轴，有种类丰富的外语原版书籍，也有我们的同行鲁迅先生。"无穷的远方，无数的人们，都和我有关。"鲁迅先生一生翻译了十余个国家近百名作家的作品，他用这种方式，和外界联结，完成自己的使命。

世界上有多少种语言？普通人大概从不关心这个问题。如果你来上外求学，心中一定要有一个答案。在上外人的眼里，语言不仅是一种交流的工具，更是一种文化，是一种精神指引。在这里，每一种语言都有自己的源头，更有自己的归宿。有了语言，才能体现世界的多样化，人类才能更好地传承经典。来上外，首先要怀有对语言的崇敬之心，这样才能学习到翻译精髓。

8月的校园虽然骄阳似火，但格外安静，上一届学子已经各奔东西，上外在等待着新鲜血液的注入。校园里处处是风景，随处可见读书的身影。墨香浓郁的图书馆自习室、舒适雅致的朗读亭、食堂三楼的咖啡店、教学楼中间的小花园、东方语学院的自修区等，提供了各种不同的学习空间，或古典或小资，或严肃或慵懒。

"读书不觉已春深，一寸光阴一寸金。"绿藤不语，湖水无言，但它们仿佛也在上外学子的熏陶下，听懂了各种语言。语言，可以承载岁月，可以容纳万物。让青春在这里扬帆起航，世界大不同，我们"语"众不同。

五湖四海之桥梁

★ **上海外国语大学**

上海外国语大学与新中国同龄，其前身为华东人民革命大学附设上海俄文学校，于1949年12月宣告成立，首任校长是著名俄语翻译家、出版家、中国百科全书事业的奠基者姜椿芳。学校后历经华东人民革命大学附设外文专修学校、上海俄文专（修）科学校、上海外国语学院等传承变革，于1994年正式更名为上海外国语大学。在70多年的办学历程中，上外书香翰墨、桃李芬芳，顾杏卿、凌达扬、厉家祥、夏仲毅、方重、徐仲年、王燕生等众多杰出的名家大师，都荟萃于此，执教治学，开创并丰富着上外的人文传统。

上海外国语大学是中华人民共和国成立后兴办的第一所高等外语学府，是新中国外语教育的发祥地之一，属国家"211工程""双一流"建设大学，拥有特色鲜明的治学理念和海纳百川的多元氛围，也形成了以语言文学类学科见长，文学、教育学、经济学、管理学、法学、工学等6大门类协调发展的学科格局。上外有56个本科专业，涵盖12个本科专业类，包括35个语言类专业和21个非语言类专业。学校占地1100余亩，图书馆藏书130万余册（涵盖65个语种）。

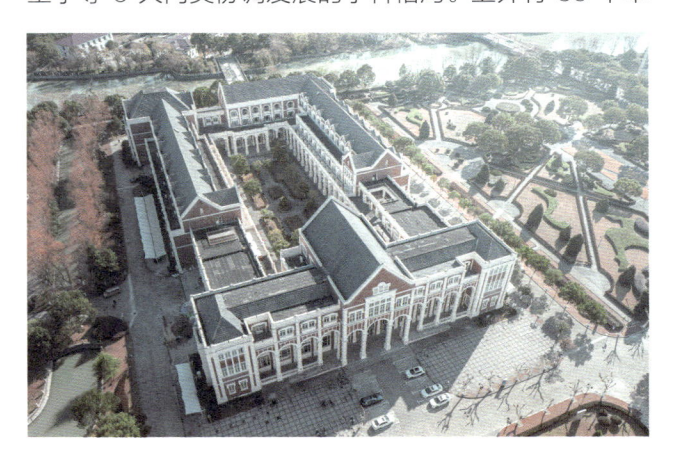

最新公布的名单显示，上海外国语大学的外国语言文学已入选国家"双一流"建设学科。上外着力推进"战略语言"建设，为国家和地方发展、推动文明交流互鉴提供最急需的关键人才储备。上外现有授课语种数量已有50多种，包括39种现代语言、15种冷门绝学语言课程。上外还创建了中国首个以世界语言多样性为主

题的博物馆——上海外国语大学语言博物馆，秉持"语汇世界、言聚全球"（Words, Worlds）的立馆理念，致力于传承和保护非物质文化遗产，构建全球语言知识体系，推动中外文明对话和人文交流。

报考须知

生活在上海外国语大学：

上外的食堂非常集中，全在一栋楼里，这样倒也不必来回跑了。其中1A、1B为传统食堂，除了大众菜还有煎包、豆浆、糕点等早餐供应，节日还会有特供美食；2A有供应西餐的泰西餐厅以及提供清真饮食的石榴籽风味民族餐厅，满足了外籍、少数民族学生的需求；2B为快乐食间，有自选菜、早点、饮料、面食、炸鸡、水饺等；3A颐谷美食广场主营拉面、铁板烧、轻食沙拉、麻辣香锅等风味美食；3B是校内唯一一个"酒店式"食堂，设有聚餐大圆桌，同时供应中西餐点，是同学聚会、社团团建时的不二选择。

本科新生的宿舍一般在二期公寓，宿舍均为四人间，带衣柜、书桌、储物柜、空调、风扇、饮水机等。每栋楼还会配备微波炉、热水机、洗衣机与烘干机，另外宿舍楼的位置在繁华的文汇路上，周边美食、电影院、理发店等一应俱全，生活上也非常便利。

其他学校的同学大概很难想象到，上外罗雪梅教授开设的高等数学课程有多火，即便学生只是去蹭课也不一定能找到坐的地方；还有大学生安全教育课也开设了10余年，深受学生喜爱。在社团方面，有沪语社、云出岫户外旅行社团、UMP街舞社、MelodyC2E社团等，

MelodyC2E 社团是既喜爱英语又热爱音乐的学生的聚集地，他们每周都会组织原创分享、翻译互动，致力于传播中国声音，让外国人听懂中文歌曲中的音韵美与意境美。

第四轮教育部评定 A+ 学科：

外国语言文学。

学费标准：

外国语言文学类专业为 7150 元 / 学年；工科计算机类专业为 7000 元 / 学年；其他学科专业为 6500 元 / 学年；中外合作办学项目为 19500 元 / 学年。超出学校本科专业基准学分（160 学分）的，按 2023 年入学普通全日制本科生学分制收费办法另行收取。

住宿费用：

1200 元 / 学年。

录取规则：

学校在专业录取时以"分数优先、遵循志愿"为原则，各专业志愿间不设级差分，按投档成绩由高到低排序，依次按考生所报专业志愿，对照各专业录取要求，确定录取专业。在专业招生规模允许的范围内，学校可根据考生专业志愿情况适度调整专业招生计划。专业录取时若考生投档成绩相同，则依次比较外语成绩、高考实考总分、语文成绩、数学成绩。若上述情况完全相同，学校则按预留计划录取。学校录取线上的考生所填专业志愿均无法满足时，若服从专业调剂且符合录取要求，则可调剂到招生计划尚未完成的专业，若考生电子档案中提供综合素质评价报告，还将参考综合素质评价信息进行专业录取；若不服从专业调剂或不符合录取要求，则作退档处理。

学校普通类型招生中，高考外语语种为英语的考生，可以报考所有专业；俄语、德语、法语、西班牙语、日语考生可报考本语种专业以及所有非外语类专业。学校外语类专业除本专业语种教学外，均开设英语必修课程；学校非外语类专业均开设英语必修课程，部分专业课用英语授课，所有学生应按学校课程设置进行学习。

报考学校外语类专业的考生均须参加各省级招生考试机构组织的高考外语口试且成绩合格 [未组织口试的省（区、市）除外]，广西考生高考外语口试须达到 A 等级。学校在普通类型招生时不再单独组织外语口试和专业面试。

「校友印象」

SHANGHAITECH UNIVERSITY

上海科技大学

感受
科技与艺术的魅力

科技与艺术结合，会产生什么样的化学反应？来到上海科技大学，也许就有了答案。科技无处不在，即便是在名校如云的上海，这样一所颇具特色的大学，也是很惹人注目的。

我们学校有条河，是生活区和教学区的天然分水岭，也是一处美不胜收的景观，给这所"年轻"的高校注入了十足的灵气。校园观景塔高耸入云，犹如一座灯塔，一个地标。每到深秋，在五彩缤纷的树叶映衬下，这座87.3米的高塔有种魔幻现实主义的感觉，让人神往。蓝天白云的背景，给这座高塔增加了一些诗意。科学和艺术，往往就是在不断碰撞中融合，相互成就的。登上高塔，一览校园风景，这是每个学子来到上科大都会做的一件事。如果你有恐高症，那么未免有点儿遗憾。

7月的上海，闷热难耐，学校的图书馆和游泳馆是避暑胜地。即便在炎热的三伏天，读书和运动也是上科大学子雷打不动的功课。图书馆的凉爽不仅来自动力十足的空调，更来自大家求知的内心，这是"心静自然凉"最好的写照。在这里，静是一种动力，驱使着每个学子汲取知识，潜心治学，向前冲刺。来到这里求学之前，我这个北方的旱鸭子是很少接触游泳池的。可如今的我，在学校的智能化游泳池中已如鱼儿一般。

科技乃创新之源，我们学校一直是科技圈里的宠儿，永远奔跑在科技的最前沿。软X射线自由电子激光、硬X射线自由电子激光、超强超短激光，这些对于很多人而言陌生的名词，上科大学子却耳熟能详。和复旦、同济这样的老牌名校相比，上海科技大学就像初升的太阳，虽然年轻，却蕴藏着无限的能量。后来者居上，我们已经迎头赶上。

上科大对学子毫无保留，海量的图书电子资源任由师生访问。在这个信息就是第一生产力的时代，只要你在本校校园网覆盖的范围中，你就坐拥了"金山银山"。

在上海这座多元化的城市里，想要有自己的精神符号，谈何容易，但上海科技大学做到了。在这座高楼林立的国际大都市，上科大的景观塔独特、醒目，它体现了学校作为中国顶级科技大学的文化内涵、艺术创新与科技素养。它是学校的地标，更是学子的精神之塔。和我一起来塔上俯瞰校园，感受科技与艺术的魅力吧！

小规模，高水平

★ **上海科技大学**

上海科技大学的孕育和成长始终与我国的改革开放和上海张江的创新发展同向同行。创办上科大的战略构想始于2004年。为了更好地服务国家发展战略，本着"科教融合"思路，上海市人民政府与中国科学院开始筹划在浦东共建一所研究型大学。2011年5月，双方决定共同成立上海科技大学筹建领导小组和工作小组，全面推动上科大的建设。2013年9月30日，教育部正式批准上海科技大学成立。

上海科技大学是一所小规模、高水平、国际化的研究型、创新型大学，是国家"双一流"建设高校。学校下设学院、书院、研究院所、科研中心19个。学校有12个本科招生专业，涵盖物理、化学、材料、生物、信息、管理、艺术、数学等。上海科技大学校园占地约900亩。截至2023年3月，学校有教职工1000多人；有学生6000多人，其中本科生1000多人，硕士研究生（含国科大学籍）2000多人，博士研究生（含国科大学籍）1000多人。

上海科技大学的材料科学与工程已入选国家"双一流"建设学科。学校始终坚持创新报国的责任，积极投身、深度融入上海科创中心和张江综合性国家科学中心建设，

承担多项国家大科学装置项目，打造国之重器。软X射线自由电子激光项目和活细胞结构与功能成像等线站工程已于2022年全面完成验收，即将向用户开放。国家目前投资金额最大的大科学装置项目"硬X射线自由电子激光装置"建设进展顺利。2022年新获批一项国家重大科技基础设施预研项目。

报考须知

🎓 生活在上海科技大学：

上科大共有4个食堂，分别是西餐厅、清真食堂、二号食堂、三号食堂。西餐厅有各类牛排、鸡排、鱼排、意面等；清真食堂是肉食爱好者的天堂，有大盘鸡、牛肉、羊肉串，也有手抓饭、咸奶茶等；二号食堂提供大众菜，有各类小炒、面点粗粮，经济实惠；另外，上科大校园内还有咖啡厅、面包房等经营场所，咖啡厅也是学生学习的好去处。

上科大的本科生宿舍一般为三人间，有独立阳台、浴室、空调，可24小时供应热水。每层楼都会设置楼层活动室，同学们可以在里面自由讨论、休息。而宿舍楼的一楼一般为全天候开放的书院活动室，同样可以进行小组讨论等活动，有时候书院还会在里面举行生日会、元宵灯会。宿舍楼还配置了音乐舒缓室。另外，上科大每周都会有不同的常任教授轮流到宿舍楼"出差"：与学生一起住一周，开讲座，与学生讨论科研，探讨兴趣爱好，等。这不仅能让师生关系更为融洽，也更利于学生向内探索。

上科大选课自主性极高，学生有机会在黄梅戏欣赏与体验的课堂中，亲自体验黄梅戏的魅力；也可以在红色圣地——从开天辟地到上海解放的思政课上，感受100年前建党先驱的足迹，教授也会带领学生参观《新青年》编辑部的旧址现场；还可以听教授在上海天文馆讲解大学物理课，学生因此能够对那些晦涩抽象的物理公式、深奥的物理现象有更为真切的理解。作为一所培养科技创新型人才的大学，上科大的科创类社团非常多，有iGEM社团、GeekPie社团、HiFi研究社、上科大科技创业社团（T.I.E.League）等。

学费标准：

7000元/学年。

住宿费用：

1200元/学年。

录取规则：

参加学校"校园开放日"活动并获得"校园开放日"综合成绩的考生，须在其所在省（区、市）普通高等学校招生全国统一考试提前批次本科志愿栏内填报上海科技大学，否则其"校园开放日"综合成绩无效，未获得"校园开放日"综合成绩的考生也可在其所在省（区、市）普通高等学校招生全国统一考试提前批次本科志愿栏内填报上海科技大学（有特殊规定的省（区、市）除外）。考生文化成绩（含教育部、所在省（区、市）相关政策规定加分）应达到生源所在省（区、市）本科第一批录取控制分数线，对于合并本科录取批次的省（区、市），按相关省（区、市）省级招办确定的特殊类型招生控制分数线执行。

学校根据考生的最终成绩（含高考总分和本校"校园开放日"综合成绩），按照考生的第一专业志愿录取。最终成绩相同的考生，则比较本校"校园开放日"综合成绩择优录取；若"校园开放日"综合成绩仍相同，则比较高考数学单科成绩择优录取；若高考数学单科成绩依旧相同，则参考考生的综合素质评价信息择优录取。

「校友印象」

SHANGHAI UNIVERSITY OF SPORT

上海体育大学

绿瓦下的
追风者

来到上海体育大学之前，我认为体育等于运动。走进上体的大门后，三观得以刷新，体育原来是博大精深的科学，更是内涵丰富的艺术，里面大有学问。

研究体育科学，是用另一种高端的方式来阐释体育精神的内涵。从古老的奥林匹亚圣地开始，体育就是不同种族间超越语言、政治的一种先进交流方式。体育是积极向上、拼搏进取、互利共赢的，是人类智慧和力量集成的体现。学体育的人身上都有一股力量，力求身心一统，兼蓄竞攀。

这里的学子青春洋溢，激情四射，热爱生活。

上体学子的一天在绿茵场上的第一缕晨光中开启，在绿瓦大楼的灯火中结束。远远望会，经典的绿瓦建筑就像一座座古老的博物馆。在绿瓦大楼前，光影交织，时空交错。学校的建筑新老并存，风格迥异。老教学楼古朴典雅，新教学楼简约现代，但一切并不违和。时代变迁的痕迹，也藏在这些建筑中。

绿瓦书店是读书爱好者的风水宝地。读好书，淘文创，买周边，这里体现了我们认真生活的热情。在上体的校园中，遇到体育明星的机会很多。有时候走着走着，就能和正在参加活动的某个体育明星撞个满怀。

想要运动却不知道选择哪种器械好，这大概是上体人才会有的烦恼。品类齐全的体育器材，可以满足学子的各种运动需求。上体的学子，也可谓是十八般武艺样样精通。在这里你永远不需要担心没有对手，只需要担心高峰时期场地上人太多而占不到位或者影响发挥。尽管这里运动场所众多，空间也不小，但由于同学们的热情无法阻挡，所以要想在宽松的环境下运动，你还是要提前做好规划。

解剖楼，解除了我对体育学的误会。作为运动科学的研究者，我们首先要了解人体的精密构造，才能解开人体奥秘，体会运动科学的精髓。也是来到这里后，我才更加清楚，原来从生命发展的角度来讲，人体的每个细胞和器官都有它存在的意义。

我在这里挥洒过汗水，也被美食温暖过，在知识的海洋里遨游过。迎着晨光，我跟同学们一起奔跑，一起进步，一起在上体度过短暂而美好的时光。追风赶月莫停留，平芜尽处是春山。绿瓦下的追风者，期待再相见！

身心一统，兼蓄竞攀

★ **上海体育大学**

上海体育大学创建于1952年，原名华东体育学院，1956年更名为上海体育学院，是新中国成立最早的体育高等学府。2023年6月，经教育部批准，学校更名为上海体育大学。一直以来，上海体育大学秉持着"身心一统，兼蓄竞攀"校训，承载"发展体育运动、增强人民体质、弘扬体育文化"的光荣使命，践行"为了师生终身发展"的根本理念和"身心一统、德技相长、文理兼修、服务社会"的办学思想，为国家培养了许多有志之士，以及一批国际知名教练员，如施之皓、孙海平、陈忠和、王跃舫、孙荔安、沈富麟、马良行等。

上海体育大学现已形成以体育学为主干，高水平交叉融合理学、医学、文学、工学、管理学、法学、艺术学等学科门类的学科体系，设有本科专业24个。学校总占地面积超1100亩，图书馆藏书88万余册，其中中外体育及相关专业图书30多万册。师生方面，学校有全日制学生约7000人；有教职工800多人，其中专任教师600人左右，且学校拥有一批著名学者和行业著名教练。

第二轮"双一流"建设大学名单显示，上海体育大学的体育学已入选"双一流"建设学科。学校还积极推动"体教融合"人才培养创新，率先建成世界唯一的以乒乓球为专业的高等教育机构——中国乒乓球学院，并被国际乒联认定为最高学院级附属培训基地；学校还与国际手联和国际田联分别共建了国际手球学院和国际田联特训认证中心；与中国篮协、中国田协、中国羽协、中国体操协会和中国铁人三项协会分别共建中国篮球学院、马拉松学院、羽毛球学院、体操学院和铁人三项学院，是中长跑项目"国家高水平体育后备人才基地。

报考须知

生活在上海体育大学：

上体第一食堂的葱油拌面有老上海的风味，烤鱼、秘制小龙虾则供不应求；第二食堂位于学校外，经常会有社会人士到食堂吃饭，一楼为偏甜口的本帮菜，二楼有自选窗口、煲仔饭等；第三食堂的清真牛肉面很正宗，也颇受学生喜爱。

上体的宿舍区环境清幽，绿化也不错。本科生宿舍一般为四人间，宿舍内配备空调、风扇等，身高超过190厘米的学生可以申请加长床位。每栋宿舍楼一般会配备一到两个活动室，供开会、讨论工作、集体学习等使用。

上体可选修的体育类课程非常多，甚至设有筋斗入门课。另外，在上体的每一位学子都必须学会游泳，否则无法毕业。社团方面，数量最多的还是体育竞技类社团，有SPS花样跳绳社、棒垒社、单车社、高尔夫社、健美健身协会、毽球社、空手道社、噜啦啦户外俱乐部、轮滑社、攀岩协会、上体龙狮协会等。

第四轮教育部评定A+学科：

体育学。

学费标准：

有6500元/学年、7000元/学年、7400元/学年、7700元/学年、13000元/学年等不同标准。

住宿费用：

最高不超过1200元/学年。

录取规则：

对进档考生根据专业招生计划数，按照"分数优先，遵循志愿"的原则进行专业录取。

对所填的专业均不能满足，且志愿表上注明愿意调剂，并符合调剂专业相关要求的考生，将按投档成绩从高到低（上海考生还须参考高中综合素质评价信息），调剂录取到计划未满的专业中（不再征求考生意见）。对填报专业均不能满足且不服从专业调剂的考生予以退档。

英语专业的英语单科成绩不得低于110分（满分150分）。

对参加省级艺术类/体育类统考合格，文化分达到本省（区、市）艺术类/体育类本科最低录取控制线的进档考生，根据专业招生计划数，按投档成绩从高分到低分择优录取。在考生投档成绩同分情况下，按各省（区、市）同分排序规则执行。没有同分排序规则的省（区、市），依次按艺术/体育统考成绩、语文成绩、外语成绩、数学成绩排序。艺术类/体育类专业无调剂录取。

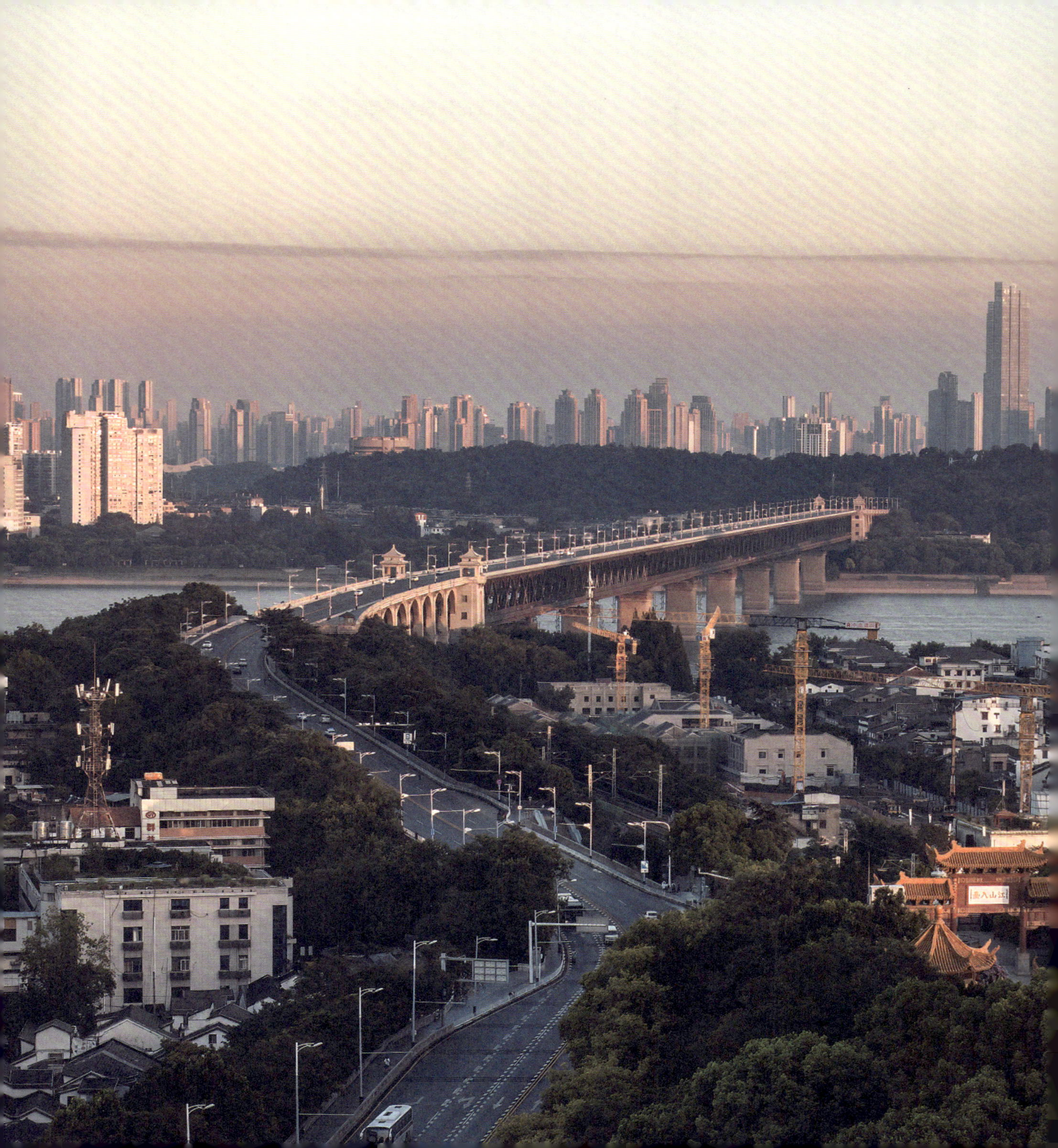

武汉

WU
HAN

「校友印象」

WUHAN UNIVERSITY

武汉大学

月色绮丽，落"樱"缤纷

武汉大学最具特色的就是樱花大道了,每到4月,数百米的长道两侧开满樱花,灿若云海,令人叹为观止。

一晃4年,我在这条道路上走过无数次。我的身边,时而是我尊敬的师长,我喋喋不休地问询着,求知若渴的眼神无法从他们身上移开;时而是同我谈天论地的同学好友,我们有着相似的想法,产生共鸣时都会乐呵呵地笑着点头。我在这里完成了学业,结交了志同道合的朋友,确定了余生的目标。

但今晚不一样,我站在樱花大道上,没了往日落英缤纷的风景,远远悬着的一轮明月,倒是清冷又悦目。不知道为什么,今夜的景色与我心中的五味杂陈特别契合。

我好像从来都没有在这个时节、这样的夜晚好好看看这片树海。那夺目的、温馨的、赏心的粉红色一直都是樱花树最耀眼的存在,而武汉大学也因为这片粉色花海增添了些许艳丽和浪漫,让人争相赶来,在武大这片肥沃的土壤里开出自己的花。

以前的我,是不会有这么多感触的,可今夜的毕业晚会,实在是像一场梦。我置身于这场梦中,似乎变得无所不能,就像那一簇簇灿若云霞的樱花,花开时幽香扑鼻,花落时缤纷烂漫,就算花期不长,拼命绽放到最后一刻。

然而这种感觉转瞬即逝,看着天边的那轮明月,我

的心乱了。比起其他优秀的武大学子，我仅仅是隐于粉色花朵中的一片绿叶，研究生考试落榜打击了我的自信心，我不禁感慨，这条我走过无数次的道路，过了今夜，我就要同它说再见了。而以后的再见，又是何年？无人能知晓。所以在热闹的毕业晚会后，我打算好好看看自己生活了四年的大学。

我深爱的武大环绕东湖水，坐拥珞珈山，它有着得天独厚的地理优势，除了樱花大道，大小山岭交相辉映、错落有致。俯瞰校园，到处都是树海，中西合璧的宫殿式建筑群古典雅致，武汉大学早期建筑被列为全国重点文物保护单位。

"中国最美丽的大学"非端庄秀丽的武大莫属。

武大不仅有优美的自然景观，它还"秀外慧中"。武大源于1893年，张之洞先生创办的自强学堂，张之洞先生认为，"盖闻经国以自强为本""自强之道，以教育人才为先"。历经百年，武大定下"自强、弘毅、求是、拓新"八字校训，告诉我们要自强不息，有抱负、有理想、有决心。

夜空中的那轮明月似乎更亮了，樱花树影在月光的轻抚下，不知为何映出了往昔的艳丽。我愣在原处，有些惊讶，擦亮眼睛细看，确实是自己眼花了。但那个场景在我脑海里挥之不去，比我第一次从樱花大道走过还要震撼。

也许，我不是那片花海中的一簇，可以令人赏心悦目；也不是层叠山岭中的清风，让人心旷神怡；更不是那一幢幢岿然不动的宫殿式建筑，可以经久不衰，诉说历史的心声；但我可以继续努力，成为那抹照亮黑夜的月光，即便没有樱花点缀，也能让这个夜晚变得绮丽。

我打算再战一年，成为武大的研究生，成为照亮武大黑夜的那缕月光。

百卅珞珈

★ **武汉大学**

江城多山，珞珈独秀；山上有黉，武汉大学。谈及武汉大学的历史，它的前身可追溯至1893年清末湖广总督张之洞奏请清政府创办的自强学堂，1902年更名为方言学堂。辛亥革命后，北洋政府以方言学堂为基础，于1913年建立国立武昌高等师范学校，后又历经数次更名、合并，直到2000年8月2日，武汉大学、武汉水利电力大学、武汉测绘科技大学、湖北医科大学合并成新的武汉大学。回眸过去，筚路蓝缕，励精图治，玉汝于成。珞珈山上风云际会，周恩来、董必武、陈潭秋、罗荣桓曾在这里指点江山；辜鸿铭、竺可桢、李四光、闻一多、郁达夫、叶圣陶、李达等曾在这里激扬文字。百余年的风雨，百余年的砥砺，百余年的辉煌，建校至今学校始终秉承"自强、弘毅、求是、拓新"的精神，共培养了70多万名各类高级专门人才，其中两院院士就有100余人，为国家建设和社会进步做出了重要贡献。

武汉大学属国家"985工程""211工程""双一流"建设高校，学校学科门类齐全、综合性强、特色明显，设有34个学院，3所三级甲等附属医院，130个本科专业，图书馆藏书超700万册。同时，学校校园环境优美，被称为"中国最美丽的大学"。中西合璧的宫殿式建筑群古朴典雅，巍峨壮观，其中有26栋早期建筑被列为"全国重点文物保护单位"。学校有普通本科生3万人左右，硕士研究生2万多人，博士研究生9000人左右，另有外国留学生1000多人。同时，学校名师会聚，英才云集，有专任教师3000多人，其中12位中国科学院院士、5位中国工程院院士、3位欧亚科学院院士、8位人文社科资深教授、15位国家级教学名师。

武汉大学实力雄厚，理论经济学、法学、马克思主义理论、化学、地球物理学、生物学、土木工程、水利工程、测绘科学与技术、口腔医学、图书情报与档案管理被评为"双一流"建设学科。学校设有4个国家重点实验室，另外还有2个国家工程技术研究中心、2个国家野外科学观测研究站。

报考须知

生活在武汉大学：

武汉大学大大小小的食堂加起来有 20 多个，汇聚了来自五湖四海的美食。梅园食堂的菠萝饭、工学部民族食堂的大盘鸡、田园食堂的热干面、枫园的部队火锅，都是食堂的"网红菜"，被学生赞不绝口。信部四食堂还提供了杂粮饭，对健身人士很友好。湖滨食堂经过升级改造后加入了诸多智能化设备，可进行智能结算、回收餐盘，在用餐时间之外，食堂还会开放给学生自习用。

武大名气最大的宿舍当然是樱园的老斋舍，又被称为武大的"樱花城堡"。老斋舍修建于民国时期，建筑看起来古色古香，颇具韵味。在里面，推开窗就能观赏樱花雨。它最早是男生宿舍，如今已被改为博士生宿舍。

武大有意思的选修课并不少，比如解剖、桥牌、方言与中国文化、当代中国社会问题透视等课程。社团方面，学生会是学校社团的龙头组织，学校的大型活动一般由他们组织，比如新生辩论赛、金秋艺术节、体育文化节等。武大的辩论队历史也很悠久，辩论水平属全国顶尖水平。

第四轮教育部评定 A+ 学科：

马克思主义理论、地球物理学、测绘科学与技术、图书情报与档案管理。

学费标准：

重点专业学费为 5850 元/学年，一般专业学费为 4500 元/学年，艺术类专业为 9000～10350 元/学年，中外合作办学专业为 25000 元/学年。

住宿费用：

800～1200 元/学年。

录取规则：

确定考生录取专业时，实行分数优先的原则。考生高考成绩（含政策性加分，下同）相同时，考生高考总分（不含政策性加分，下同）高者优先录取；考生高考总分也相同时，按照省级招生考试机构提供的同分排序原则进行录取；如省级招生考试机构未提供同分排序原则，则优先录取相关科目成绩高者。传统高考省（区、市）相关科目理工类为数学＋综合，文史类为语文＋综合；高考综合改革省（区、市）依次比较语文、数学、外语成绩。

外国语言文学类专业除省级招生考试机构另有规定外，口语不作要求。

马克思主义理论专业在提前批次招生，只录取明确填报该专业志愿的考生，考生高考成绩须不低于考生所在省（区、市）的一本线。

「校友印象」

HUAZHONG UNIVERSITY OF
SCIENCE AND TECHNOLOGY

华中科技大学

我眼中的
华科大

时隔4年,当我再次拜访与我相伴了四载的母校——华中科技大学时,万千思绪不禁涌上心头,我的心里暖洋洋的。站在南大门前,那庄重威严的校门好似单独为我敞开,我迎着馥郁的玉兰花香,追着悠悠的云,踏进了学校。

华中科技大学有着"森林大学"的美称,绿化率高达72%,校园风光旖旎,简直就是一处天然氧吧。还记得多年前,我像一只充满好奇心的小鹿,无忧无虑地飞奔其中。各式各样的乔木郁郁芊芊,树叶飘动着的剪影时不时掠过我的面庞。远处飘来樱花、杜英和玉兰的阵阵微香,一簇簇沉甸甸的花团在暖春的空气中来回摆动。几只鹰鹃竭力鸣叫着,声声入耳,但它们总藏匿于高大的枝叶间,想要打个照面很难。

华科大茂密的树海里,终究数法国梧桐最得我心。值得一提的是,这些梧桐树大多栽植于建校伊始,树龄高达50年。我只身前往坐落于喻家山脚下的梧桐语问学中心,试图找寻曾经那朦胧、热烈而青涩的青春岁月。

作为华科大的学术交流中心,梧桐语问学中心是我认为最具人文气息和想象力的校园一角。每逢春暖花开之际,梧桐语问学中心周围的苏式建筑群总会吸引全国各地的"文艺青年"纷至沓来。高大的乔木和低矮的地被围绕着旁边的条凳和平台,嫩草从青石板的细缝中长出,仿佛我们纯粹又冲动的求知欲。轴线处镜面水景的设计为夜晚的梧桐语问学中心增添了些许恬静与神秘。

不远处，一位扎着马尾辫的学妹静坐在用毛石和青石板制成的条凳上，手捧丰子恺先生的《梧桐树》，她也在回忆她的童年吗？不禁惹人遐想……

华科大不仅有绚烂的自然景色，它的人文氛围更是令我永远偏爱这里。

你或许很难想象，大学校园内是有公交车的。没错，华科大居然有驶向春日和暖阳的"熊猫巴士"。记得我还是华科大的一名学子之时，酷暑严寒之际去上课都需要莫大的勇气，而现在冬暖夏凉的"熊猫巴士"轻松解决了这一问题。"熊猫巴士"有4条路线，按顺时针和逆时针的方向环主校区行进，让校园内每个角落的学子都可以"体面"地上学、"回家"。

提及人文关怀，不得不说说华科大最富诗情画意的九思书苑了。九思书苑的名字源自华科大老校长朱九思先生之名。文化空间是校园内可为学子提供无限慰藉的地方，在九思书苑内，一卷好书、一杯咖啡，就可以待一个下午，而且文化沙龙区还会不定期举办读书沙龙、作者签名会等小型文化活动，低声细语间，无数思想的火花在此碰撞，升华。

这便是我眼里的华中科技大学，我爱它，像千千万万校友一样。

新中国高教事业发展的见证者

★ **华中科技大学**

华中科技大学是于2000年5月由原华中理工大学、同济医科大学、武汉城市建设学院合并组建而成，其中原华中理工大学的前身是华中工学院，于1952年组建；原同济医科大学的前身则为德中双方1907年在上海创办、埃里希·宝隆博士任首任校长的上海德文医学堂；而原武汉城市建设学院的前身是1952年8月创办的中南建筑工程学校。原三所学校继承了百年老校的办学历史传统，同时在历经两次重大改革后不断发展壮大，也见证了新中国高教事业的发展。至今为止，华中科技大学已经为全球各行各业输送了70多万名毕业生，如今的它始终秉持"明德、厚学、求是、创新"的校训，以创建世界一流大学为目标，不断努力。

华中科技大学是国家"985工程""211工程""双一流"建设高校，学校学科齐全、结构合理，基本构建起综合性、研究型大学的学科体系。学校拥有哲学、经

济学、法学、教育学、文学、理学、工学、医学、管理学、艺术学、交叉学科等 11 大学科门类。目前，学校设有 51 个院系，3 家直属附属医院，117 个本科专业。学校图书馆藏书数百万册。师资方面，学校有专任教师 3700 余人，其中教授 1500 余人、副教授 1400 余人，教师中有院士 20 人。

华中科技大学的"双一流"建设学科有机械工程、光学工程、材料科学与工程、动力工程及工程热物理、电气工程、计算机科学与技术、基础医学、临床医学、公共卫生与预防医学，同时学校教学科研支撑体系完备，建设有武汉光电国家研究中心、国家脉冲强磁场科学中心、精密重力测量研究设施和国家数字化设计与制造创新中心等国家重大科研基地，还拥有 7 个全国重点实验室、2 个国家技术创新中心。

报考须知

生活在华中科技大学：

华科大西、中、东三区大小食堂共有 30 多个，所有学生食堂均被评为"湖北省高校标准化食堂"。西一食堂是西边最大的食堂，地理位置优越，饭菜跟餐位都足够多，也是西边学子最常去的食堂。百品屋小吃城同样是西边的超高人气食堂，一到饭点就座无虚席，其中黄焖鸡、麻辣烫、重庆小面都备受学生喜爱。中区的喻园食堂处于学校正中心，又在集贸市场旁边，人流量非常大，它是传说中拥有食堂最高消费记录的保持者，如果在高峰时期去用餐，很可能找不到座位。东一食堂的饭菜便宜又丰富，是东边学子最常去的食堂，当你不知道要去吃什么的时候，去东一就对了。

华科大主校区本科生宿舍一般为四人间，带有学生家具、独卫、空调，提供热水、校园网等，只有少数几栋宿舍楼没有配备独立卫生间，但每层楼会提供公共卫生间。宿舍会配备洗衣房、自动售货机、烘干机、自助打印机等，供学生日常使用。另外学校还致力于在学生公寓内建设学业发展区、会客交流区、生活服务区，以营造更加健康、向上的社区文化氛围，丰富学生生活。

华科大也有一些非常个性化的选修课，比如音乐疗愈课可以帮助学生放松身心、舒缓压力、提高音乐审美；HUSTers走世界课对有留学意向的学生非常有帮助，这堂课可以帮助学生更好地了解其他国家的风土人情。每年，新生军训结束后会有社团招新活动，各种类型的社团都有，比如华中科技大学计算机协会、机器人社团、天文协会等。

第四轮教育部评定A+学科：

机械工程、光学工程、生物医学工程、公共卫生与预防医学。

学费标准：

环境设计、产品设计、数字媒体艺术、音乐表演专业为10000元/学年；播音与主持艺术专业为10350元/学年；软件工程专业前两学年为5850元/学年，后两学年为16000元/学年；生物科学（中外合作办学）专业为108000元/学年；其他专业为4500~5850元/学年不等，不同专业收费标准不同。

住宿费用：

1120~1440元/学年。

录取规则：

外国语学院只招收英语、日语、德语、法语语种考生。其他专业不限考生的应试外语语种，但日常教学均以英语作为第一外语。

确定考生录取专业时以考生高考成绩（含加分）为准，实行分数优先的原则，不设专业级差。高考总分（含加分）相同的考生，按照各省级招生主管部门规定的同分排位顺序确定专业录取顺序；投档时如考生所在省（区、市）没有规定同分排位顺序，高考总分（含加分）相同时，非高考综合改革省（区、市）依次按照综合、语文、数学、外语成绩确定专业录取顺序，高考综合改革省（区、市）依次按照语文、数学、外语确定专业录取顺序。

在非高考综合改革省（区、市），考生所填报专业都无法满足时，若服从专业调剂，则根据考生成绩在考生所在省（区、市）科类投放的所有专业（含医科专业）计划范围内进行调剂录取；若不服从专业调剂，作退档处理。在实行院校专业组录取模式的高考综合改革省（区、市），若考生服从专业调剂，则根据考生成绩在考生投档院校专业组内招生计划未满的专业中进行调剂录取；若不服从调剂，作退档处理。

「校友印象」

CHINA UNIVERSITY OF GEOSCIENCES

中国地质大学

倾听地球的
生命脉动

地球，我们共同的家园。可是，你了解地球吗？在人类起源之前，地球又是怎样的存在状态？这个问题，是每个地质人都想知道的，而在地质学领域，中国地质大学可以说是妥妥的"老大哥"。从地大走出去的学子，无论到了行业内的哪个岗位上，都深受欢迎。

中国地质大学是一个藏品丰富的博物馆，学校拥有华中地区第一化石林，亲身感受后，你会由衷地为地球数以亿年计的进化史而感动。漫步在由70多根历史长达1.5亿年的硅化木组成的丛林中，我感受到人类的渺小，对地球科学的好奇心和对地球的无比崇敬，由此生发。置身于这片化石林中，我对自己有了全新的认识，也为历史的深邃和沧桑深深折服。

见证地球进化史的还有逸夫博物馆，这里是国家二级博物馆，馆中千奇百怪的古生物化石、矿石等标本，让人再次感慨科学的魅力。在这里，艺术和科学完美融合，每件展品都是独一无二的，更是大自然的鬼斧神工之作，仿佛精心雕琢的艺术品。在这里，我们感受到的是地球46亿年的脉动，38亿年生命的探索史和进化史。化石不言不语，却记录着世间的沧桑，等待着每个地大的学子去探索和研究。

地大的学子，每个人都有一份关于日月星辰的情怀。万事开头难，如今和谐美好的校园是千千万万个前辈用双手和汗水缔造的。漫长的时光，见证的是百年地大人的众志成城。从无到有，化难为易，如今的地大，已经越发成熟稳健。徜徉在院士长廊中，感受着历史的温度，体会着先辈们在科学道路上披荆斩棘的热情，和科学为友，所有地大人都是一家人。

老地大人都知道学校的露天电影院，这里曾经是师生忙碌之后休息的文化小站。如今它摇身一变，成为"四重门"文化景观——象征着创新、开放和未来的"三重门"，以及带领我们走进中国地质大学的"地质之门"。看来，地大人不光是吃苦耐劳的实干家，也是懂诗意的美学家。

地大未来城校区，有一群人在这里挥洒汗水，它以未来之名，诉说着地大的前世今生。都说我们搞地质的不怕苦、不怕累，遇到困难咬咬牙，呵呵一笑也就过去了。如果你有兴趣从高空拍摄学校的北大门，你会发现北大门和校训广场以及周边的绿化带形成了一幅天然的画卷，这是所有地大学子共同的表情包——"呵呵"。

未来城里再相见，南望山下尽欢颜。有机会你一定要来中国地质大学看看，在学校的时空隧道里亲手创作一幅属于自己的涂鸦。

中国地球科学的最高学府

★ **中国地质大学（武汉）**

中国地质大学是一所历经沧桑、底蕴深厚的大学。学校前身是创建于1952年的北京地质学院，由清华大学、北京大学、天津大学、唐山铁道学院等院校的地质系（科）合并而成。1970年，学校迁出北京，在湖北江陵等地辗转办学，曾改名为湖北地质学院。1974年，学校正式定址武汉，更名为武汉地质学院。1987年，武汉地质学院更名为中国地质大学，武汉、北京两地办学，总部在武汉。2006年，教育部、国土资源部签署共建中国地质大学协议。北大、清华的一流地质学科和"民主、包容、严谨、求实、勤奋"的文化基因在这里延续、创新，来自国内外的名师、才俊在这里切磋、共进。建校70余年来，中国地质大学为国家培养了30多万名高级人才。

中国地质大学是国家"211工程""双一流"建设高校，以地球科学为主要特色，学科涵盖理学、工学、文学、管理学、经济学、法学、教育学、艺术学等门类。中国地质大学校园占地2200余亩，学校有全日制在校学生3.4万余人，包括本科生1.8万余人，硕士研究生1.2万余人，博士研究生2300余人，国际学生1000余人。师资方面，有教职员工3400余人，其中教师1900余人，中国科学院院士12人，中国工程院院士1人，博士生导师680余人，教授510余人，副教授940余人，国家杰出青年科学基金获得者及同等层次人才59人。

中国地质大学的地质学、地质资源与地质工程两个学科已经入选"双一流"建设学科。学校现有各类科研机构、实验室、研究院（所、中心）上百个，其中国家重点实验室2个、国家工程技术研究中心1个、科技部地质工程国际科技合作基地1个。学校还在周口店、北戴河、秭归等地建立了教学实习基地。周口店野外实习基地还被誉为"地质工程师的摇篮"，为"全国地质实验（实践）教学示范中心""国家基础学科人才培养能力（野外实践）基地"。

报考须知

🎓 **生活在中国地质大学：**

学校食堂菜品丰富，像红烧狮子头可以说是全校师生最爱的菜品，口感软糯，四季皆宜。东区食堂的羊肉泡馍是同学们暖胃充饥时的必点菜，还有滋味浓郁的猪肉炖粉条也被很多人称为拌饭神器。此外，武汉本地菜也深受学生喜爱，如梁子湖大闸蟹、武昌鱼、嘉鱼莲藕汤、太极湖刁子鱼等。校园里也有烤鱼、松滋鸡砂锅等各种硬菜，价格便宜量又大。

学校共有两个校区，未来城新校区的宿舍均为上床下桌的四人间，带独卫、空调，而且宿舍不会限电。老校区有四人间、六人间、八人间等，每栋实行的是物业化管理，宿舍楼入口有管理办公室，还可以提供洗衣、打气、借钉子等服务。宿舍整体环境安全清静。另有些宿舍没有配备独立卫生间，但每层楼会有公共卫生间和公共浴室。

学校的选修课也是创意十足，比如武侠小说中被神化的易筋经也被老师搬进了课堂，这门课虽不是为了教大家如何成为武林高手，但对于强健体魄、平和心态还是非常管用的。还有像民间的传统文艺运动——舞龙，不仅开设了选修课，还成立了学生社团，舞龙课的上课地点一般在室外，一条龙长达18米，至少需要10个人才能舞动起来，需要很强的团队协作性。学习舞龙的成员大多是零基础学起，但在此前的全国舞龙舞狮锦标赛上，学校的女子舞龙队获得了自选套路冠军，可以说真正地发挥出了龙狮的精神。还有在欧美国家比较普及的滑翔伞课，也很受学生欢迎，同样可以锻炼身体的协调性。这些看似不务正业的选修课，其实既可以培养兴趣，也能开发出同学们更多的可能性。

第四轮教育部评定 A+ 学科：

地质学、地质资源与地质工程。

学费标准：

普通类专业有 4500 元 / 学年、5850 元 / 学年等不同标准，艺术类专业学费为 10350 元 / 学年，中外合作办学专业学费有 45000 元 / 学年、55000 元 / 学年等不同标准。

住宿费用：

550 ~ 1980 元 / 学年。

录取规则：

根据进档考生填报专业志愿的具体情况，按照专业志愿优先的原则确定录取专业，即该专业优先录取第一专业志愿报考的进档考生，且不设专业志愿分数级差。同一专业录取时，若考生专业志愿及投档成绩相同，则按照数学、语文、外语顺序优先录取相关科目分数高者；若单科成绩完全相同，将按预留计划录取。对所有专业志愿都无法满足的考生，如果服从专业调剂，将调剂到其他专业录取。对所有专业志愿都无法满足又不服从调剂的考生，作退档处理。

学校对艺术类专业不设专业术科测试，考生术科成绩直接使用省统考成绩，具体录取原则以学校艺术类招生简章的规定为准。体育类专业的录取原则执行各省级招生部门的相关规定，各省级招生部门无此规定的，按照考生综合成绩［综合成绩＝（省统考成绩 ×750/ 省统考总分）×50%+（高考成绩 ×750/ 高考总分）×50%］（高考成绩不含政策性加分）排序择优录取，综合成绩相同则按体育统考成绩由高到低录取。

「校友印象」

WUHAN UNIVERSITY OF TECHNOLOGY

武汉理工大学

金秋九月，武理见

武汉是一座英雄的城市，除了有众所周知的黄鹤楼、"万里长江第一桥"武汉长江大桥、口感爽滑的热干面，它还有一张靓丽的名片——武汉理工大学。这也是我作为理科生的"梦中情校"。通过自己的努力，我有幸成为武汉理工的一名学生。

环境对学习的重要性不言而喻。左倚长江，右靠南湖，占地4千多亩的武汉理工大学可以说占据了天然的地理优势。记得我刚拿到录取通知书的那一刻，便被通知书上一匹昂首阔步的飞马吸引了，于是我暗下决心一定要去寻找它的原型。来到学校后，我便发现飞马广场中心屹立着一尊飞马的雕塑，后来才知道，这匹飞马是每个武汉理工学子心目中的宠儿。中国人讲究龙马精神，当初建造这座飞马雕塑就是希望学校能像奔腾的骏马一样，不断前进，而我的母校也确实在日新月异中昂首阔步不断往前。每次路过飞马广场，我都精神百倍，忍不住在心中替自己大喊加油！

武汉地处炎热的华中大地，想要在这里寻找冬暖夏凉的地方，恐怕是一种奢望。不过在武汉理工，还真的能找到这样的宝藏空间。南湖畔，心至楼，冬暖夏凉，适合潜心治学。穿越博学广场，"内外兼修"的南湖图书馆映入眼帘。使用现代化钢架结构建成的图书馆，却渗透出经典的木质美，同时体现出汉风楚韵的地域文化，堪称图书馆建筑的经典教科书。在里面，选择宁静一隅，捧读一本经典，听书页沙沙作响，是每位武汉理工学子的乐趣。"心所至，无所不至"，这大概是人生比较高

的一个境界了。

南湖体现了学校的四季之美。春天的南湖是最俏皮的，繁花争艳，百鸟争鸣，俨然一部交响曲。夏日的南湖给了同学们一丝温柔的庇护，在斑驳的树影下，享受难能可贵的阴凉。秋天缠绵相拥的藤蔓，大概是校园里最浪漫的景欢了吧。再看脚下的石子路，也因落叶的点缀多了些色彩，所以并不显得单调。冬天的南湖，雪花覆盖下更有一种静谧之美。

走着走着，你可能会发现自己迷失在一片森林里，建筑周边被爬山虎包围，白天像一座生态园，夜间则像欧洲的浪漫古堡。绿意交织着，尽显生态之美、柔和之美，而建筑里面的人们，透过交缠的爬山虎，看到的又是另一番景象吧。武大的樱花虽然颜值爆表，但未尝不可替代。3月，正是武汉理工南门106棵吉野樱开得最盛的时候。事实上，它们和武大的樱花是同宗同族的，来这里，邂逅一段温柔的时光吧。

大创园里大有可为，这里有广阔的舞台，宽松的空间。学子每天奔波往返在几座教学楼之间；感受着学习往复循环，螺旋上升，最终实现卓越的过程。金秋九月，武理见，别爽约！

始终卓越

★ **武汉理工大学**

今天的武汉理工大学由原武汉工业大学、武汉交通科技大学、武汉汽车工业大学三校合并组建，办学历史源远流长。原武汉工业大学的历史最早可以追溯到1898年湖广总督张之洞奏请清政府创办的湖北工艺学堂，湖北工艺学堂经过数年的发展演变，于1971年被确立为湖北建筑工业学院，此后又经历了两次更名，于1985年被定名为武汉工业大学。而原武汉交通科技大学的历史可追溯到1946年创立的国立海事职业学院与1945年创立的广东省潮汕高级商船职业学校，这两所学校同样历经多次发展，直到1992年被合并为武汉水运工程学院，1993年更名为武汉交通科技大学。原武汉汽车工业大学则是由1958年创立的武汉工学院发展而成，历经三次更名，于1995年定名为武汉汽车工业大学。在共计120多年的治学历程中，武汉理工大学培养了近70万名高级人才，也是教育部直属高校中为建材建工、交通、汽车三大行业培养人才规模最大的学校，已成为我国"三大行业"高层次人才培养和科技创新的重要基地。

武汉理工大学是国家"211工程""双一流"建设高校，学校具有以工学为主，理、工、经、管、艺术、文、法等多学科相互渗透、协调发展的学科专业体系，设有25个学院，建有5个独立建制的科研院所。学校占地近4000亩，现代化图书馆藏书400余万册。学校有在校普通本科生3.7万余人，博士、硕士生2万余人，留学生900余人；有教职工5000余人，其中获中组部、科技部、国家自然科学基金委员会、教育部和湖北省政府等人才计划支持的高端人才数百人。

武汉理工大学的材料科学与工程已入选国家"双一流"建设学科，同时学校还设有材料复合新技术、硅酸盐建筑材料两个国家重点实验室，一个国家水运安全工程技术研究中心、一个光纤传感技术与网络国家工程研究中心以及其他共计数十个国家级和省部级科研基地。

报考须知

生活在武汉理工大学：

南湖校区的南湖新食堂被称为网红食堂，环境好、格调高。一楼有电影院、麦当劳、各类品牌奶茶饮品等，二层还设置了沙发座椅，适合约会、交流等。南一、南二食堂相对来说比较平民化，除了提供早、午、晚餐，还有夜宵，里面的烧鹅饭是必吃美食之一。另外还有清真食堂，里面的大鸡腿很美味。不过最受学生喜爱的还是余家头校区的食堂，"食在水运"说的就是这里。水运一食堂的肠粉、羊杂粉、咖喱饭，水运二食堂的热干面、螺蛳粉、掉渣饼、铁板饭、石锅饭、鸡排饭常常要排队才能买到。

武汉理工的宿舍有四、五、六人间，四人间为上床下桌布局，六人间有两个是上下铺结构，最豪华的当数南湖校区的五人间，空间大，还配有崭新的书桌，距离教学楼也很近。宿舍内配备了空调、独立卫浴，宿舍楼内每层都有洗衣房以及24小时热水服务，生活便利性还是比较强的。

学校的选修课多种多样，不仅有大学生涯规划与职业发展这样实用而具有特色的课程，为学生提供创业就业指导，使其更好地规范人生；也有结合书法和镌刻、制作传统印章的篆刻，以及茶道与身心健康、古筝等传统艺术课程，学生既能学习到技能，又能修养身心。武汉理工的学生社团很多，每年的社团纳新堪称"神仙打架"，值得加入的社团很多。比如自强社每年都会举办不少活动，有"自强杯"演讲比赛、义务家教、旧书圆新梦、寒衣补助等，这些活动始终贯彻传递爱心、拼搏奉献的自强精神，非常有意义。

第四轮教育部评定 A+ 学科：

材料科学与工程。

学费标准：

有 1300 元 / 学年、1470 元 / 学年、1560 元 / 学年、2650 元 / 学年、7150 元 / 学年等不同标准，学分学费为 80 元 / 学分（总学分通常为 160 学分），中外合作办学有 39800 元 / 学年、42000 元 / 学年、70000 元 / 学年等不同标准。

住宿费用：

未安装空调的宿舍住宿费为 600～1200 元 / 学年，安装空调的宿舍住宿费在标准基础上增加 60～480 元 / 学年。

录取规则：

按照考生的投档成绩和专业志愿，从高分到低分录取并分配专业，不设专业级差。如考生所填志愿都无法满足，对服从专业调剂者，根据考生投档成绩在计划未满的专业范围内调剂录取，否则作退档处理。凡考生在填报志愿时未明确表示服从专业调剂，一律视为不服从专业调剂。

对于未实施高考综合改革录取的省（区、市），投档成绩相同时，考生高考文化课成绩总分（不含政策性加分）高者优先分配专业；高考文化课成绩总分也相同时，专业相关科目成绩高者优先分配专业，专业相关科目理工类为"数学＋综合"，文史类为"语文＋综合"；专业相关科目成绩仍相同时，则按预留计划录取。

根据国家有关规定，航海技术、轮机工程两个专业安排在提前批录取。录取考生原则上应达到生源所在省（区、市）第一批录取控制分数线且填报了航海类专业志愿，在第一批录取控制分数线上合格生源不足时，则可调整未完成计划，到其他地区招收同类专业考生。

建筑类专业由于对美术基础等方面有特殊要求，仅招收有专业志愿的考生，若该类专业志愿不足则调整未完成计划，到其他地区招收同类专业考生。建筑类专业新生入校两周内加试美术，不合格者调入其他专业学习。

「校友印象」

HUAZHONG AGRICULTURAL UNIVERSITY

华中农业大学

春风十里，
华农等你

勤读方可力耕，立己才能达人。狮子山下，在华中农业大学，我们不只学知识，学"种地"，也学习人生的道理。

还记得新生军训时，10公里拉练后每个人都衣衫尽湿。强其体魄，练其筋骨，这是每个来到华中农业大学的新生的开学第一课。因此，综合野外拉练是必不可少的，虽然过程对于常年缺乏锻炼的我来讲确实有些煎熬，不过坚持下来就是王者。除了有同伴的鼓励，沿途的风景也值得夸赞。

秋天的武汉，退去了燥热，适合户外运动。有时候在校园里散步，有一种置身山水间的感觉。采菊东篱下，悠然见南山，这里竟然能逛出古代文人的诗意。

落日下的江边，华农静静地坐落在这里。在华农人的日历上，中国传统的二十四节气永远是特别的存在。虽然现代的农耕已经工业化，但自然节律变化和农作物的耕种依然离不开传统的二十四节气。节气，既是中国人独有的季节风物，又是一种时代的传承，古人智慧的传承。人文社科楼南面小广场的12根石柱，印刻着我国传统的二十四节气，我们在这里体会生命的历程，感受四季的流转，分享春季播种的喜悦、秋季丰收的满足。

在这里，我们崇尚自然，顺应自然。不过，现代农业不再是"靠天吃饭"，而加入了很多先进的"黑科技"。在国家级的油菜花试验田里，实现了真正的智慧农业，大数据和无人机等现代化技术给传统的农业带来了改变。美国有无人驾驶的汽车，华农有无人耕种的油菜花田。油菜花的花期一定不能错过，上百亩的金黄色花海，让人沉醉不知归路。

有人觉得"高精尖"是芯片，是生物技术，是计算机数据前沿科学，但毋庸置疑，吸引着华农学子的，不只是高端的技术，还有一些大型的现代化农业设备。它们看起来或笨重，或略显"老土"，但在农业生产中的作用不容小觑。俗话说，工欲善其事，必先利其器，华农的工学院，可以说是现代化农业设备的博览会会馆，用来松土、播种、犁地、收割等的农业设备一应俱全。千万别小看它们，它们的价格不菲。

橘生淮南则为橘，生于淮北则为枳。来到华农，柑橘管饱，毕竟这里有先进的柑橘培育技术。华农的果园土地肥沃，硕果累累。每到收获的季节，我们就开启了田园生活模式，在院子里收获果实的我们仿佛农场主，体验到了坐拥万顷良田的感觉。想要赏花，同样不能错过华农，如果说武大是赏樱的胜地，那么华农就是一个品类齐全的大花园。春有梨花、杏花，夏有郁金香，秋有菊花，冬有梅花，就连路边都开着各色小野花。

春风十里，华农等你。这里的风景，值得用心去看；在这里度过的青春时光，更值得用一生去回味。来华中农业大学，开启一段自然的浪漫之旅吧。

天下大利必归农

★ 华中农业大学

华中农业大学的前身是清朝光绪年间由湖广总督张之洞于1898年创办的湖北农务学堂，它开创了我国高等农业教育的先河，在几经演变后，1952年，武汉大学农学院和湖北省农学院的全部系科以及中山大学等6所综合性大学农学院的部分系科组建成立华中农学院。1985年，更名为华中农业大学。学校深受党和国家重视，董必武、李先念等先后为学校题词和题写校名。1998年，时任中共中央总书记、国家主席江泽民为学校百年校庆亲笔题词。如今，乘着新世纪浩荡春风，华中农业大学正以蓬勃发展的态势，迈着铿锵有力的步伐，加快现代化、国际化进程，力争到建校120周年之际，把学校建设成为整体水平国内一流的、优势学科达到国际先进水平、特色鲜明的研究型大学。

华中农业大学是中国高等农业教育起点之一，也是国家"211工程""双一流"建设高校。学校以农科为优势，以生命科学为特色，农、理、工、文、法、经、管相结合，共设17个学院（部），64个本科专业。学校校园占地7425亩，图书馆藏书200多万册。截至2023年11月，

学校共有全日制在校学生 3.2 万余人，其中本科生 1.9 万余人、硕士生 1 万余人、博士生 3300 余人、留学生 450 余人；有教职工 3000 余人，其中中国科学院院士 1 人、中国工程院院士 5 人、美国科学院外籍院士 1 人、第三世界科学院院士 2 人、国际欧亚科学院院士 1 人。

华中农业大学学科优势特色明显，其中生物学、园艺学、畜牧学、兽医学、农林经济管理 5 个学科已入选"双一流"建设学科。另外，学校设有多个国家重点实验室，有作物遗传改良全国重点实验室、农业微生物学国家重点实验室等，另有动物疫病防控技术国家地方联合工程实验室（湖北）以及 14 个国际科技合作基地等科技平台，科研实力雄厚。

报考须知

🎓 **生活在华中农业大学：**

华农各大食堂不仅提供了八大菜系，还有各地的风味小吃，如东北饺子、广西螺蛳粉、新疆拉条子、陕西臊子面等，能满足来自各地学生的饮食需求。其中桃园离教学楼很近，是学生去的次数最多的食堂，桃园装修精美，富有书卷气，就餐环境也很舒适，是集吃饭喝茶、交流讨论等为一体的多功能空间。桃园还打造了智慧餐厅，餐盘能自动计算这一餐的卡路里，帮助学生更健康地饮食。桃园不仅有大众饮食，还有无谷轻食，很适合健身减脂的同学。

华农的学生宿舍有博园区与荟园区两大分区，荟园为四人间，博园大多为五人间，也提供了六至八人间。四人间一般为上床下桌的布局，均提供了独立卫浴、空调等设备，并供应热水，而且宿舍内可以自行安装洗衣机，这点倒是很便利。

华农的校园生活丰富多彩，学校每年都会举办狮子山艺苑、大学生文化艺术节、大学生学术科技节等品牌系列活动，同时还有近百个社团可供新生们选择，有南湖风文学社、国学社、植物保护协会、户外素质拓展协会、趣玩交友俱乐部、风景园林协会、昆虫爱好者协会、种子协会、大学生现代农业生物技术科普协会等。选修课方面，大学生礼仪、犯罪心理学、美术鉴赏、桥牌、宠物鉴赏、财富密码与财商思维等课程在学生中都比较受欢迎。

第四轮教育部评定 A+ 学科：

园艺学、畜牧学、兽医学。

学费标准：

视觉传达设计和数字媒体艺术专业为 10350 元 / 学年，生物科学类、生物工程、生物信息学、信息与计算科学、计算机类、外国语言文学类、广告学、风景园林、环境科学与工程类、地理信息科学、食品科学与工程类、管理科学与工程类等专业（类）为 5850 元 / 学年，林学、茶学、农学、水产养殖学等专业为 3375 元 / 学年（其中农学、水产养殖学第一学年按所在大类标准收取学费 4500 元），其他专业（类）为 4500 元 / 学年（农业资源与环境、生态学、环境生态工程第一学年按所在大类标准收取学费 5850 元）。

住宿费用：

1080～1320 元 / 学年。

录取规则：

对于符合学校录取标准的考生，学校按照投档成绩排序进行录退。学校根据考生填报专业志愿的具体情况，不设专业志愿分数级差，确定录取专业。同一专业录取时，如果考生等效基准分相同，则按相关科目排序择优录取，依次比较考生综合、语文、数学、外语成绩。江苏考生按照"先分数后等级"的规则排序进行录退，如果考生总分相同，依次比较选测科目等级、语文、数学、外语成绩。浙江省、上海市、北京市、天津市、山东省、海南省考生按照相应省市投档排序规则进行录退。

若单科成绩完全相同，学校将按预留计划录取。对所有专业志愿都无法满足的考生，如果服从专业调剂，将调剂到其他专业。对所有专业志愿都无法满足又不服从调剂的考生，作退档处理。

外国语言文学类限招英语语种考生，如果生源地省级招生考试机构对英语口试有规定，则按其规定录取。其他专业（类）不限考生应试外语语种，但学校仅以英语作为基础外语安排教学。外语统考语种为非英语的考生，谨慎填报志愿。

「校友印象」

CENTRAL CHINA NORMAL UNIVERSITY

华中师范大学

桂子山下，不负好时光

桂子山，承载着太多人的回忆。

相信每一位华中师大的学子，都曾在周五的傍晚，在佑铭体育馆旁边的露天电影场，在那一节节沿山而建的阶梯上，等待过电影的开幕，这是我们特有的共同回忆。学校露天放映电影这一传统已经延续了数十年，露天电影场经历了从老式的胶片放映机到数字化的电影放映机的变迁，见证了祖国的日新月异，同时也迎送了一批批华中师大学子。

绿意盎然的校园，也是华中师大学子最引以为傲的。华中师范大学是一座隐藏在森林里的校园，学校的绿化率超过90%，这无比优美的校园环境，也吸引了很多影视剧组前来取景拍摄。秋高气爽的午后，我喜欢躺在博雅广场的大草坪上，呼吸着充满草木清香的空气，惬意地仰望天空，享受大脑放空后的安宁。在紧张忙碌的学习之余，偶尔来这里，竟有一种"偷得浮生半日闲"的感觉。平日里想不通的问题，突然间就有了答案。

"求实创新，立德树人"，和校训石合影后，我才意识到自己成了真正意义上的华中师大人，对校园文化有了更强的认同感，也更用心地呵护着这里的一草一木。我最爱的还是浪漫梧桐，佑铭体育馆足球场边上，两棵法国梧桐难舍难分，呈现爱心状，成了校园里一道亮丽十足的风景线。它们用爱相依，守望相助，阐释着真正的爱。烈日当空，这里可以纳凉休闲；阵雨来临，这里可以遮风挡雨。秋天，这里一派金黄，掉落的树叶捡回去简单处理，就是天然的书签，这是梧桐树对学子特有的关爱。

宝剑锋从磨砺出，梅花香自苦寒来。武汉地处长江沿岸，寒冬时节，湿冷的空气、寒气十足的江风，让人凉透全身，华东师大梅园里却是另一番生机勃发的景象。梅花凌霜傲雪，不屈不挠，彰显着敢为人先、迎难而上的勇气，而这也是华中师大学子一直秉持的精神。

校园西区的老宿舍楼，见证了太多学校的辉煌时刻，这里也走出过一代又一代的风云人物。如今这座宿舍楼已经是"老态龙钟"了，但一点也不影响其基本的功能。虽然设施有点陈旧，但是古朴得恰到好处，别有一番韵味。与其说我们在这里居住，不如说我们在这里生活，感受过去的人文环境与历史文化。

西区的老宿舍楼其实还有一段历史典

求实创新，立德树人

★ **华中师范大学**

悠悠岁月，赫赫史册。今天的华中师范大学已经走过了110多年的历史，抚今思昔，追根溯源，奋进在新时期的前沿，华中师范大学倍加珍视自己的历史传承。追溯其根由，她以1871年的文华书院为源头，以1903年文华书院所设立的大学部为起点，以1924年在文华大学基础上建立的华中大学为主体，以华中大学、中华大学、中原大学教育学院等多元结合为前身。1951年中原大学教育学院与华中大学合并组建成公立华中大学；1952年中华大学、湖北教育学院等并入后，学校改名为华中高等师范学校，1953年定名为华中师范学院，1985年学校更名为华中师范大学，并由中原大学创始人之一邓小平同志亲笔题写校名。学校既继承了中国传统文化的精华，又汲取了外来文化的养分，更弘扬了革命文化的传统，形成了"求实创新、立德树人"的校训

故，原本这是一座仿梁思成设计风格的大屋顶封盖式建筑，但建造到一半时，建筑界突然掀起了对梁思成建筑思想的批判，认为大屋顶的设计纯属浪费资源。于是，在重重压力之下，学校被迫临时更改了设计，最终只能采用小屋顶的盖法。这就是今天来看，西区老宿舍屋顶的设计风格与一、二号教学楼的设计有着明显差异的原因，它仿佛也在诉说着光阴中的那些故事。很多人回到母校，也必定会到这里来走一走，抚摸着这里的一砖一瓦，好像回到了自己的校园时光。

桂子山下，风景独好。让我们不负好时光，华中师范大学见！

和"忠诚博雅、朴实刚毅"的大学精神，为国家培养了60多万名优秀人才。

华中师范大学是教育部直属重点综合性师范大学，是国家"211工程""双一流"建设高校。学校占地超2000亩，图书馆藏书300多万册，下设28个教学科研单位，81个本科专业。学校师资队伍力量雄厚，有教职工3000余人，其中专任教师2000余人，教授、副教授1300多人，博士生导师600余人。此外，学校有普通本科生1.8万余人，硕士研究生1.2万余人，博士研究生2800余人，另有国际学生700余人。

学校学科建设成效显著，拥有国家"双一流"建设学科3个，分别为政治学、教育学、中国语言文学。同时，学校有各类科研机构、实验室、研究院(所、中心)数十个，其中包括国家工程研究中心1个、国家工程技术研究中心1个、教育部人文社会科学重点研究基地3个、国家教材建设重点研究基地1个、国家级国际联合研究中心2个。

报考须知

生活在华中师范大学：

华中师范大学又被戏称为"华中吃饭大学"，可见其食堂菜名不虚传。像桂香园装修高端华丽，大气不失现代美，内有各种面食、大众菜，三楼还设置了招待亲友、宴宾聚会的场所。学子餐厅的建筑风格偏欧式范，小资味十足，一楼的拉面、鸭血粉丝汤，二楼的烧鹅饭和自助餐，都是必吃菜品。东二食堂则汇集了各民族特色美食，比如新疆大盘鸡、手抓饭等，在里面10元左右就能吃得很饱，总之每个食堂都有自己的特色。

学校所有宿舍都标配空调，每层楼或隔层统一标配扫码洗衣机，吹风机等，宿舍多为四人间，上床下桌布局，少数为六人间，部分六人间配备了独立卫客厅、阳台等。此前，学校也陆陆续续对宿舍进行了翻新，有些宿舍楼增加了休闲活动区域等公共空间，整体环境更舒适。

华中师范大学有意思的选修课有很多，比如青年与二次元文化、音乐鉴赏、孙子兵法与我的人生、生命伦理学、文物鉴赏与收藏等课程，都颇有意思。华中师范大学还注重校园文化的建设，学校有100多个学生社团，学生可以根据自己的兴趣爱好加入。像春野环保协会，秉承着亲近自然、热爱生命的理念，每年都会在学校举行大量活动，形式多样、贴近生活，比如进行水质调查、节能环保宣传、绿地图绘制、鸟类观察等，也会与其他高校的社团一起组织联合活动，开展城市穿越、巡河行动等。

学费标准：

全日制普通本科学生中，公费师范生不收取学费，其他专业学生按学年收费，大部分本科专业学费为4500～5850元/学年，艺术类与运动训练专业学费为10350元/学年。

住宿费用：

一般为800～1500元/学年。

录取规则：

对于符合学校录取要求的考生，确定考生录取专业时，以考生投档成绩为准，实行分数优先的原则，无专业级差。

总分相同时，按相关科目成绩排序录取，其中文史类考生依次比较文综、语文、数学、外语成绩；理工类考生依次比较理综、数学、语文、外语成绩；综合改革类（北京市、天津市、上海市、浙江省、山东省、海南省、广东省、江苏省、河北省、重庆市、辽宁省、福建省、湖南省、湖北省）考生依次比较语文、数学、外语成绩；西藏、新疆内地高中班文史类依次比较语文、数学、外语成绩，理工类依次比较数学、语文、外语成绩。若单科成绩完全相同，将按预留计划录取。

对所有专业志愿都无法满足的考生，如果服从专业调剂，将调剂到其他专业；对所有专业志愿都无法满足又不服从调剂的考生，作退档处理。

按照顺序志愿投档的批次，在第一志愿考生生源不足的情况下，可接收非第一志愿考生，按照投档成绩择优录取。若符合条件的非第一志愿考生生源仍不足，将征集志愿。按照平行志愿投档的批次，未完成的计划也将征集志愿。征集志愿仍不足则将剩余计划调至其他生源质量好的省（区、市）完成招生计划。

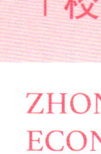

「校友印象」

ZHONGNAN UNIVERSITY OF
ECONOMICS AND LAW

中南财经政法大学

拥有
硬币的两面

历史发展中，有一条经典的定律：合久必分，分久必合。中南财经政法大学的历史，就是一部分合史。岁月让这所大学充满故事，70多年的历史进程中，学校数度拆分易名，但财经、政法，是学校历史上的关键词。

2000年被称为世纪之年，这一年发生了很多轰轰烈烈的大事。这一年，对中南财经政法大学来说，同样是一个历史的新纪元，这一年毕业的学子，毕业证书上有了一个新的名字——中南财经政法大学。合并，意味着重生，也意味着它同时拥有了硬币的两面——财经与政法，更意味着一场新的征程。

武汉是一座充满热情的城市，烟火气也很浓。如果吃货来到了这里，一定不要错过中南财经政法大学的"编外"食堂——财大小吃街。小吃街位于洪山区的一个角落，这条熙熙攘攘的巷子，韩国美食家也曾经来打过卡，在这里，再挑剔的味蕾都能被满足。每到饭点，很多小吃摊前就会排起长队，而我最喜欢的是袁星驰蛋肉堡。它算是我的课间加餐，有时候为了等这一口美食，我甚至会迟到。

武汉高校非常多，要说能够让学生享受湖景房待遇的高校，非我们学校莫属。我们学校坐落在南湖湖畔，距离湖区较近的宿舍就是许多人向往的天然湖景房了。

不过招蚊子的同学一定要准备好防蚊用品，依我自己的经验来看使用蚊帐是最保险的。如果你能忍受蚊子的骚扰，那在这里居住绝对是一种享受。

南湖校区特别适合散步，植被覆盖率很高，就像一个天然的大公园，环境清幽，尽显自然生态之美。这里背靠着狮子山，和华中农业大学隔湖相望。在南湖绿道边，约上三五好友，来一场单车环湖行，是我们放松身心的一种方式。

傍晚，整个湖面笼罩在夕阳的余晖中，湖水也更加清透，美不胜收。如果错过了初升的朝霞，那么此刻不妨在湖边多停留一会儿，待到晚霞散去，再走也不迟。晚风轻拂，湖面水波不兴，好不惬意，世间的烦恼仿佛都消散在湖光山色的氤氲中。不管是沿湖晨跑，还是欣赏夕阳，这里总是能给人带来不一样的惊喜。

作为中南财经政法大学的学子，我的同学们大多能言善辩，思路敏捷，当然，这也是将来要从事法律工作的我们必备的素养。不过，这绝非天生，而是我们在校园里大大小小的辩论赛中历练出来的。法学院的同学经常开玩笑说：将来如果去兼职的话，司仪是首选。而且，这里还有很多接触大咖的机会，学校经常会举办各种类型的学术讲座，在这些讲座中，我们不断拓展自己的知识广度和深度，实现自我的提升。有山色，有湖光，还有美食相伴，在这里求学的日子一点都不单调。这就是我爱的母校，这就是迈向新世纪的中南财经政法大学。

博文明理，厚德济世

★ 中南财经政法大学

学校历史源远流长，弦歌不辍。它的前身是 1948 年由以邓小平为第一书记的中共中央中原局创建，并由第二书记陈毅

担任筹备委员会主任的中原大学。全国高等院校调整期间，以中原大学财经学院、政法学院为基础，先后整合数家高校优质的财经、政法教育资源，于1953年5月分别成立中南财经学院和中南政法学院。后又经历数次更名，分分合合，终于在2000年5月26日，中南财经大学和中南政法学院合并组建成为新的中南财经政法大学。在办学历程中，学校始终秉承"博文明理，厚德济世"的校训，弘扬"砥砺德行、守望正义、崇尚创新、止于至善"的办学精神和"由党创办、建校为党、成长为国、发展为人民"的红色基因，形成了财经政法深度融通的办学特色和"融通性、创新型和开放式"的人才培养特色，先后为国家经济社会发展输送了40多万名各类优秀人才。

中南财经政法大学是国家"211工程""双一流"建设高校。学校拥有以经济学、法学、管理学为主干，哲学、教育学、文学、史学、理学、工学、艺术学和交叉学科等11大学科协调发展的学科体系。学校占地2800余亩，图书馆有纸质图书348万余册。学校有全日制本科生2万余人；有教职工2500余人，其中专任教师1500余人，教师中教授、副教授900余人，博士生导师近270人。此外，学校获批享受国务院政府特殊津贴专家89人。

中南财经政法大学的法学学科已入选国家"双一流"建设学科。近10年，学校完成国家、省部级重点科研项目共计1500余项，产出科研成果1.5万余项。学校主办的《法商研究》在法学专业核心期刊中稳居前列并入选全国"百强报刊"，《中南财经政法大学学报》荣获"全国高校社科名刊"称号。

报考须知

🎓 生活在中南财经政法大学：

中南财经政法大学首义、南湖两校区共有10多个食堂，能满足师生不同的饮食需求。食堂内部大厅宽敞明亮、就餐环境舒适，空调、彩电、不锈钢售菜设施、木制餐桌等一应俱全。滨湖园、环湖园、临湖园三个食堂在2021年均实现了翻新，像临湖园食堂不仅提供就餐服务，每个吧台还提供了插座，在非用餐的时间，食堂便成了临湖园周边学生的"自习讨论基地"。

宿舍有三人间、四人间等，没有独卫的宿舍每层楼会配备公共浴室与卫生间，有些宿舍安装了指纹锁，很方便。宿舍楼会配备洗衣房、饮水机、烘干机、挂烫机等，一楼还设置了自习室供学生学习使用。

中南财经政法大学的选修课种类繁多，在学生中口碑比较高的有大数据侦查学、道德经、电影中的法律、户外运动等课程。社团方面也有很多，推理协会是推理爱好者创办的一个学术研究型社团，他们会将学术研究与娱乐游戏相结合，开展桌游竞技类、探索扮演类等活动，也会进行一些推理研讨类活动，让同学们在享受寻找真相与解谜乐趣的同时还能收获知识，拓展社交圈。另外，财大的民乐团、管乐团等艺术团也非常不错。

学费标准：

重点类及重点专业为 5850 元/学年，一般类及一般专业为 4500 元/学年，混合类专业有 4500 元/学年、5850 元/学年等不同标准，艺术类专业为 9000 元/学年，中外合作办学为 35000 元/学年。

住宿费用：

1000～1500 元/学年。

录取规则：

确定考生录取专业时，按照分数优先的办法。考生投档分数相同时，对高考文化课成绩总分（不含政策性加分，下同）高者优先分配专业；高考文化课成绩总分也相同时，对专业相关科目成绩高者优先分配专业，专业相关科目理工类为数学+综合，文史类为语文+综合；专业相关科目成绩仍相同时则按预留计划录取。

对投档分数达到录取要求的考生，其所填报的专业志愿都无法满足时，若服从专业调剂，则根据考生成绩调剂到其他专业录取；若不服从专业调剂，作退档处理。

外国语言文学类专业[含英语、商务英语、英语（翻译方向）、日语、俄语、法语]只招收本语种和英语语种考生。

公安学类各专业按照各省（区、市）投档规则择优录取，仅招收有公安类专业志愿的考生。

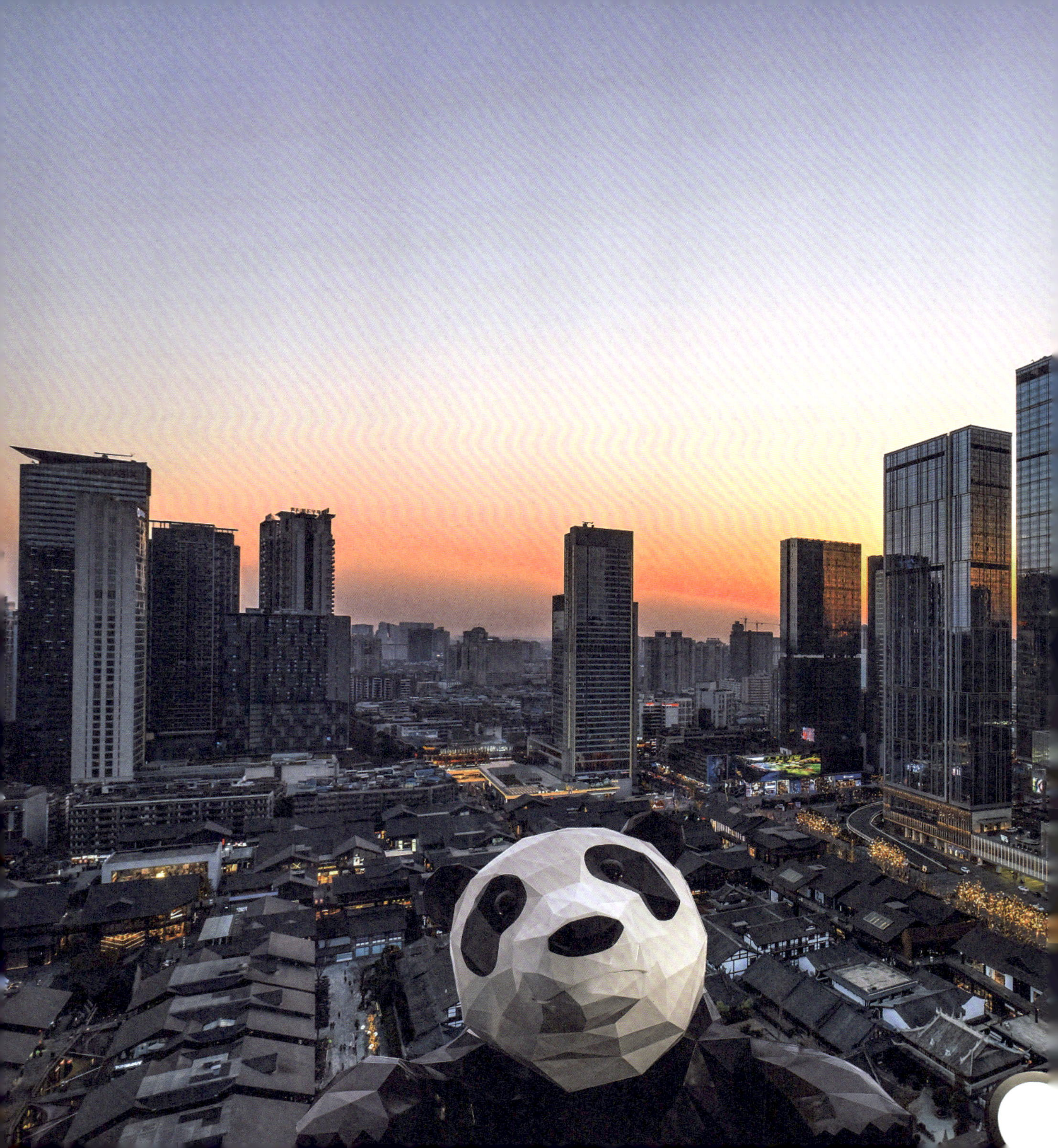

成都

CHENGDU

「校友印象」

UNIVERSITY OF ELECTRONIC SCIENCE
AND TECHNOLOGY OF CHINA

电子科技大学

我在成电
等你

冬日的清晨，校园里雾气升腾，让人有种置身仙境的感觉。这不是影视造景，这种景象在电子科技大学是真实存在的。学校地处平原，空气中水分充足，特殊的气象条件和地理位置，经过大自然的催化后，就产生了如此妙境。冬季的早晨虽然寒气十足，但是如果在晨读的时候能看到云雾缭绕之美，也算是不负晨光了。

清水河校区的图书馆，是一座庄重典雅的"八角书斋"。成都的冬天没有暖气，但只要一走进这座书斋，人瞬间就会觉得暖意融融，不想挪动步伐了。这里的温暖，一部分在于"人气"，一部分在于学习的热情。对于我们来说，这里不仅是自习室，更是温暖的港湾。

蜀地的秋，有温度，有意境，温柔而不萧瑟。来到清水河，在银杏大道来一场浪漫的邂逅。虽然身处喧嚣的都市，但这里闹中有静，是散步的绝佳场所。成片的银杏林，给校园增添了不少的意境美。深秋之时，学校主楼到立人楼的道路总是格外拥堵，大家不约而同地选择从银杏大道去往上课地点，并借此机会驻足赏景。

品学楼和立人楼几乎囊括了所有的教学地点，可谓实现了"一站式服务"，上课、实验、自习，这也是成电人学习的三部曲。先立人，后品学，当年给大楼命名的前辈也是用心良苦，饱含期冀。如今的我们，坐在干净清爽的教室里，听着老师的谆谆教诲，孜孜不倦地汲取着知识，是何等幸事。

龙湖时代天街是电子科技大学的美食聚集地，每一位走出校门的学子无不想念这里的经典美食，火锅、串串、脑花、折耳根，这些都是堪称四川名片的美食。我们在品尝的过程中，感受舌尖上的巴蜀文化。成都高校不少，要问谁家川菜最正宗，这大概很难有正确答案。不过在电子科技大学的麻辣江湖里，我们品尝到了独属于四川厨子的那份浪漫。

成电人爱水，校园里水系发达。"西湖"不是杭州的专属，清水河流经电子科技大学，滋养着校园的土地，是成电人心中独一无二的西湖。和很多人工打造的湖不同，成电西湖源源不断的活水吸引了成群的黑天鹅，是名副其实的天鹅湖。学习间歇，学子们可以和天鹅来一场近距离的接触。夏日的东湖同样美不胜收，仿佛诗里描述的那般："接天莲叶无穷碧，映日荷花别样红。"碧绿的荷叶似乎延伸到了天际，太阳照射下的荷花也变得分外娇红。

成电的美，只有亲身感受才能明白，我在成电等你。

求真求实，大气大为

★ **电子科技大学**

电子科技大学原名成都电讯工程学院，是 1956 年在周恩来总理的亲自部署下，由交通大学（现上海交通大学、西安交通大学）、南京工学院（现东南大学）、华南工学院（现华南理工大学）的电讯工程有关专业合并创建而成。学校 1960 年被中共中央列为全国重点高等学校，1961 年被中共中央确定为七所国防工业院校之一，1988 年更名为电子科技大学。建校至今，学校一直以"求实求真、大气大为"为校训，以人才培养为根本，以服务国防建设和国家、地方经济建设为己任，加强基础前沿交叉研究，开拓进取，锐意创新，为早日建成中国特色世界一流大学而努力奋斗！

电子科技大学是国家"985 工程""211 工程""双一流"建设大学，是一所完整覆盖整个电子信息类学科，以电子信息科学技术为核心，以工为主，理工渗透，理、工、管、文、医协调发展的多科性研究型大学，为国内电子信息领域高新技术的源头，创新人才的基地。学校设有 40 余个教学科研单位，65 个本科专业。学校图书馆藏书 250 万余册。学校有在读本、硕、博学生 4.2 万余人，教职工 3800 余人。

电子科技大学"双一流"建设学科有电子科学与技术、信息与通信工程等 2 个。学校还拥有国家级重点实验室多个，包括通信抗干扰全国重点实验室、微波电真空器件国家级重点实验室、极高频复杂系统重点学科实验室、电子薄膜与集成器件全国重点实验室等，还有国家工程技术研究中心 1 个，国家地方联合工程实验室（研究中心）2 个，共建国家工程实验室 1 个，国家工程研究中心 1 个，国家级工业创新中心 1 个，首批国家专业化众创空间 1 个，其他国家级科技创新平台 15 个。

报考须知

生活在电子科技大学：

成电的食堂各有特色。银桦餐厅的豆汤饭、莲藕排骨汤、养生番茄羹是冬日必尝品。紫荆餐厅主要提供传统的川菜，其中乐山名小吃钵钵鸡、绵阳米粉颇受学生喜爱。学子餐厅因紧挨着教学楼，人流量很大。西北餐厅集合了新疆、兰州等风味美食，而芙蓉餐厅环境优美，是约会的好去处。

成电的宿舍环境优美，配套设施齐全。宿舍内一般为上床下桌布局的四人间，独立卫浴和空调一应俱全。每层楼还设有开水间、洗浴间、洗衣间、公共卫生间等，充分保障了学生的生活需要。另外，宿舍楼内还设有心理辅导室，可为学生提供情绪疏导等服务。

成电的社团文化繁荣，有 600 多个学生社团。同时，成电的宝藏选修课也有很多。比如中国烹饪大师、川菜烹饪名师罗恒教授开设的知味厨艺课，可以帮助学生全方位提升厨艺，享受烹饪。

第四轮教育部评定 A+ 学科：

电子科学与技术、信息与通信工程。

学费标准：

普通类专业有 4400 元 / 学年、4900 元 / 学年、6000 元 / 学年、9800 元 / 学年等不同标准，中外合作办学类专业为 100000 元 / 学年，少数民族预科班为 6600 元 / 学年。

住宿费用：

800～1200 元 / 学年。

录取规则：

按照顺序志愿投档的批次，当第一志愿考生生源数不足时，电子科技大学可接收非第一志愿考生，按照投档成绩择优录取；若符合条件的非第一志愿考生生源仍不足，将征集志愿。按照平行志愿投档的批次，未完成的计划也将征集志愿。

电子科技大学依据考生投档成绩和专业志愿，采取分数优先方式录取并安排专业，各专业志愿之间不设级差。对于进档考生，其所填报的专业志愿都无法满足时，若符合各项条件且服从专业调剂，将由学校按相关规定调剂到招生计划尚未完成的专业；对所有专业志愿都无法满足且不服从专业调剂的考生，作退档处理。专业录取时，若考生投档成绩相同，按相关科目成绩排序择优确定专业：文史类考生依次比较语文、数学、外语成绩，理工类和综合改革省（区、市）考生依次比较数学、语文、外语成绩。

「校友印象」

SICHUAN UNIVERSITY

四川大学

以梦为马,
不负韶华

成都素有天府之国、美食之都之称，这里是全国火锅爱好者神往的地方，是吃货的天堂，从古到今，这里多产文人墨客，多出英雄豪杰，四川大学就坐落在这个蜀中之地。来到川大我才知道，这里不仅有麻和辣，还有很多别的"滋味"。

我眼中的川大，是一所实力雄厚、底蕴丰厚、人文气息浓郁的高校，从最早的四川中西学堂到如今的四川大学，川大虽饱经风雨却依然"优雅从容"。当然，对于朝夕相处了四年的母校，每个川大人都有自己的专属形容词。

川大风景秀丽，春有玉兰盛放，夏有荷花亭亭玉立，秋有银杏金黄烂漫，冬有梅花傲雪迎霜。无须刻意挑选季节，任一时节这里都是一幅优美的画卷。

在江安校区，我很喜欢绕着明远湖悠闲地骑行，湖风温柔地吹过脸颊，自在又轻盈。有时候我也会约上三五好友，在明远湖畔的大草坪上边吃零食边赏月，我们一起谈天说地，畅想未来，用四川话来说，巴适得很！

山不在高，有仙则名。川大确实有座不高山，它不仅不巍峨挺拔，甚至不能称为山。但为何川大的学子对其情有独钟呢？江安河畔，不高山上，树木成荫，百草丰茂，在秋日仍旧热情如火的成都，不高山就是我们的避暑胜地，也是我们的秘密花园。来到山顶，有时候还会有意外的收获，山顶上漫山遍野的小黄花——其实，它们有着独特的药用价值，并不仅仅是用来观赏的。

华西校区是川大医学类专业的聚集之地，这里有着川大的王牌专业——口腔医学。严谨治学的华西人还开辟了自己的百草园，园中遍布药材，每逢花期，便会散发出清淡的花香，滋润着每个学子的心田。

川大的望江校区保留了许多老建筑，使用川大红与典雅灰配色打造的明德楼就是其中之一。它的外部造型模仿中国古代宫殿，同时又糅合了西方建筑的风格，整体看起来精妙绝伦，颇具特色。明德楼是川大的标志性建筑，是每位学子拍入学照和毕业照时优先选择的地方。

游江安，行华西，逛望江，只有融入了川大，才能领略百年川大的魅力。让我们以梦为马，不负韶华，来川大，讲述属于自己与川大的故事，书写自己人生的新篇章吧！

巍巍学府，德渥群芳

★ 四川大学

四川大学由原四川大学、原成都科技大学、原华西医科大学三所全国重点大学经过两次合并而成。原四川大学起始于1896年四川总督鹿传霖奉光绪特旨创办的四川中西学堂，是西南地区最早的近代高等学校；原成都科技大学是新中国院系调整时组建的第一批多科型工科院校；原华西医科大学源于1910年由西方基督教会组织在成都创办的华西协合大学，是西南地区最早的西式大学和国内最早培养研究生的大学之一。1994年，原四川大学和原成都科技大学合并为四川联合大学，1998年更名为四川大学。2000年，四川大学与原华西医科大学合并，组建了新的四川大学。李岚清同志在考察新四川大学时说："四川大学是我们改革最早的大学，对我国高校的改革做出了历史性的贡献，可以说是高校体制改革的先锋。"百余年来，学校先后会聚了历史学家顾颉刚、文学家李劼人、美学家朱光潜、物理学家吴大猷、植物学家方文培、卫生学家陈志潜、数学家柯召等大师。

四川大学是国家"985工程""211

工程""双一流"建设高校。四川大学校园环境幽雅、花木繁茂、碧草如茵、景色宜人,是读书治学的理想园地。学校学科门类齐全,覆盖了文、理、工、医、经、管、法、史、哲、农、教、艺等12个门类,有37个学科型学院(系)及海外教育学院等学院。学校占地7000余亩,图书馆藏书800多万册。截至2023年11月,学校有全日制普通本科生3.7万余人,硕博士研究生3.1万余人。学校名师荟萃,教学科研岗有6千多人,中国科学院和中国工程院院士21人,四川大学杰出教授9人。

四川大学"双一流"建设学科有数学、化学、材料科学与工程、基础医学、口腔医学、护理学等6个。学校有重点实验室6个,国家重大科技基础设施1个,国家工程技术研究中心2个,国家应用数学中心1个,国家临床医学研究中心2个,国家工程实验室1个,国家地方联合工程实验室3个,国家地方联合工程研究中心1个,国家产业创新中心1个,国家协同创新中心1个,国家国际科技合作基地5个等,科研实力雄厚。

报考须知

生活在四川大学：

身处美食之都，川大的食堂数量在高校中也是数一数二的。三个校区有 20 余个食堂，菜品种类丰富到超乎想象。学生不出校园就可以尝遍蜀地美食，比如香辣蹄花、钵钵鸡、冰粉凉虾等。非要说食堂有什么不如意之处的话，那就是各个档口人气太旺，常常需要排队等候。

川大的住宿环境宜人，有些宿舍是带阳台的三室一厅的套间，每间房都是四人间，上床下桌，配独立空调等，客厅还有沙发茶几等，方便进行公共活动。楼栋内有人脸识别门禁、洗衣机、烘干机、活动室、自动售货机等，生活很便利。另外每栋学生宿舍楼还配置了一定比例的超高特殊床位，对于大个子学生来说非常友好。同时 1 ~ 5 层均设有无障碍宿舍，以照顾特殊学生。

川大有数百个学生社团，比如演讲与交际协会，他们会定期举办大型活动，像主持人大赛、演说家演讲比赛、配音比赛等，还会请心理学教授开讲座。作为川大最早成立的社团之一，雷雨话剧社也不得不提，该社团始于 1980 年，为师生贡献过诸多经典的作品，如《雷雨》《伪君子》《玩偶之家》等。除此之外，川大也开设了颇具地域特色的选修课，在拯救小熊猫行动课上，学生需要按要求爬树解救模拟的小动物。

第四轮教育部评定 A+ 学科：

口腔医学。

学费标准：

普通类专业有 4440 元 / 学年、4920 元 / 学年、6500 元 / 学年、9960 元 / 学年等不同标准，艺术类专业为 7200 ~ 12000 元 / 学年，中外合作类专业有 60000 元 / 学年、65000 元 / 学年等不同标准。

住宿费用：

500 ~ 1200 元 / 学年。

录取规则：

进档考生同分的排序规则：若投档成绩已显示了该省（区、市）的排序规则，则按照该省（区、市）显示的排序规则执行。若投档成绩没有显示该省（区、市）的排序规则，当投档成绩相同时，语文 + 数学 + 外语的成绩总和高者优先；若语文 + 数学 + 外语成绩总和相同，依次比较语文、数学单科成绩，优先录取成绩高者。

外语类专业要求英语或本专业语种，其他专业不限制考生应试外语语种，但考生进校后均以英语为第一外语安排教学。

「校友印象」

SOUTHWESTERN UNIVERSITY OF
FINANCE AND ECONOMICS

西南财经大学

孜孜以求的
西财人

有人说，来到西南财经大学求学的孩子，可能上一秒才从北大落榜，机缘巧合下，大家才在这片热土相聚。虽然没有常青藤名校的光环，但实力不允许它低调，毕竟这里是我国金融类人才的储备库。

来到西财，一定要在光华门留下两张影像：一张入学照，一张毕业照。光华门是学校的"门面"，很多重大的活动都在这里举行。光华校区还有一个极具标志性的建筑，那就是"比翼双飞"雕塑。因为雕塑中人物的姿势方向相反，大家便戏称其为"劳燕分飞"雕塑，就像毕业后大家各奔东西的情景。同学们在雕塑前拍照时，也会非常有默契地各站一边，可能正是因为分离的结局不可避免，所以平时大家在都非常珍惜一起的时光。

住在西财，我们就是光华村的村民。如果吃厌了学校食堂，那么可以去南门的小吃街转转，那里就是西财人的第二食堂，烟火气息浓厚，物美价廉。如果感觉自己肚子里没什么油水，可以去光华牛肉馆改善一下生活；还有金灿灿的焦皮肘子，也是很多西财学子毕业多年后回味的美食；还有沈妈砂锅，如今已经由儿子来"执掌大权"，但去那里吃饭的学子，仍是一拨接着一拨。

西财的柳林校区，有一座让所有成都高校学子心驰神往的图书馆，它就是其孜楼。其孜楼有西南地区最全的财经类藏书，学生在这里潜心学习，孜孜不倦。每到考试前夕，其孜楼更是座无虚席。其孜楼一楼自习室使用通体白色的桌面，搭配黑、白、红三色凳子，室内还有绿植，在柔和的灯光照射下，整体给人的感觉很干净、温馨，因此它也被同学们称为"最温馨的自习室"；其孜楼二楼是电脑区，学生可以在这里查阅相关资料，非常便利；三楼更适合阅读，有舒适的长沙发供同学们使用；四楼的设计更传统复古，甚至还有精美的木雕椅，每次走进这里，总有一股墨香混着檀香扑鼻而来，让人内心平静；其孜楼的顶楼是诺贝尔研学室，学生在这里研究学术，探讨问题。西财给了我们非常宽松的学习空间，让我们能够自由地成长。

每到整点，钟楼就会传来悠扬的钟声，虽然大家都已经习惯了用手机看时间，但在西财，钟楼是至关重要的存在，提醒着我们莫负好时光。与钟楼相映衬的是尔静桥，站在桥上，望着波光粼粼的湖面映出钟楼的倒影，别有一番风味。

晨起校园书声琅琅，午间食堂人声鼎沸，夜晚教学楼灯火通明，这就是西财一天里的景象。日子看似简单重复，但早出晚归的我每天都会有新的收获。光影变幻，时光荏苒，新的一天又开始了，加油，孜孜以求的西财人！

中国金融人才库

★ 西南财经大学

究其历史，西南财经大学始于1925年在上海创建的光华大学。1952—1953年，先后汇聚西南地区17所院校的财经系科组建成四川财经学院，是新中国成立之初全国高等院校分区布局的四所财经高校之一。后来，学校又历经分设、合并、更名、调整等，最终于1985年定名为西南财经大学。在波澜壮阔的办学历程中，学校人文荟萃，名师云集。胡适、钱锺书、徐志摩、叶圣陶等大师在此传道讲学；谢霖、陈豹隐、汤象龙、许廷星、刘诗白等著名经济学家于此授业解惑。同时，学校也为国家经济建设和社会发展输送了一大批优秀人才，成为国家金融、经济、管理等部门高水平人才培养的重要基地，近年来，本科生国内外深造率保持在40%以上，20万余名校友中涌现出一大批金融行业领军人物，被誉为"中国金融人才库"。

西南财经大学位于成都，校园湖光柳影，芳草绿树，

翩翩学者，蔚为大观，是著名的"园林式院校"，也是国家"211 工程""双一流"建设大学。学校学科特色鲜明，优势突出，结构合理，是一所以经济学和管理学学科为主体，金融学科为重点，包含法、文、理、工等多个学科的财经院校。学校设有 26 个学院（研究院）等教学单位，42 个本科专业。学校占地 2300 余亩，图书馆有纸本图书 200 多万册，电子图书 400 多万册，是西部地区最大的财经文献中心。学校有全日制学生 2 万余人；有教职工 2000 余人，其中专任教师 1000 余人。

西南财经大学的应用经济学已经入选"双一流"建设学科。同时，学校注重科研发展，设有 1 个国家级教师教学发展示范中心、8 个国家级实验教学示范中心、93 个国家级一流专业建设点，同时学校还设立了西南地区高校唯一的货币类博物馆——货币金融博物馆。

报考须知

🎓 生活在西南财经大学：

西南财经大学的食堂也可以称为"吃货的天堂"，比如三味堂的糯米鸡香嫩多汁，清香四溢，无人不赞叹；松鼠鱼酸甜可口，外脆里嫩。一粟堂的冒烤鸭香辣开胃，鲜椒肘子麻辣爽口；还有特色冰粉与凉面，对于西财学子来说，只有吃过它们才算是过了完整的夏天。五谷堂的辣子鸡麻辣带劲，吃起来相当过瘾，也是川菜中的经典。枫林食堂的西红柿炒蛋，号称是比妈妈的味道还经典。如果不讲究，最省钱的办法就是用四食堂的土豆饼，来一次性解决早餐和午餐，也被同学们戏谑地称作"早午餐"。

财大的宿舍可以说是四川省内一本大学中设施最好的宿舍，特别是新装修过的毅园相当豪华，在全国高校里面也是数一数二的。学生进宿舍楼需要进行人脸识别，安全系数满分。每个宿舍配备了密码锁，不用担心丢钥匙。宿舍为四人间，上床下桌，全木制家具，标配空调、穿衣镜、独立阳台、洗手池、独立卫浴等。宿舍区配备了一定数量的洗衣房，使用前可进行预约。

作为财经类大学，西财有各种财经金融类社团，比如金融建模协会、金融分析协会、光华经济研究会、金融科技协会、金融数学协会、金融投资协会等，此外，颇具特色的还有红学社（红楼梦青年学社），这是一个红楼梦爱好者的聚集地，社团以从事红学研究为主，会举办各类与之相关的活动，传播红楼梦文化，红学社也是西财为数不多影响力较大的文学类学术性社团。选修课方面，艺术修养与审美体验课虽然与财经完全不沾边，但因教授前卫的思想、活泼的风格颇受学生喜爱，抢课基本要"拼人品"。

学费标准：

普通类专业有4400元/学年、4600元/学年、8000元/学年等不同标准，中外合作办学类专业有69000元/学年、76000元/学年等不同标准。

住宿费用：

800～1800元/学年。

录取规则：

学校依据考生投档成绩从高分到低分录取并确定专业，各专业志愿间不设级差。当考生填报的专业志愿均未满足时，对服从专业调剂者，从高分到低分调剂到未录满专业；对不服从专业调剂者，作退档处理。

考生投档成绩相同时，依次按照文化课统考成绩总分（不含加分）、数学单科成绩、语文单科成绩、外语单科成绩、专业志愿先后顺序择优录取。

学校与电子科技大学联合举办"金融学＋计算机科学与技术"联合学士学位项目，实施"新财经＋新工科"跨校跨学科教育模式，开设金融学（智能金融与区块链金融）专业。采用"1+1+1+1"培养模式：学生第一学年在学籍所在学校学习，第二学年集中在电子科技大学学习，第三学年集中在西南财经大学学习，第四学年回学籍所在学校学习。在学生培养过程中，根据课程教学需要，双方互派教师到对方学校授课。符合两校学位授予条件的，授予联合学士学位，学位证书上注明西南财经大学和电子科技大学。

「校友印象」

SOUTHWEST JIAOTONG UNIVERSITY

西南交通大学

来日
再相逢

每个西南交大人都知道我们学校有一段颠沛流离的历史。在战火纷飞的年代，西南交大人迎难而上，艰苦卓绝，在时代变迁的洪流中用自己的力量延续着知识的火种。不同的历史背景下，西南交大师生始终精诚团结，坚韧不拔，爱国爱校，传承创新，将学校的文化基因不断传承。因此，今天的我们才有幸享受历史和时代的宝贵财富。"天行健，君子以自强不息"，不管我们今后奔赴何方，都会始终铭记西南交大人的使命，弘扬"竢实扬华，自强不息"的西南交大精神。

不同时代的人，有不同的使命。振兴中华，永远在路上。实现中华民族的伟大复兴，要依靠我们每个普通人。走出校园后，不管我们是继续从事学术科研工作，还是走向平凡的工作岗位，"实事求是"永远会是我们心中的准则，前进道路上的灯塔。

路，对西南交大学子来讲有特殊的意义。不管是在新中国的建设中，还是在社会主义现代化的发展中，每名西南交大学子都是亲历者，更是实践者。中国有着世界上最发达的高速铁路网，每一天，在全国四通八达的铁路上，飞驰着无数的旅客列车和货运列车，人与人、人与世界之间的距离因此变得更近。作为西南交大人，我们可以自豪地向大家宣布，这里面也有我们的一份力量。毕业后，我们的人生列车也将承载着理想，以自强不息的精神为驱动力，带我们奔赴全国各地。

告别了忙碌的毕业季后，就能感受西南交大暖暖的秋意了。校园里的猫咪慵懒地打着哈欠，似乎在告诉我们：嗨，该停下来欣赏秋景了。满眼的金色，使得整个校园更亮了。我们脚下的路，也被铺上了一条松软的"黄毯"，时不时发出嘎吱嘎吱的响声。

镜湖畔，墨香幽幽；山河日月，诗书一卷；岁岁年年求索，闻道无声处。冬雪飘飘，铁轨一夜之间白了头，时间仿佛都凝固了。这里的冬日，并不肃杀，脚下的路依然蕴藏着生机，落雪虽然无声，却在不断为来年新芽的生长积蓄新的力量，我们也在无声处铆足劲，准备踏上新的征程。

走出茅以升图书馆，来詹天佑体育馆逛一逛，穿越时空和老校友叙个旧，跟每日必经的交大路道声告别，我们来日再相逢。

这所学校出了不少人才

★ 西南交通大学

西南交通大学的前身于 1896 年在山海关创建，时称"北洋铁路官学堂"（Imperial Chinese Railway College），是中国第一所工程教育高等学府，是中国土木工程、矿冶工程、交通工程高等教育的发祥地，同时也是"交通大学"两大源头之一。学校以"唐山交大""唐院"之名享誉中外。建校以来，学校先后命名交通大学、唐山交通大学、中国交通大学、北方交通大学、唐山铁道学院等，最终于 1972 年更名西南交通大学。在近 130 年的办学历程中，学校培养和造就了以茅以升、竺可桢、林同炎、黄万里等为代表的 40 万余名栋梁英才，师生中产生了 3 位"两弹一星"元勋、66 位海内外院士和 38 位国家工程勘察设计大师，改革开放以来轨道交通领域产生的院士中有 10 余位出自该校。邓小平同志给予学校高度评价："这所学校出了不少人才。"

西南交通大学是国家"211工程""双一流"建设高校，学校是一所以工见长，工、理、管、经、文、法等多学科协调发展的研究型大学。学校设有 27 个学院（书院、中心），占地 5000 余亩。西南交通大学的图书馆有纸质藏书数百万册，它也是首批四川省古籍重点保护单位，藏有古籍文献 2 万余册，其中包括清廷御赐给学校的《钦定古今图书集成》5000 多册，清代前期刻印的《六经疑问》《禹贡锥指》《周礼述注》等珍贵善本古籍数十种。学校有全日制本科生 2.8 万余人、硕士研究生 1.3 万余人、博士研究生 3000 余人；师资方面，学校有专任教师 2700 余人，其中中国科学院院士 2 人、中国工程院院

士3人，国家高层次人才计划入选者150余人。此外，学校还聘请了近50位中国科学院、工程院院士及诺贝尔奖获得者担任兼职（名誉）教授。

西南交通大学的交通运输工程已入选"双一流"建设学科，学校还建有轨道交通国家实验室（筹）、轨道交通运载系统全国重点实验室等国家级科技创新平台和数十个省部级科研基地，建立了世界轨道交通领域最完备的学科体系、人才体系和科研体系。

报考须知

🎓 生活在西南交通大学：

西南交通大学南北校区食堂各有特色，但均严格践行着便宜又好吃的标准。一食堂的拉面、二食堂的烤肉饭、三食堂的抄手、四食堂的砂锅面，以及火锅、冒菜、干锅等经典川菜，总是令人百吃不厌，念念不忘。除此之外，三大生活服务区有各种小吃饮品供应。今天该吃什么，这是每一位西南交大学子每天都会思考的"哲学"问题。

西南交大本科生的宿舍一般为四人间，内部为上床下桌的布局，部分宿舍有独卫、空调等，但学生使用空调需要支付租赁费。宿舍楼内有洗衣房、公共浴室等，生活上还是比较便利的。

西南交大有趣的选修课程不少，同学们可以根据自己的兴趣爱好选择，像中国志怪小说与网络文学这门课，每个学期都有很多人选；讲两性恋爱关系的恋上双人舞课则受到了男生的追捧；食话食说是食堂开授的课程，抢课的人也不少。社团方面，西南交通大学有上百个学生社团，不管你是想要运动健身，还是想要畅游学术海洋；不管你是热心公益，还是向往文艺舞台，在西南交大都能找到志同道合的伙伴。像外语协会已经成立了30多年，算是西南交大元老级别的社团，这里聚集了一群热爱外语的同学，有英语以及各种小语种，也为大家提供了一个交流和展示的舞台。

第四轮教育部评定 A+ 学科：

交通运输工程。

学费标准：

设计学类专业预收学费7200元/学年；绘画、音乐表演专业预收学费12000元/学年；建筑学、建筑类预收学费6600元/学年；经济与贸易类、工商管理类、公共事业管理、法学、政治学与行政学、外国语言文学类、汉语国际教育、新闻传播学类、汉语言文学、思想政治教育、应用心理学、工业工程、物流管理与工程类专业预收学费4500元/学年；其他本科专业（不包含中外合作办学专业）预收学费4900元/学年；中外合作办学专业有65000元/学年等不同标准、100000元/学年；少数民族预科阶段预收学费5500元/学年。如遇调整则以最新规定为准。

住宿费用：

1000～1200元/学年。

录取规则：

学校对进档考生专业安排办法及加分政策处理办法：学校认可各省（区、市）加分以后形成的投档成绩（含小数位），并作为录取和安排专业依据。按"分数清"的方式安排专业（内蒙古自治区除外），即以分数优先方式，结合专业志愿，安排考生专业，专业之间无分数级差。若考生投档成绩相同，理科（或综合改革）依次按数学、语文、外语成绩确定录取先后顺序；文科依次按语文、数学、外语成绩确定录取先后顺序。对无法满足所填报专业志愿又不服从专业调剂者，学校作退档处理。

学校执行内蒙古自治区教育招生考试中心制定的"志愿清"专业安排办法，即进档考生按专业志愿从高分到低分录取。同一专业录取，若投档成绩相同，理科依次按数学、语文、外语成绩确定录取先后顺序；文科依次按语文、数学、外语成绩确定录取先后顺序。对无法满足所填报专业志愿又不服从调剂者，学校作退档处理。学校将严格按照内蒙古自治区教育招生考试中心公布的分省招生计划数录取考生，对不满足录取条件的考生，学校作退档处理。

「校友印象」

SOUTHWEST PETROLEUM UNIVERSITY

西南石油大学

我的
一百分母校

这里的学子有着天然的能源自信，这里的风景也配得上"山清水秀"四个字，这里就是西南石油大学，我国第二所石油类高校，历史悠久，科研实力雄厚。虽说西南石油大学是一所典型的理工科院校，但它的整体校园风貌给人的感觉是优雅的，文化气息十足的。在碧水荡漾、绿草如茵的校园里，每天都在上演着关于青春和梦想的大戏。

西南石油大学的校园，光靠你我的双脚来丈量是远远不够的，这样很难完全领略到校园的美。不过，学校内有共享单车、观光车，交通很便捷。有时候乘坐观光车赶往上课的地点，会感觉自己穿越到了某个景区，可见校园真的是风景如画。当然，也有一些"拉风"的同学，把滑板或者电动车作为出行的工具，成为校园里一道亮丽的风景线。

初到成都是9月，虽然酷热的夏季已经过去，但成都依然骄阳似火，好在宿舍的空调给了我很大的宽慰。在西南石油大学生活了4年，宿舍可以说是我的第二个家。困了累了，回到小窝里大睡一觉，第二天又是崭新的开始。

伴着清晨的第一缕阳光，我身着运动服，从梦溪跑道出发，呼吸着新鲜的空气，穿梭在绿荫中，步履都显得特别轻盈，整个人精力充沛。我喜欢用这种方式在校园留下自己的足迹。

梦溪跑道旁的小山坡上，经常会有人组织活动。记得有一天，大家聚在那里，将五花八门的风筝亲手放飞，在我看来，我们放飞的其实不仅仅是风筝，更是大家

的期许和梦想。和煦的微风中，大家在微笑，在奔跑，笑声不绝于耳，这大概就是青春的美妙之处吧！

每到夜幕降临，与学校只有一墙之隔的正因村便开始热闹起来。有时候我也会跟室友一起去那里感受逛街的乐趣，探寻各式各样的美食，体验最真实的人间烟火。

图书馆学习氛围浓厚，总是散发着书香。实验室里理工科学子废寝忘食地挥洒着汗水，将自己所学的知识转化为实践。在这里，你一定能够感受到什么是"书生意气，挥斥方遒"。

不同于呆板生硬的传统课堂，我们的课堂氛围非常轻松，老师更注重知识的互动和传递，师生之间没有距离，同学之间亲密无间，多年后大家步入社会，一定会倍加怀念。如果要我给母校打分，那么我一定会奉上一个大写的一百分。

为祖国"加油"

★ **西南石油大学**

1958年,四川石油学院在南充成立,隶属原石油工业部;1970年,更名西南石油学院;2004年四川政法管理干部学院并入;2005年,学校更名西南石油大学。建校以来,学校一直秉承"实事求是,艰苦奋斗"的优良传统,弘扬"为祖国加油、为民族争气"的精神,践行"明德笃志,博学创新"的校训,为国家培养了23多万名毕业生,他们之中涌现出了一大批杰出的科技专家、教授、学者,一大批各级党政领导干部、优秀企业家和各条战线的技术和管理骨干。

西南石油大学是新中国创建的第二所石油本科院校,也是国家"双一流"建设高校。学校以工为主、多学科协调发展、石油天然气工程优势突出,特色鲜明,石油主干学科专业在全国处于领先水平。学校占地3000余亩,专业涵盖理学、工学、管理学、经济学、文学、法学、教育学、艺术学等8个学科门类。截至2023年4月,图书馆藏书200多万册。师生方面,学校有在校生4万余人,教职工2000多人。

西南石油大学"双一流"建设学科有石油与天然气工程,学校还有各级各类科研基地(平台)数百个,包括2个全国重点实验室(油气藏地质及开发工程全国重点实验室、协作天然气水合物全国重点实验室),2个国家"111计划"地方高校学科创新引智基地,15个国家工程实验室、研发中心(协作)等。

报考须知

🎓 生活在西南石油大学:

西南石油大学的食堂均已实现明厨亮灶,透明公开,食品安全可靠。一期学生食堂一楼价格实惠,满足学生基本的需求,当然菜品味道也不错;二楼则是集自习空间、休闲娱乐空间、阅读空间、就餐服务、社团活动为一体的美食城,而且环境宜人,在这里不仅可以吃到川渝本地的麻辣美食、旋转火锅、风味小吃,还能品尝到福建沙县小吃、湖北热干面、江西瓦罐、广式烧腊、土耳其烤肉等天南海北的美食。二期食堂同样进行过改造,一楼为学校经营餐厅,经济实惠;二楼为多功能美食城,装修文艺范;三楼为民族风味餐厅,最受同学欢迎的菜品无疑是地道的新疆大盘鸡,其鸡肉麻辣过瘾、土豆绵软香糯、裤带面入味爽滑。

学校宿舍多为六人间,不过也提供四人间。宿舍内均配备空调、电风扇、独立卫生间,提供热水、校园网等,公共区域内也会提供自助洗衣机、自助洗鞋机、自助电吹风、自助售货机等生活服务设施。

虽然谈不上豪华，但日常生活还是比较方便的。

学校的选修课也很具创意，体育学院为学生提供了躺着就可以上的推拿选修课程，还有公开的定向运动与野外生存课，同学们可以在这堂课上学习到打绳结、取火、扎绷带等各种野外生存技能，老师还会组织学生进行野外实践，不仅能挑战极限、超越自我，也能收获友谊。在每年的春秋季，学校都会有社团招新活动，新生们可以趁机发展自己的兴趣爱好。

第四轮教育部评定 A+ 学科：

石油与天然气工程。

学费标准：

普通类专业有 4800 元 / 学年、5200 元 / 学年等不同标准，艺术类专业有 10000 元 / 学年、12000 元 / 学年等不同标准。

住宿费用：

六人间为 1000 元 / 学年，具体以学校通知为主。

录取规则：

西南石油大学对非外语类专业，不限制考生应试外语语种。计算机类专业及南充校区各专业公共外语开设课程为英语，非英语课程的考生在填报志愿时须慎重；其他专业公共外语开设课程为英语、俄语、日语、法语或西语，非英语、俄语、日语、法语或西语语种的考生在填报志愿时须慎重。

西南石油大学英语专业限招英语语种考生，俄语专业限招俄语、英语语种考生；英语专业、俄语专业原则上要求考生高考外语单科成绩不低于 105 分（150 分值），且若生源地省级招办组织外语口试，考生口试成绩须合格。

对进档考生，西南石油大学在内蒙古自治区按"招生计划 1：1 范围内按专业志愿排队录取"的原则进行投档录取；在其他省（区、市）按专业投档基准分的高低安排录取专业，考生的专业投档基准分 = 考生高考文化课成绩 + 政策性加分，专业志愿之间不设分数级差。专业录取时，在专业投档基准分相同的情况下，依次比较外语、数学成绩，择优录取。

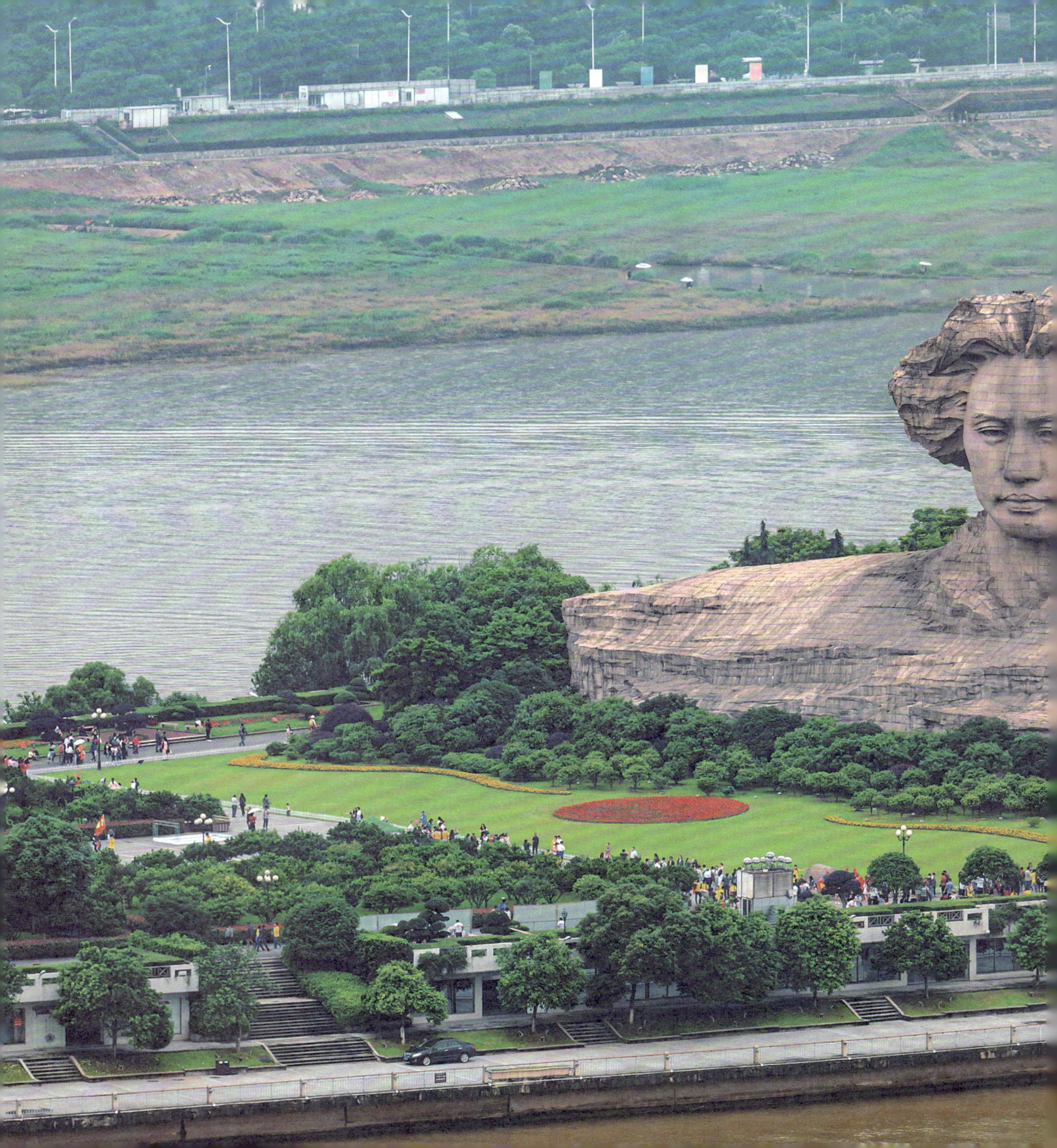

长沙

CHANG
SHA

「校友印象」

NATIONAL UNIVERSITY OF
DEFENSE TECHNOLOGY

国防科技大学

祖国
需要我们

我从小就有一个英雄梦，部队也是我向往的地方。在考上国防科技大学后，我的军旅梦想也终于扬帆起航。军校是一个很神奇的地方，这里的女生个个英姿飒爽，男生个个血气方刚。不同于普通大学，军校生活是极其严苛的。

过去，我们都是在父母身边撒娇的小宝贝，但踏进国防科技大学的校园后，我们便要学会独立。我们学校有着不输任何其他军校的严苛的内务制度，比如被子必须叠成"豆腐块"，宿舍内不允许挂任何私人装饰物品等，这是学校对学子最基本的要求。虽然刚入学时感觉有些苦不堪言，但习惯之后便觉得这是理所应当的事情了。我们也知道，作为军校的学子，我们的身份并不仅仅是普通的大学生，更是随时准备报效祖国的准军人。只有铁一般的纪律，才能锻造出更为强大精干的队伍，才能在祖国需要我们的时候不负所托、大展身手。

在国防科大学习，我更加敬佩当年的革命家投笔从戎、为国效力的毅力。如今的我们，沿着前人的足迹，在教室里孜孜不倦，奋笔疾书，探索知识；在实验室里日夜鏖战，反复摸索；在拉练场上大汗淋漓，步履不停，磨炼钢铁般的意志。

国防科大的学子，是心怀理想的，正是这无比坚定的信念，让我们毕业后义无反顾地奔赴大江南北，到祖国最需要我们的地方去。在青藏高原的哨所上，在酷热难耐的海岛上，都有国防科大人忙碌的身影，他们谱写着关于青春和奉献的篇章。

"厚德博学，强军兴国"，是每一位学子的使命和担当。"天河"系列的高速运行、"北斗"卫星的成功发射、磁浮列车的飞速奔驰，国防科大人功不可没。强大的国家，必然需要有强大的国防实力来支撑；强大的国防，必须用走在世界前沿的科技来支撑。军事国防领域，科技永远是制胜的第一要素。我们这群人，准备随时迎接挑战，用知识和技术开辟另一个"战场"，用自己的方式报效祖国。我们的青春，有泪水，有汗水，有热血，有激情。未来，祖国需要我们去哪里，我们都会义无反顾。

军中清北

★ 国防科技大学

国防科技大学的前身是 1953 年创建于哈尔滨的中国人民解放军军事工程学院,即著名的"哈军工",陈赓大将任首任院长兼政治委员。"哈军工"创办于抗美援朝期间,是新中国第一所高等军事工程学院,其卓越的办学成效铸就了我国国防科技和高等教育史上一座丰碑。1970 年,学院主体南迁长沙,改名为长沙工学院。1978 年,改建为中国人民解放军国防科学技术大学。1999 年,长沙炮兵学院、长沙工程兵学院和长沙政治学院并入国防科学技术大学。2017 年,重建国防科技大学,归军委建制领导。国防科技大学是高素质新型军事人才培养高地,学校也始终恪守"厚德博学、强军兴国"的校训,为党育才、为国树人、为军铸将,数十年来成果丰硕,桃李满天下,灿若星辰,先后为国家和军队培养输送了 20 余万名各类人才,其中 700 余人担任省、部、军级以上领导职务。据统计,学校共培养产生 75 位院士,1977 年以来培养的本科生中产生了 20 位院士,在全国高校中排名第 7。

国防科技大学是国家"985 工程""211 工程""双一流"建设高校,是一所"以工为主、理工军管文结合、加强基础、落实到工",涵盖理学、工学、军事学、管理学、法学、文学等 6 个门类的综合性大学。学校设有 61 个本科专业。学校占地 6200 余亩,图书馆藏书 340 多万册,电子图书 300 多万种。学校具有一支"领军人才 + 创新团队"的高水平师资队伍,拥有两院院士 17 人,国家杰出青年科学基金获得者 18 人,百千万人才工程国家级人选 35 人,国家教学名师、全国全军优秀教师 152 人,军队杰出专业技术人才奖获得者 27 人,军队高层次科技创新人才工程人选 152 人。

国防科技大学的"双一流"建设学科有信息与通信工程、计算机科学与技术、航空宇航科学与技术、软件工程、管理科学与工程共 5 个学科,同时学校设有并行与分布处理国家重点实验室、ATR 国家重点实验室、新型陶瓷纤维及其复合材料国家重点实验室,以及数个国防科技重点实验室、国家级实验教学示范中心和国家级虚拟仿真实验教学中心、国家地方联合工程研究中心等,拥有国内高校领先水平的教学科研实验设施。

报考须知

生活在国防科技大学：

国防科技大学长沙校区一共有 4 个食堂，别看数量不多，但是美食质量真的没话说。就拿 2022 年刚改造建设完的一号院二食堂来说，食堂共四层，一层为可视化食品加工区，二、三、四层为用餐区，可同时容纳千人就餐。食堂二层为特色风味菜，有麻辣香锅、黄焖鸡等；三层供应粤菜、湘菜、川菜、东北菜等不同地域菜品；四层更有各种小炒、火锅等，同学们不用出校门就能吃到价格公道的美味大餐。

作为军校，国防科技大学宿舍实行军事化管理，宿舍一般为六人间或八人间，宿舍内每人都要轮流值日，以保证寝室的干净与整洁，每间宿舍还标配有独立卫浴、空调、洗衣机。同时，每栋宿舍楼还设置了储藏室、自习室、俱乐部、会议室等功能房间。

国防科技大学有不少学生社团，比如射击俱乐部、军乐团、戏剧影视俱乐部、舞蹈队、武术仪仗队等。另外国防科大有趣好玩的选修课也有很多，比如法语课、射击课、游泳课、天文学基础等课程，特别是天文学基础这门课，非常受学生喜爱，同学们可以在课堂上领略宇宙的魅力。

第四轮教育部评定 A+ 学科：

系统科学、计算机科学与技术、软件工程、管理科学与工程。

学费标准：

数学与应用数学专业、物理专业、大气科学类专业为 5300 元 / 学年，其他各专业为 6500 元 / 学年。

住宿费用：

600 元 / 学年。

录取规则：

在考生符合报考条件及身体健康状况符合相关专业培养要求，高考成绩达到本省（区、市）本科一批录取控制线 [批次合并的省（区、市），按照相关规定执行]，符合学校调档要求的情况下，学校根据考生高考投档成绩和专业志愿按照从高分到低分的顺序（同分学生按照各省级招生主管部门确定的排序细则）进行专业录取，不设专业级差。

按照顺序志愿投档的批次，在第一志愿考生生源不足时，接收非第一志愿考生，按照投档成绩择优录取。

无军籍本科学员录取时，全部专业均无男女比例要求；考生入校后均以英语为公共外语教学内容安排教学。

「校友印象」

CENTRAL SOUTH UNIVERSITY

中南大学

唯美有容，
挚爱中南

沿着麓山南路走去，穿过熙熙攘攘的人群，在蒙蒙云雨中，远远望见一扇橘红色大门上写着苍劲的四个大字——中南大学。作为湖南长沙人，我从小便被这伫立在主干道上的校门深深吸引，梦想着成为这里的学子，如今终于梦想成真。

长沙的天气总爱和人打趣，每逢梅雨季节，迎着太阳出去，顶着细雨回来是家常便饭。一天，雨后初晴，我漫无目的地在校园内走着，走到情人坡时，突然发现天边挂着一道彩虹。彩虹下，玉带河旁，刚好有一对情侣在嬉笑打闹着，画面令人触动。我情不自禁按下了快门，将这朦胧的掠影和那道彩虹定格。随后，我小心翼翼地前去询问："我拍了你们的照片，可以将它传给你们吗？"

"哇！"女生惊喜地跳了起来，说了谢谢。看着他们惊喜而幸福的样子，我心想这一定是今天中南最可爱的存在。

情人坡位于中南新校区 D 座教学楼的后面，是我最爱去的地方，但我并不为求一场邂逅。学累了的时候，我总会独自去那里的草地上躺一会儿，感受绿草的柔软，观察天空中云朵的形状，欣赏湖中黑天鹅优雅的身姿，这时候，整个身心似乎都得到了放松。

D 座教学楼也是中南大学的标志性建筑，造型新颖，还曾获得过建筑设计大奖。不过在同学们当中，它有一个更接地气的称号——D 座迷宫。可以这么说，几乎每位中南学子都在 D 座教学楼迷过路。这里的教室排布并

无规则，又经常"隐匿"在拐角处，所以在 D 座教学楼经常可以见到急急忙忙奔跑着寻找教室的同学。有时候在上课时出去一趟，回来就找不到自己刚刚待的教室了。不过，这也不失为一种乐趣。

如果说新校区的 D 座教学楼、"鸟巢"体育馆等建筑展示了一个现代化的中南大学，那么湘雅红楼无疑是中南百年历史的最好见证。这座飞檐斗阁、砖混结构的中式建筑，以清灰红砖为外墙，顶盖栗色筒瓦、谷黄色正脊，局部点缀中国传统花样纹路，曾经被称为最漂亮的医院大楼，承载着济世救民的愿望。战争期间，日军残忍地一把火焚烧了红楼，红楼毁于一旦。今天我们看到的它，经过了还原修葺，但红楼还是原来的红楼，外墙的红砖、屋顶的琉璃瓦，甚至每一条砖缝，都遵循了原来的模样。可以说，红楼不仅仅是过去的见证者，更是历史的诉说者，是中南人对真与善不变的追求。热烈的湘雅红，就是赤诚的中国红。

向善求真汲新知，唯美有容纳百川。中南大学就是这样一所具有现代艺术气息，又饱含历史与文化底蕴的学府。我很庆幸自己可以每天在这里学习、生活，我也将永远热爱这里。

最年轻的"985"大学

★ **中南大学**

中南大学由原湖南医科大学、长沙铁道学院与中南工业大学于2000年4月合并组建而成，真正成立时间并不长，甚至可以说是最年轻的"985"大学。但究其源头，历史却相当悠久。原中南工业大学的前身为创建于1952年的中南矿冶学院，原长沙铁道学院的前身为创建于1953年的中南土木建筑学院，两校的主体学科发端于1903年创办的湖南高等实业学堂的矿科和路科；原湖南医科大学的前身为1914年创建的湘雅医学专门学校，是我国创办最早的西医高等学校之一。历经百年办学积淀，中南大学一直弘扬以"知行合一、经世致用"为核心的大学精神，"向善、求真、唯美、有容"的校风，坚持自身办学特色，服务国家和社会重大需求，团结奋进，改革创新，追求卓越，综合实力和整体水平大幅提升。

中南大学是国家"985工程""211工程""双一流"建设高校，学校学科门类齐全，拥有完备的有色金属、医学、轨道交通等学科体系，涵盖哲学、经济学、法学、教育学、文学、理学、工学、医学、管理学、艺术学、交叉学科等11大学科门类，辐射军事学。学校下设30个二级学院，4所附属医院，103个本科专业。学校占地4700余亩，图书馆有纸质文献近500万册，电子图书600多万册。截至2023年5月，学校有全日制学生6.1万余名，包括3.5万余名本科生、2.4万余名研究生、2300余名国际生。学校师资力量雄厚，有教授及相应正高职称人员2000多人，两院院士16人。

中南大学有数学、材料科学与工程、冶金工程、矿业工程、交通运输工程共5个学科入选国家"双一流"建设学科。同时，学校设有国家重点实验室、国家工程研究中心、国家工程技术研究中心、国防科技重点实验室、国家临床医学研究中心、国家国际科技合作基地等众多科研平台。

报考须知

生活在中南大学：

正如湖南高校圈流传的那句话一样，"食在长沙，味在中南"。中南大学的食堂名不虚传，八食堂更是其中的代表。八食堂有一块"有求必应"便利贴墙，学生可以在上面诉说自己的烦恼与愿望，或者写下想吃的菜、对食堂的建议，这里已成为中南学子精神寄托的一部分。

中南大学的新生宿舍均为四人间，带独立阳台、卫生间，学生也可以根据需求租赁空调，宿舍楼有公共浴室、开水机、洗衣机等。另外，寝室门也是刷卡进出，很便利。

名侦探柯南与化学探秘课是中南大学最热门的选修课之一，甚至有不少校外人士前去旁听。在这门课上，教授不仅会播放动画片，还会利用化学原理表演魔术，与学生共同探讨毒药的原理以及在刑侦中的运用等。中南大学共有100多个学生社团，学生可以根据自己的兴趣爱好选择加入。

第四轮教育部评定 A+ 学科：

冶金工程、矿业工程、护理学。

学费标准：

普通类专业为 3600～6500 元/学年，医药类专业为 7800 元/学年，艺术类专业为 8000 元/学年，中外合作办学专业为 37000 元/学年。

住宿费用：

1000～1200 元/学年。

录取规则：

学校按照进档考生的高考原始分和专业志愿安排专业，不设专业级差。进档考生同等条件情况下，依次按照有政策性加分者和语文、数学、外语单科成绩高者优先确定专业。考生所有专业志愿都无法满足时，若服从专业调剂，则调剂到未录满的其他专业；若不服从专业调剂，则作退档处理。学校在内蒙古自治区实行"招生计划 1∶1 范围内按专业志愿排队录取"的规则。

按照顺序志愿投档的批次，在第一志愿考生生源不足的情况下，将按照考生高考原始分由高到低择优录取非第一志愿考生，直至完成来源计划。若符合条件的非第一志愿考生生源仍不足，将征集志愿。按照平行志愿投档的批次，未完成的计划也将征集志愿。征集志愿仍不足则将剩余计划调剂到其他生源质量好的省（区、市）完成招生计划。

「校友印象」

HUNAN UNIVERSITY

湖南大学

秋红叶，
历史长河染红了这些楼

我那素未谋面的学妹：

见信好！

我是正要毕业的老学姐，如果贴在抽屉上层的这封信被你寻到，那就说明我们缘分匪浅。我向你保证，来到湖南大学后，你会遇见很多优秀的人，经历很多快乐的事情。

但我希望你在努力学习和体会丰富的大学生活之余，抽空去红楼看看。

当你站在老图书馆的窗前向外遥望时，你会看到夕阳返照，远处绯红簇簇。这所栖息在湘江之滨、岳麓山下的千年学府，既是培育学者、科学家等有名之士的摇篮，也是有志之士挥洒热血的红色家园。

岳麓书院传承千年，一步一步走到 21 世纪，一幢幢红楼拔地而起，与夕阳和红枫交相辉映。

你一定听说过东方红广场前的科学馆，如果你来到此处，驻足在这幢有着砖混结构和西洋古典风格的红色大楼面前，你一定会不禁感叹，这么醒目的红，似乎想要同夕阳争艳。

不过你可能不知晓，除了这幢大楼本身的韵味，历史长河从它身下流过，它曾愤慨悲号，曾激昂澎湃，染了一抹我们如今看不见的红，就像刮出的痧，就算隐去，痛楚也依然存在。

还记得刚上大一那会儿，我不小心跟室友走散了，怎么也寻不到正确方向，就像历史长河里的一条鱼，扑腾半日，也终是逆流而行，原地踏步。折腾许久，只好打电话向长沙本地的室友求助，室友让我寻东方红广场，我笃定自己找不到，却不知怎的到了这栋楼前，室友找到我时，我还在发呆。

我不知道为什么，看到这栋楼有点儿想落泪。后来室友告诉我，当年日军投降的会场，就在此处！我顿时了然，它静静地伫立在这里，见证了历史的转折，而这一转折，是先辈们挥洒了多少血泪才换来的。

所以，请你多驻足一会吧！离去时再给它一个回眸，和它一起铭记这段历史！

历史似画笔，光阴似画布。你一定要去湖南大学二院看看，二院的西北角还留着当年的弹痕，纷飞的战火使它心惊胆战，人民的嘶吼让它撕心裂肺。而这些弹痕就像是这座建筑的一道道伤疤，是国家时时能忆起的伤痛，是历史长河也无法冲刷掉的痕迹。请你用心去"触碰"，我坚信你会像我一样，心尖控制不住地颤抖。

如果你走到了湖南大学牌楼口校门，你也许会纳闷，校门的两根立柱为什么不够完整协调？那是因为，这两根残存的古希腊爱奥尼柱式的花岗石柱，从前是第一代图书馆的构件。长沙会战爆发后，残忍

千年学府，百年名校

★ 湖南大学

　　湖南大学前临碧波荡漾的湘江，后倚秀如琢玉的岳麓山，素有"千年学府、百年名校"之称。校内典雅厚重的古建筑群与时尚新锐的新建筑体交相辉映，自然风光与人文景观深度融合，因此湖南大学被誉为"中国最具诗情画意的高校"。学校起源于公元 976 年创办的岳麓书院，是中国同址办学时间最长的高等学府，历经千年变迁，弦歌不绝，始终保持文化教育的连续性，是中国高等教育发展的生动缩影和世界高等教育的罕见奇迹。1903 年改制为湖南高等学堂，1926 年正式定名湖南大学。新中国成立后，中国共产党创始人和早期领导人之一的李达担任第一任校长，毛泽东亲笔题写"湖南大学"校名。2000 年，湖南大学与湖南财经学院合并组建成

　　的日军空投炮弹将图书馆炸毁，只剩下四根石柱，其中两根便放在了这里。它们就像两根钉子，将那段历史钉在了此处。

　　秋红叶，历史长河漂红了这些楼。湖南大学，延续了千年的希冀，亦承载着这段红色历史，所以，我诚心邀请你，赏完岳麓山绯红的枫叶后，请一定来观一观这一抹红。

　　历史的沉淀使这所学校更具韵味，而我相信，看过这抹红后，你会更加渴望在这里生活，在这里学习。希望你，能在这里铭记过去、展望未来。

　　顺颂
　　秋祺！

　　　　　　　　　　一名根正苗红的老学姐

新的湖南大学。在长期的办学历程中，学校培育了以王夫之、陶澍、魏源、贺长龄、曾国藩、左宗棠、郭嵩焘、谭嗣同、黄兴、蔡锷、杨昌济、毛泽东、何叔衡、蔡和森、邓中夏、李达等为代表的一大批彪炳史册的杰出人才。师生中涌现出42位学部委员和两院院士，"惟楚有材，于斯为盛"成为学校人才辈出的生动写照。

湖南大学是国家"985工程""211工程""双一流"建设高校，学校学科专业涵盖哲学、经济学、法学、教育学、文学、历史学、理学、工学、管理学、医学、艺术学、交叉学科等12大门类。学校下设27个学院，拥有本科专业80个，校园占地超3600亩，图书馆藏书超800万册。截至2024年1月，学校有全日制学生3.7万余人；有教职工4300余人，其中专任教师2300余人、两院院士6人。

湖南大学的"双一流"建设学科有化学、机械工程、电气工程3个，同时，学校拥有国家重点实验室和全国重点实验室6个（含共建）、国家工程技术研究中心2个、国家工程研究中心1个、国家级国际合作基地3个、国防科工局国防重点学科实验室1个、教育部重点实验室和工程研究中心13个、教育部高等学校学科创新引智基地6个、文化和旅游部重点实验室1个。

报考须知

🎓 生活在湖南大学：

身处美食之都，湖大的食堂自然不甘落后。学校设有多个学生食堂以及回民餐厅，供应的早餐品种有80余种，而中晚餐种类更是超过了200种，涵盖了大众菜、风味菜、小吃等美食。值得一提的是，二食堂曾因其特色水果菜上过《天天向上》节目，如美味西瓜盅、橘子炒排骨、西兰花拌西瓜等。湖大是一所开放式学校，麓山南路和登高路是学子上课的必经之路，那里汇聚了诸多美食，有长沙臭豆腐、"老网红"帅哥烧饼、茶颜悦色等，都是必尝的美食。

湖大宿舍实行学生生活园区制，园区内会配备自习室、图书室、超市、洗衣房、操场、篮球场等设施，学习、生活都非常方便。学生辅导员也住在园区，与学生同吃同住，这也有利于辅导员更好地掌握学生的实际情况。宿舍大都是四人间，有空调、热水等。有些宿舍楼安装了电梯，还配备了人脸识别系统、智能门锁。

湖大有各式各样的学生社团可以加入，喜欢摄影可以加入摄影协会，喜欢辩论可以加入辩论队，热衷于创业则可以加入商业财经创业协会，还有舞蹈社、流行音乐社等，同学们可以在各大社团尽情挥洒青春的活力。身在湖大，抢选修课也是一场战斗，比如"俄罗斯风土人情"这门课，就以极其难抢闻名于学校，抢课不仅要手速快，还需要靠运气。这门课主要是为了让大家了解俄罗斯的风土人情，还原真实的"战斗民族"形象。讲授这门课的老师风趣幽默，同学们还有机会在课堂上品尝到俄罗斯特产。

学费标准：

工科类专业学费为 6500 元 / 学年（其中，软件工程、数字媒体技术专业学费为 8950 元 / 学年）；经、法、教、管类专业学费为 5500 元 / 学年；文、史、哲、理类专业学费为 5300 元 / 学年；广播电视编导、播音主持与艺术专业学费为 13000 元 / 学年；新闻传播学类专业学费为 6000 元 / 学年；电子商务专业学费为 5500 元 / 学年，专业分流后，转入信息管理与信息系统专业学习的，专业学费为 6500 元 / 学年。

住宿费用：

800 ~ 1200 元 / 学年。

录取规则：

同一专业录取时，若考生高考成绩（只含全国性高考加分）相同，依次比较语文、数学、外语单科成绩，优先录取分数高者。对于高考综合改革省、市（北京、天津、河北、辽宁、上海、江苏、浙江、福建、山东、湖北、湖南、广东、海南、重庆），学校按照考生所在省、市的省级招生考试机构提供的考生同分数排位进行专业录取。

所有考生的全部专业志愿录取结束后，对未满足专业志愿但服从专业调剂的考生在相应的科类或专业组内进行调剂录取；对所有专业志愿都无法满足且不服从专业调剂的考生作退档处理。

按照平行志愿投档的批次，未完成计划的将征集志愿。按照顺序志愿投档的批次，在第一志愿考生生源不足的情况下，学校可接收非第一志愿考生，按照投档分择优录取，若符合条件的非第一志愿考生生源仍不足，将征集志愿。征集志愿仍不足的则将剩余计划调剂到其他省（区、市）完成招生计划。

「校友印象」

HUNAN NORMAL UNIVERSITY

湖南师范大学

在这个寂静的春天
重走木兰路

这是一个特殊的春天。

虽然春风早已染绿了长沙城，吹皱了桃子湖，但这个春天，只剩下寂静的街道，围栏上停留的几只雀，路上稀稀疏疏的人影，以及木兰枝头含苞欲放的花。

轻轻闭上眼，感受微风拂过脸庞，我听到不远处传来几声清脆的鸟鸣，抬头望去，一只灰羽朱喙的鸟在木兰树上一蹦一跳。走到树下，再抬头看木兰枝头上的白色花苞，有点像古代女子鬓边的缠花。估计再过一段时间，待木兰花怒放，这光景，会愈加美上几分。

湖南师范大学是教师的摇篮，这条路上留下了一位又一位未来人民教师的足迹。看到这一簇簇木兰，似乎每朵花都映照着学子的笑颜，我不由得心生欣喜。真不愧是"古有花木兰，今有师大女"。当我听说这条路有这样的寓意时，内心是无比欣喜的，这样的一个细节便能透露出学校对我们的重视和期望。

鸟儿似乎也感受到了我内心的激动，它振翅往前方飞去，在青灰色的天与这一树树花苞间缠绵往返。一不注意，它已经飞到了外语楼前，淡黄色的蜡梅在春光的点缀下更加迷人，它不需要同木兰花争艳，因为它们有各自的舞台。

而外语楼的前身，大多数人可能不知晓。这里曾是个长满翠竹的山包，在翠林的掩映下，人们修建了防空洞大厅和入口。翠林是生的希望，守护了人民的生命安全。

后来山包被铲平，外语楼在这里拔地而起，是新的"翠林"，也是新的"生命"和"希望"。以前看到学校校门，我只能感受到红色五角星的庄重威严，从未深想其中含义，现如今联想起这段历史，终于明白其良苦用心。红色庄严的校门，不仅留下了历史的痕迹，更留下了一个参照物，让后人铭记。

而木兰路东边是整齐划一的红墙黑瓦，犹如一个个站着军姿的士兵，朝起夕落的太阳在它们身上留下一道道岁月的刻痕，与木兰路一同遥望着远方。

每日清晨，各个宿舍涌出的莘莘学子，如木兰满枝一般，填满了整条通道。他们健步如飞，伴着欢声笑语，一并挤进理化楼的那道窄门，随后分散而去，到了各个院系。

除了作为连接我们学习与生活的主要通道的木兰路，我们学校的桃子湖同样颇负盛名。春天，岸边嫩绿的柳条如青丝倒垂，与掀起的波澜相互嬉闹，犹如春日欲揭未揭的盖头。而桃林芬芳，花团锦簇，更是将桃子湖点缀得如梦如幻，就像揭下盖头后瞥见的女子脸庞上的浮红。盛夏，湖中的朵朵芙蕖绽放着笑颜，为夜里入梦的学子输送一阵又一阵的清香，使湖师大的夏夜更加浪漫。

我还喜欢闲暇时静坐在学校的岳王亭听雨赏雪，望着湖中穿梭的尾尾锦鲤，心情也变得松快，感觉自由自在。有一次我因为考前紧张，无所适从，气急败坏地丢下书本，跑到这里静坐，想让自己凝神静气，看着湖中无忧无虑的小鱼儿，顿时不自觉笑出了声。那次考试我超常发挥，竟不小心拔得头筹，而此后每次考试前我都会来这里和它们絮叨几句，也算是一种另类的"拜锦鲤"了。

我想毕业之后，我一定会时常想起走了无数遍的木兰路，美丽娇俏的桃子湖以及那些自由自在的锦鲤。我对湖师大的感情是复杂的，我们如此亲近，很多时候，我模糊了她和家的界限，她的优缺点都被我无限放大；而有时我又觉得她与我相隔甚远，让我觉得过去的岁月遥不可及。但无论如何我都会一直喜欢她、敬重她、仰慕她。

不知不觉，我走完了木兰路。母亲的电话也打了过来，她纳闷我不过是去附近超市买一袋米，怎么还不回家。我收起千丝万缕的愁绪，快步奔向超市，可等我提着一袋重重的米往回走时，倒是后悔于没有骑车出门了。

我无奈地摇摇头，心想，那就走一段歇一段，再走一遍木兰路吧。

仁爱精勤

★ **湖南师范大学**

湖南师范大学的前身为国立师范学院，其诞生于1938年抗日烽火之中，是我国第一所独立设置的国立师范学院。新中国成立之初，国立师范学院并入湖南大学。1953年8月全国院系调整，湖南大学撤销，建立了湖南师范学院和中南土木建筑学院。1953年9月，根据中南行政委员会教育部的指示，湖南师范学院以原国立师范学院为基础，合并了湖南大学、南昌大学、河南平原师范学院部分系科，以及清华大学、湖南大学、南昌大学、东北师范大学、华南师范学院、河南平原师范学院部分学生，成为当时全国专业设置较多的师范院校之一。1984年，学校更名为湖南师范大学。2000年以来，学校又分别合并了湖南教育学院、湖南政法管理干部学院和湖南医学高等专科学校，学科门类更为齐全。建校以来，学校已为国家输送毕业生50多万人，培养了一大批国际学生和港澳台学生，校友遍布海内外。

湖南师范大学是国家"211工程""双一流"建设高校，主校区西偎岳麓山，东濒湘江，风光秀丽。学校学科覆盖哲学、经济学、法学、教育学、文学、历史学、理学、工学、医学、管理学、艺术学、交叉学科等12大学科门类。学校占地近3000亩，图书馆藏书近430万册，其中古籍24万余册。截至2023年12月，学校有全日制学生4万余人，其中研究生1.3万余人、长短期国际学生近1200人；有专任教师2000多人，其中中国科学院院士1人、中国工程院院士2人、欧洲科学院院士4人、国务院学科评议组成员3人、中国社科院学部委员1人。

第二轮"双一流"建设大学名单显示，湖南师范大学的"双一流"建设学科有1个，即外国语言文学。此外，学校还拥有1个省部共建淡水鱼类发育生物学国家重点实验室，石化新材料与资源精细利用、动物多肽药物创制2个国家地方联合工程实验室。同时，学校拥有生物科学、物理学、中国语言文学和哲学4个湖南省基础学科拔尖学生培养基地。此外，学校还是中华优秀传统文化花鼓戏的传承基地。

报考须知

生活在湖南师范大学：

湖南师范大学食堂众多，不过由于校园没有围墙，食堂分布也十分分散，相隔最远的有8公里左右。其中，江边食堂被称为学校的网红餐厅，内部装修精美，菜品丰富，好吃不贵。木兰路老食堂有各类粉面，喜爱面食的同学不容错过。木兰路新食堂则以饭菜为主，但也提供了风味菜以及西餐等，是约会的好去处。南院食堂颇具包容性，天南海北的美食都汇聚在此，如北京烤鸭、东北锅包肉、江南雪菜笋丝等。有同学表示，想家的时候到南院吃饭准没错。

湖师大的宿舍分布同样比较分散，江边宿舍的地理位置极佳，附近有图书馆、教学楼，以及各大食堂，有时候站在天台就能看到橘子洲的烟花。江边宿舍分六人间、九人间，配备公共澡堂、洗衣机、卫生间等。而天马宿舍一般为四人间，房间内为上床下桌，配备独立阳台、卫生间，每层楼也有热水器、洗衣机等设备，唯一的缺点就是离教学楼有点远。长塘山公寓不仅地理位置佳，宿舍条件也非常不错，内部均为上床下桌，配备卫生间、空调、饮水机、洗衣机等。

湖师大每年会开放各种选修课，其中新奇的课程也不少，比如花鼓戏艺术教育，旨在弘扬中华传统文化；第一目击者现场急救课，主要是为了普及基础急救知识，让同学们掌握基本急救技能，非常有意义。湖师大共有100多个学生社团，比如影评协会，成立已有20多年，聚集了一批热爱电影的同学。该协会不仅拥有自己的会刊，也会定期组织影评大赛、配音大赛、免费观影等活动，为电影爱好者提供了一个交流以及交友的平台。

学费标准：

普通类专业学费为4000～6500元/学年（医学院专业学费为7800元/学年），艺术类专业学费为8000元/学年，中外合作类专业学费为48000～50000元/学年。

住宿费用：

600～1200元/学年。

录取规则：

未实施高考综合改革省（区、市）的进档考生，被同一专业（类）录取时，若分数相同，文史类考生依次比较语、数、外、文综成绩，理工类考生依次比较语、数、外、理综成绩。若单科成绩完全相同，学校将增加计划录取。考生所有专业志愿都无法满足时，若服从专业调剂，则将考生调剂录取到其他缺档专业（类）。对所有专业志愿都无法满足且不服从调剂的考生，作退档处理。

若批次投档完成后，学校生源不足，将征集志愿。对于填报征集志愿的考生，学校将按照各省（区、市）教育行政主管部门、招生考试机构向社会公布的缺额计划择优录取。若征集志愿仍不足，学校按照相关规定对剩余计划进行调剂。

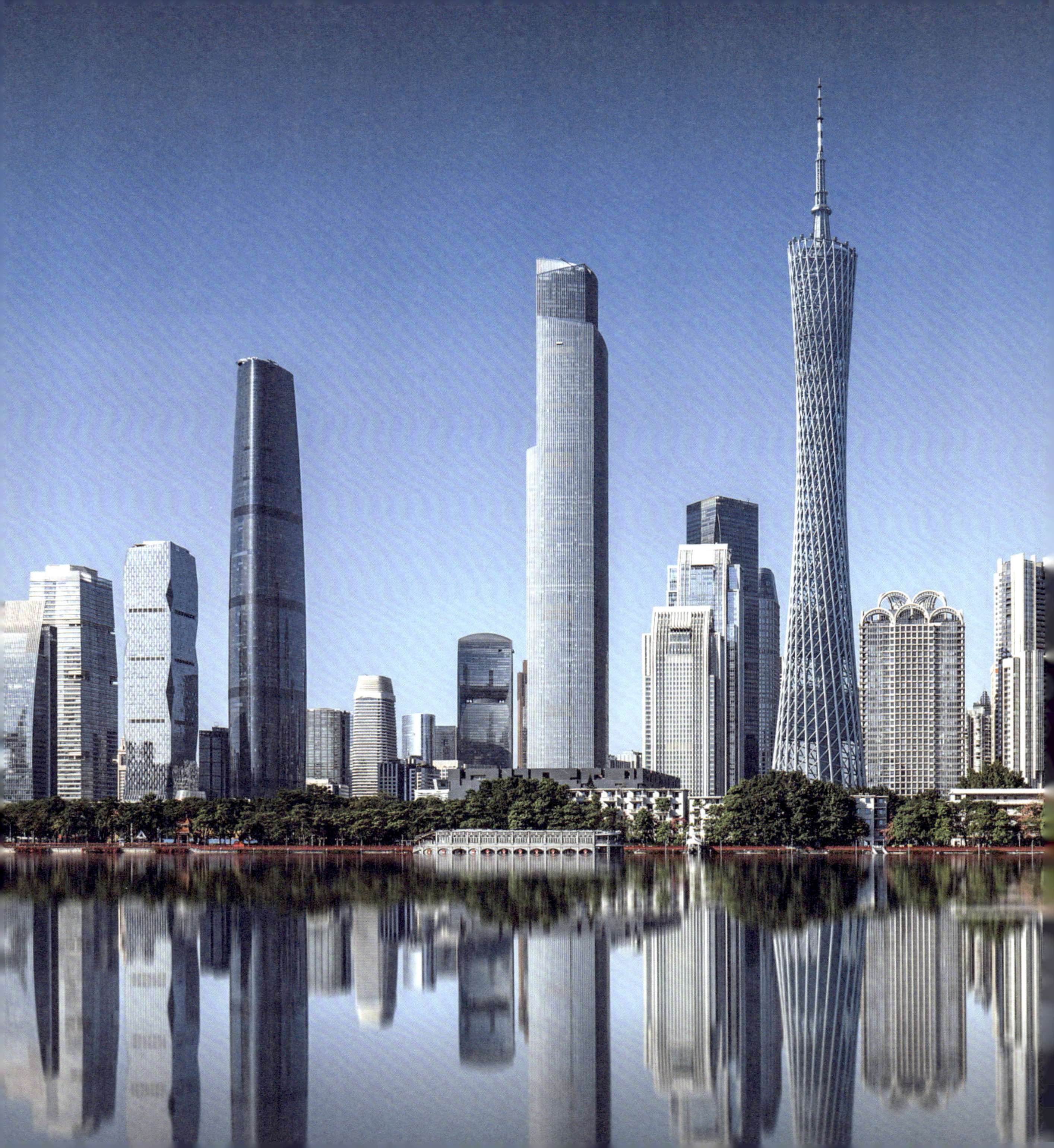

广州

GUANG ZHOU

「校友印象」

SUN YAT-SEN UNIVERSITY

中山大学

红墙绿荫，最美中山

"白云山高，珠江水长……"，时隔多年，耳畔再度传来中山大学的校歌，我漫步在久违的康乐园中，一时间不禁感慨万千。

康乐园还是一片红墙绿荫的样子，我的大学还是那么美。中大有孙中山铜像、中央大草坪、马丁堂、黑石屋、陈寅恪故居、格兰堂等，百年的历史沉淀使其蕴含着丰富的文化底蕴。

不过，我最喜爱的还是中大各种各样的植物，有紫荆、阳桃、吊灯扶桑、木棉，还有大榕树，它们郁郁葱葱，蓬勃生长，肆意地舒展着枝叶，在不同的地点，共同装点着中大。在它们的荫庇下，莘莘学子度过了宝贵的青春。

我也分外喜欢中大傍晚的风景，在瑰丽的夕阳映射下，整个中大都染上了一层金色，典雅的小楼变成金红色，青碧色的树木也被金色的光芒浸染。余晖透过枝叶间的空隙打在地上，形成一道道迷人的光束，好像伸手就可以接住。这时候在校园里漫步，不仅可以欣赏这经常可见却又总觉得难得的景色，还可以看到一些上了年纪的教授闲话家常，以及活力满满的同学们匆匆地走过，一派友爱和谐的气氛。而我总是慢慢悠悠地走着，静下心来思索自己的课业或畅想以后的生活，希望自己的人生也可以和中大的景色一般绚丽多彩。

华南第一学府

★ **中山大学**

中山大学有着 100 年的办学历史，它的前身为国立广东大学，1924 年由孙中山先生创立，并亲笔题写校训："博学、审问、慎思、明辨、笃行。"在孙中山先生逝世后，学校于 1926 年定名为国立中山大学，1952 年全国高等院校调整，学校被分设为中山大学和中山医科大学。2001 年 10 月，两所院校再次合而为一，形成了今日的中山大学。中山大学与中山医科大学有着深厚的历史渊源及学术传统，鲁迅、郭沫若、冯友兰、傅斯年、赵元任等蜚声海内外的学者都曾在中山大学任教；柯麟、梁伯强、谢志光、陈心陶、陈耀真、秦光煜、林树模、周寿恺、钟世藩等著名医学专家曾在中山医科大学任教。学校名家荟萃，他们优秀的品格和精湛的学术造诣熏陶着一代代学子，形成了良好的学术风气，

除了傍晚时分，烟雨中的中大也很美丽。烟雨蒙蒙中，天地万物就像是笼着一层轻纱似的。此刻，校园里的大多数人都行色匆匆，很少有人像我一样在雨中漫步，静静地欣赏这烟雨里的中大。房屋、树木、小草都被烟雨洗去浮尘，颜色变得更加鲜艳；而人在雨中，是不是也可以洗去心中的不快，更加轻松地前行呢？

中大被称为最美的校园之一，不是没有缘由的，不论是一天中的清晨、午后或傍晚，还是一年中的春夏秋冬，中大总会呈现出不同的风采来，令我这个已经离校多年的学子时常想念。

"博学、审问、慎思、明辨、笃行"这五个词作为中大校训，是孙中山先生亲笔题写的，中大学子也把它当作人生的座右铭。它明确地告诉了大家：要广泛地学习，有针对性地请教问题，自己要懂得思考，懂得判断，然后用学来的知识指导自己的行动。做一名笃行者，脚踏实地不停前行，探索生命的意义、人生的价值、术业的创新，这也是所有中大学子一直坚持的。

许多才华横溢的毕业生也成为社会各界的杰出人才。

中山大学是国内顶尖高校之一，是国家"985工程""211工程""双一流"建设高校，被誉为"华南第一学府"。中山大学以国际视野开放办学，具有"综合性、研究型、开放式"的特色，涉及的学科包括文学、历史学、哲学、法学、经济学、管理学、教育学、理学、医学、工学、农学、艺术学等，其人文社会科学、医科和理科等学科门类实力雄厚。中山大学有10家附属医院、1所国际合作学院。截至2023年5月，学校有全日制学生6万多人，专任教师4000多人，博士后及专职科研人员2000多人，院士（含双聘）20余人，国家级高层次人才500余人。

中山大学的"双一流"建设学科有哲学、数学、化学、生物学、生态学、材料科学与工程、电子科学与技术、基础医学、临床医学、药学、工商管理等11个。学校设有国家级科研创新平台42个、省部级平台250个，包括天琴中心、南方海洋科学与工程广东省实验室（珠海）、"中山大学"号海洋综合科考实习船、"中山大学极地"号破冰科考船、国家超级计算广州中心、精准医学科学中心等重大科研平台与基地。

报考须知

🎓 生活在中山大学：

中山大学有着三区五校园的布局，而地处美食之都的广州校区，汇集了五湖四海的美食，包括潮汕小吃、北方面食、川湘菜、日料等，无论是甜党、咸党，还是重辣、中辣、微辣爱好者，都能被满足。校内还流传着这样一句话："食在东校。"东校有大小食堂6个，其中清真食堂为穆斯林师生提供了去处，行政餐厅环境优雅，靠近教学楼与图书馆，对于想要争分夺秒学习的同学来说是个好选择。另外，在各种节日里，食堂还会推出特定点心菜品，像清香的青团、软糯的粽子、情怀满满的月饼等，这些美食不仅深受中大学子的喜爱，还吸引着很多非本校人士前去品尝。

中山大学本科生宿舍有四人间、五人间、六人间，北校区的部分宿舍为八人间，内部配置有床、衣柜、书桌、空调等，网络、热水一应俱全。不过最舒适的还得是深圳校区的宿舍，它被称为最豪华的宿舍，楼层带有电梯，宿舍内有独立卫浴与阳台，床铺以实木复合板材为主。一般来说，中山大学的宿舍楼下都会配备一个文化室，供学生交流与活动。

中山大学不仅有严谨治学的一面，还有着开放包容的另一面，学生在校园中的生活可谓丰富多彩，可以选择多种多样的选修课，像《哈利·波特》与遗传学这门课程就非常火爆。学校还创办了 100 多个学生社团，包括体育竞技类、思想政治类、学术科技类、文化艺术类、志愿公益类等。学校力求培养复合型人才，经常组织一些赛事，如"康乐杯"全校性系列体育赛事和品牌赛事，已扩大到 18 项，每年有近 2 万人次参赛。

第四轮教育部评定 A+ 学科：

生态学、工商管理。

学费标准：

音乐表演专业为 10000 元 / 学年，其他专业则为 5400 ~ 8000 元 / 学年。

住宿费用：

750 ~ 1600 元 / 学年。

录取规则：

对已进档考生，学校按分数（投档成绩）优先的原则从高分到低分进行录取，不设专业志愿级差；投档成绩相同且招生计划余额不足时，优先录取实际高考成绩高的考生，实际高考成绩仍相同时则按照各省级招生主管部门确定的同分排序规则进行录取，无同分排序规则的批次参照所在省（区、市）本科普通批次执行。学校在内蒙古自治区执行分数优先（分数清）录取规则。

学校在全国大部分省（区、市）实施满足考生专业志愿的规则。考生所填报的专业志愿都无法满足时，若服从专业调剂，则根据考生成绩调剂到其他专业录取；若不服从专业调剂，则作退档处理。

招生专业不限考生应试外语语种；除外语类专业，其他专业主要以英语作为第一外语安排教学。

「校友印象」

SOUTH CHINA UNIVERSITY OF TECHNOLOGY

华南理工大学

我
爱极了这华园

没来华工以前，我对华工的印象只限于宣传资料上，用四个字来形容大概就是"又红又专"，但事实上并不仅仅如此。

云山苍苍，珠水泱泱。华工不仅历史文化底蕴深厚，建筑布局也是十分考究的，校园内郁郁葱葱，绿化相当不错，同学们甚至亲切地称之为"华园"。提起园林，这就让我想起了陆游和唐琬题诗的"沈园"，南人总对"园"情有独钟，华工学子用"华园"来称呼华工，可谓是对华工最富诗情画意的偏爱了。

而华园既为园，怎可无水呢？华工有三湖，西湖、东湖和北湖。西湖湖边有座古朴的凉亭，暮色将至时约上好友在凉亭中谈天说地，不可谓不欢畅。北湖中央有座金银岛，是华工出名的胜地，岛上树林繁盛，随手一拍都是美景。校歌中甚至都有一句"金银岛畔，湖滨路旁"，可见其风景之秀美。再有就是东湖，东湖在华工的东边，湖边绿意盎然，景色如画。湖面波光粼粼，湖水清澈碧绿，偶尔还能看到小鱼儿游到水面上，吐出一个个小泡泡，这时湖面便会泛起圈圈涟漪，层层荡漾开去。湖四周还有许多榕树，我喜欢站在榕树下吹湖风，凉爽的湖风不仅吹起榕树的小辫子，还把我吹得精神抖擞，清凉舒适，我真是爱极了这个地方。

除此之外，华园中还有许多风物，例如励吾科技楼前写着"博学慎思、明辨笃行"的大石头，耸立在校园中的威严肃穆的中山像，时刻提醒学子珍惜光阴的日晷台，以及独属于华园的"木棉花红，百步梯长"。

由此，有水，有石，有花，有树，华园才算是园。

现代人把人的意志藏在华园里。比如校园内以红色为主色调的建筑，在历史洪流中静默不语的古榕树和碉堡，以及刻着"抗战胜利，校园重光，泳池长留，欲告学子，勿忘国耻，立志成才，兴我中华"的半山泳池，无不彰显着华园深厚的历史底蕴。点点滴滴的教导，化作华工校园内的一座高耸的大钟，时刻提醒着我们，不畏筚路蓝缕，博学慎思，明辨笃行，待他日，以启山林。

由此，这景致与这意志融为一体，华园才终于成为华园。

工程师的摇篮

★ 华南理工大学

华南理工大学历史源远流长，最早可溯源至1918年成立的广东省立第一甲种工业学校（史称"红色甲工"）；正式组建于1952年全国高等院校调整时期，改名为华南工学院，为新中国"四大工学院"之一，1988年再次更名为华南理工大学。建校以来，学校为国家培养了高等教育各类学生64万人，毕业生就业率多年来位居全国高校和广东省高校前列，一大批毕业校友成为我国科技骨干、著名企业家和领导干部。学校被誉为"工程师的摇篮""企业家的摇篮"，入选全国大众创业万众创新示范基地。

华南理工大学是国家"985工程""211工程""双一流"建设高校，是一所以工见长，理工医结合，管、经、文、法等多学科协调发展的综合性研究型大学。学校总占地面积数千亩，设有39个院系。学校图书馆馆藏总量为900多万册，其中纸质文献300多万册，电子文

献 500 多万册。学校师资力量雄厚，教职工中包含中国科学院院士、中国工程院院士、双聘院士、俄罗斯工程院外籍院士、国家教学名师、长江学者、国家杰出青年科学基金获得者等一系列优秀人才。

华南理工大学的"双一流"建设学科有化学、材料科学与工程、轻工技术与工程、食品科学与工程等 4 个。学校建有 30 个国家级科研平台，其中国家重点实验室有发光材料与器件国家重点实验室、制浆造纸工程国家重点实验室、亚热带建筑与城市科学全国重点实验室等。

报考须知

生活在华南理工大学：

华南理工大学每个校区的食堂都有各自的特点，国际校区的饭菜相对来说会贵一些，而五山校区的食物种类最多，品种最齐全。最受学生欢迎的应该是西区五楼食堂和东区第二食堂，西区五楼重新装修过，设有包厢、空中花园、超大舞台屏幕、K歌设施；而东区第二食堂则以风味菜肴为主，不仅有清真食品，还有很多西北风味小吃。中区食堂以自选菜为主，由于地处校园的中心位置，所以很多学生下课后通常会直奔那里。

华南理工大学宿舍环境最好的还是国际校区，宿舍楼入口安装了人脸识别设备，每栋楼配有电梯、厨房、自助洗衣房，宿舍装有智能电子锁，不用担心忘带钥匙进不了门。宿舍分为单人间、双人间、标准三/四人间，上床下桌布局，冬天还供暖，环境十分舒适，闲暇时间还可以约上朋友一起做饭聚餐。大学城校区的每栋宿舍楼下都提供了自习室，方便同学们安静学习。

华南理工大学的学生社团丰富，其中"百步梯"在高校中算是绝无仅有，它是集校媒、活动、技术三大职能为一体的创新型学生组织，也是广东省十佳校媒常驻嘉宾。百步梯组织过非常多有意思的活动，每年参与活动的人数多达数万，也开发过微信小程序、App、校巴定位器等。此外，学校也为学生提供了不少特色选修课，比如攀岩、酒文化、粤剧、舌尖上的中国微生物与传统美食等课程。

第四轮教育部评定 A+ 学科：

轻工技术与工程。

学费标准：

理工、外语、体育类专业学费为 6850 元 / 学年（其中，国家示范性软件学院软件工程专业 1～2 年级 6850 元 / 学年，3～4 年级为 16000 元 / 学年）；文科类专业学费为 6060 元 / 学年；非理论类艺术专业学费为 10000 元 / 学年；医学类专业学费为 7660 元 / 学年；广州国际校区所属专业学费为 95000 元 / 学年。

住宿费用：

600～1600 元 / 学年。

录取规则：

学校按投档分数优先的原则从高到低进行专业录取，尊重考生所填的专业志愿顺序，不设置专业志愿级差。当高考投档成绩相同时，按各省（区、市）排序原则排序，没有明确排序原则的省（区、市）优先录取高考文化课成绩高者；当高考文化课成绩仍然相同时，依据理科"理科数学—理综—语文—外语"、文科"语文—文综—文科数学—外语"、高考综合改革省（区、市）"数学—语文—外语—选择性考试科目中成绩最高的科目"的成绩排序方法。当专业计划未满额时，对未能满足专业志愿但服从该专业调剂的考生，按高考投档成绩从高到低调剂到符合录取要求的专业；若考生未能满足专业志愿且不服从专业调剂，或不符合录取要求，原则上不予录取。

录取至建筑学、城乡规划、风景园林三个专业的考生，入校后须加试素描。素描成绩不合格者参照学校当年各专业在生源地录取分数线及考生高考志愿，依据高考投档成绩，按照高分转低分的原则，结合录取要求，调入新专业。不同意学校安排者将取消入学资格。

「校友印象」

JINAN UNIVERSITY

暨南大学

岭南学子的
精神后花园

让中华文化弘扬四海，这是暨南大学一直以来的光荣使命。暨南大学的每个学子，不管走向社会的哪个角落，不管身在祖国大地还是海外，都会将暨南精神传承并发扬下去。即便离开了学校，我们身上流淌的暨南血液也不会间断。

虽然暨南大学不是所谓的国内"常青藤"，但只有你亲自踏上这块热土，才能真正感受到这所百年名校的厚重底蕴。2021年，这座百年老校已经迎来了它115岁的生日，作为它的一分子，热泪盈眶之余，我竟然不知道给自己的母校献上什么样的祝福。校庆的那一夜，无人机照亮了夜空，每个学子都记忆犹新，"忠信笃敬"的暨南精神回响在我们的心底，注定会成为我们每个人的精神财富。

每每提到岭南文化，很多生活在广东省和福建省的人都会说上一箩筐的话，尤其是老一辈的人，会将岭南文化和侨乡文化联系在一起。没错，这一片催人奋进的热土，成就了这座百年侨校。漫步在校园里，你很难将历史的厚重感和眼前明丽的风景联系在一起。映入眼帘的是岭南地区遍布的绿色，四季常开的花朵代表了生机和活力，同时也不乏江南的灵秀。

步入石牌校区，就能看到状若长虹的彩虹门巍巍矗立，它寄寓了暨南人内心最柔软的情感，也表明了暨南大学致力于充当传播中华文化、沟通中西文化的彩虹桥梁。穿过彩虹门，走过高大的榕树与木棉，道路尽头是"百年暨南"石碑，后方巨大的金属地球仪上刻着"忠信笃敬"四个字，这既是暨南大学的校训，也是每一个暨南人立身行事的准则。

说到校园环境，依旧不得不将石牌校区作为典范。只要走进了彩虹门，就意味着真正成了暨南人。彩虹，代表着多样和包容，代表着活力和创新，沟通着中西方文化，也充当着中国传统文化向海外传播的媒介。每当穿过彩虹门，漫步走过百年不朽的大榕树，才真正意识到作为暨南学子的那份文化自信。

不管在什么时代，学校都是探索知识的摇篮。在刚来和离开时，每个暨南学子都会特意到校园的汉白玉雕刻大书中，摆着最经典的 pose，留下自己的身影。沐浴在知识的春风中，梦想都插上了翅膀，让我们从稚嫩的山雀成长为展翅的大鹏。

图书馆永远是先辈们修身立德的地方，那里有他们留下来的宝贵精神财富，回想风雨飘摇的年代，先贤们

都有舍我其谁的豪情,现在的我们还有什么理由不沿着他们的足迹,踏上追寻真理的道路呢?每个和暨南大学有渊源的国家,都被记录在万国墙上,沿着先辈的路,我们将会不断拓展这份暨南人独有的版图。青春洋溢的我们,也不忘展现活力的一面,壁画文化墙上书写着当代暨南人特有的风采。

每到春天,校园内桃李芬芳,就像暨大的学子一样,遍布全球。孔子和爱因斯坦,两位追求真理的先驱,在暨南大学的春天里,在纷飞的桃李花瓣下,进行着浪漫的时空辩论。夏日,明湖的水碧波荡漾,在龙湖亭里读书也是相当浪漫的,有点偷得浮生半日闲的感觉。如果你厌倦了图书馆的庄重,不妨在碧波荡漾的湖畔和自然融为一体。坐上校车,和我一起,来暨南人的精神后花园遨游吧。

中国第一侨校

★ **暨南大学**

暨南大学是中国历史最悠久的大学之一,其前身是1906年清政府创立于南京的暨南学堂,1918年更名为"国立暨南学校",1927年更名为国立暨南大学,中间几经搬迁,一度停办,直到1978年才在广州复办。多年来,暨南大学一直恪守"忠信笃敬"之校训,注重以中华民族优秀的传统道德文化培养人才,积极贯彻"面向海外,面向港澳台"的办学方针,建校至今,共培养了来自全球170多个国家和港澳台地区的各类人才50多万人,堪称桃李满天下。国务院原副总理吴学谦、李岚清,著名侨领、新加坡大学首任校长李光前,泰国议会原主席、原副总理许敦茂,中国两院院士谭其骧、邓锡铭、侯芙生、曾毅,烈士江上青、陈镇和(华侨)、符保卢、符克(华侨)均是暨南大学不同时期的杰出校友。在奥运会等重大国际赛事上为国争光的体育健儿苏炳添、陈艾森、谢思埸等也是暨南大学的一分子。

暨南大学是中国第一所由政府创办的华侨学府,也是最早设立华侨华人问题研究机构的大学,素有"华侨最高学府"之称。"暨南"二字出自《尚书·禹贡》:"东渐于海,西被于流沙,朔南暨,声教讫于

四海。"即面向南洋，将中华文化远播五洲四海，这便是其名字的由来。暨南大学属国家"211工程""双一流"建设高校，学校占地3000多亩，图书馆藏书超400万册。学校学科齐全，文理工医兼备，设有38个学院，18个直属研究院（所），本科专业107个。学校师资力量雄厚，结构优化，有专任教师2000多人，其中两院院士（含兼职）10人，外籍境外院士10人。学校有全日制学生4万多人，其中本科生3万多人，研究生1万多人。

近年来，在师生的努力下，学校学科建设和实力明显提升，暨南大学的药学已经成为国家"双一流"建设学科，同时学校有国家工程研究中心3个，全国重点实验室1个，国家国际科技合作基地1个等。

报考须知

🎓 生活在暨南大学：

暨南大学师生来自世界各地，饮食上也颇具海纳百川的特点，食堂遵循"多样化经营"的宗旨，汇聚了大众美食、风味特色美食、清真食品等。本部的食堂集中在一栋楼中，荤素俱全，价格也非常便宜，一楼的面包馒头经常会销售一空，同学们不仅要相互竞争，还要跟附近的市民竞争，去晚了可能就吃不到了；二楼主要经营各式茶点，有糯米鸡、凤爪、自选菜、西式快餐等；三楼则偏向于风味小吃，比如湛江鸡、潮汕菜、台湾卤水等。

本部的宿舍楼分为真如苑、周转楼、金陵苑和建阳苑四所，部分楼栋安装了电梯，宿舍多为四人间，上床下桌，配套独立卫浴、空调，并且会分时间供应热水。建阳苑宿舍一般为两人间，带有开放式阳台，住的是外招生。另外宿舍基本不会限制用电，电饭锅、电磁炉、热水壶、洗衣机等家电还是能使用的。

暨南大学的校园生活丰富多彩，有各种类型的社团，甚至还有猫猫协会，简直是猫猫爱好者的福音了。电子竞技社团则是游戏爱好者的大本营，在这里不仅可以找到一起开黑的队友，还能得到专业的战术指导。极具岭南特色的醒狮队也不得不提，他们不仅活跃在每年的社团文化月、主题文化节、各类运动会上，也会出现在校外企业年会的开场表演等活动中。而选修课方面，暨南大学最难抢的无疑是"亚洲飞人"苏炳添教授开设的训练营了。

学费标准：

（一）理工、外语、体育类专业为 6850 元 / 学年；

（二）文史、财经、管理类专业为 6060 元 / 学年；

（三）艺术类专业为 10000 元 / 学年；

（四）医学类专业为 7660 元 / 学年；

（五）国际学院专业为 12000 ~ 18000 元 / 学年；

（六）暨南大学伯明翰大学联合学院专业为 70000 元 / 学年。

住宿费用：

1200 ~ 1800 元 / 学年，按实际入住宿舍标准收费，多退少补。

录取规则：

普通类（历史类、物理类）专业录取时实行"分数优先，遵循志愿"的录取原则，不设置专业志愿级差，根据考生投档总分从高到低进行专业录取。投档总分相同时，排位在前者优先录取；总分相同但未提供排位的，依次按照高考文化课成绩（裸分）、语文单科成绩、数学单科成绩、外语单科成绩择优录取。若以上排序均相同，参考专业志愿排序，优先录取专业志愿在前者。

报考建筑学专业的考生，将根据高考文化课成绩进行专业预录，入校加试素描后根据素描成绩进行正式专业录取。对于素描成绩不合格者，将参照学校当年各专业录取分数线及考生高考志愿，依据高考文化课成绩，按照高分转低分的原则，调入新专业。不同意学校安排者予以取消入学资格。

报考体育教育、播音与主持艺术、书法学、动画、戏剧影视导演和戏剧影视文学、录音艺术专业者，还须另行报名参加体育、艺术类专业的术科考核。

「校友印象」

SOUTH CHINA NORMAL UNIVERSITY

华南师范大学

在这个秋天
开启粉白浪漫情缘

温暖湿润的岭南大地上坐落着这样一所低调、奢华、有内涵的高校，它为祖国大地培育着栋梁之材，有太多的美景亟待人们去发现，它就是华南师范大学。华师作为一所综合研究型大学，其学子可不仅仅是奔着当人民教师去的，他们活跃在各行各业。在这里，每个学子都可以给自己心中的梦想画上一个完美的句号。而今天，我要代表华南师范的学子，向校园表白。

岭南多雨，炎热如火的夏季，漫步在校园里或者奔跑去教室时，都有可能碰上一场阵雨。这里的雨，对于我们来说已经是司空见惯，雨滋养着校园角落里的青苔，也滋养着我们的心田。

从气象学上来说，广州是一个没有冬天的城市，学校的冬天也并不寒冷。只有石牌校区的美丽异木棉，能让我意识到秋冬季节的存在。和北方的秋冬相比，这里的秋冬多了些温柔和烂漫，少了些萧瑟和肃杀。所谓的美丽异木棉，其实是当年老校长出国交流时日本专家赠送的几株小树苗，如今它们已经完全适应了这里的水土，每到秋冬就变得格外高大茂盛，惊艳了每个人。粉色、黄色和白色的花纷纷绽放，给冬季的校园平添了几分浪漫与惊喜，尤其是那四棵紧紧依偎在一起的异木棉，更是惹人怜惜。它们就像来自全国各地的学子，大家有缘相聚在华南师范大学的校园里，像兄弟、姐妹，彼此扶持，共同成长。

在广东各大高校的食堂排行榜中，华南师范的翰园食堂可谓是赫赫有名，被誉为最有群众基础的食堂。别看华南师范身处岭南，这里有来自全国甚至全世界的饮食。作为吃货我忍不住为它宣传，炎炎夏日里吹着空调，在食堂一边吃饭，一边与同学聊天，好不惬意！每当食堂上新品时，我都会第一时间从教室直奔过去。有时候思念家乡了，我们也可以用食堂的美食来治愈。

作为华南师大的一分子，图书馆是我常去的地方。不得不说，图书馆的功能还是十分强大的，这里藏书丰富，在四年的本科生涯中是不可能读完的，让人不免有点遗憾。去年图书馆也经过了华丽的蜕变，学校为其修建了知识共享文化空间，不仅有封闭式单人研修间，还有多人研讨间、开放式讨论空间等，可以满足多种形式的学习需求。有时候约上三五好友，来一次思想的碰撞，或者听一场经典的学术讲座，不失为打发时间的好选择。

这个秋天，相约在华南师范大学，来一场粉白色的浪漫之旅吧。

华南教育界的黄埔军校

★ 华南师范大学

华南师范大学始建于 1933 年，最早命名为广东省立勷勤大学师范学院，设文史、数理化、博物地理 3 学系；1935 年改称为广东省立勷勤大学教育学院，增设教育系；后几经改革，在 1950 年又改称为广东省文理学院；1951 年与中山大学师范学院、私立华南联合大学教育系，联合成立为华南师范学院；1952 年全国高等院校院系调整，南方大学俄文系、岭南大学教育系、海南师范学院、广西大学教育系等数所大学相关院系先后并入华南师范学院，逐步发展成文理综合的师范学院；1970 年改称广东师范学院；1977 年恢复旧称华南师范学院；1982 年易名为华南师范大学并沿用至今。90 年来数易校名，几度迁徙，虽历经沧桑，却弦歌不辍。一代又一代华师人秉承勷勤大学师范学院"研究高深学术，养成社会之专门人才"的优良传统，践行"艰苦奋斗、严谨治学、求实创新、为人师表"的校训，筚路蓝缕，薪火相传，笃志树人，为国家培养了 90 多万名教师和各类人才。

华南师范大学是国家"211 工程""双一流"建设高校，学校学科布局覆盖除军事学以外的 12 个门类。

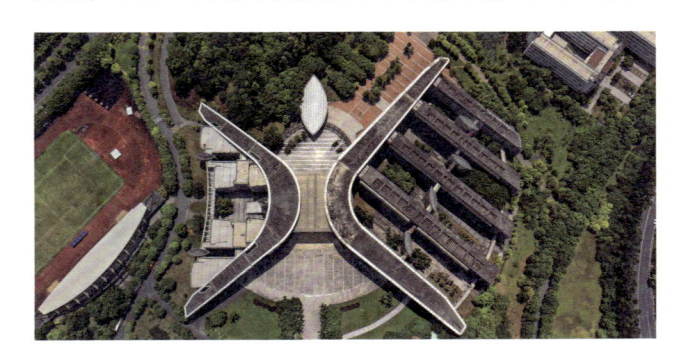

截至2023年12月，学校图书馆纸质图书有400多万册，以教育文献、古籍文献为特色，其中线装古籍约14万册，善本古籍约6000册，地方志约1600种，位居广东高校前列。2009年，华南师范大学图书馆被国务院批准为"全国古籍重点保护单位"。学校有全日制本科生3万多人，硕士研究生1万多人，博士研究生1000多人；另有专任教师2000多人，其中双聘和外籍院士6人，国家杰出青年科学基金获得者14人。

华南师范大学的物理学已被评为"双一流"建设学科。另外，学校还设有2个国家级科研平台，分别是高能高安全性动力锂离子电池电解液及隔膜材料与制备技术国家地方联合工程研究中心、绿色光电子国际联合研究中心。

报考须知

生活在华南师范大学：

华南师范大学食堂的美食很丰富，而大学城的翰园绝对功不可没，翰园还曾被评为"广东高校食堂A级优秀食堂"，是广东省高校食堂的"冠军食堂"，引得其他学校经常过来进行厨艺交流。翰园在生活北区，一楼为大众食堂，供应早午晚餐，早餐多种多样；二楼为自选区域，只供应午晚餐；三楼为特色餐厅，有煲仔饭、菠萝饭、扒饭、意面等风味菜以及各类糖水，其中煲仔饭也是翰园的一大特色，锅巴香脆，回味无穷。食堂内还设有清真餐厅，提供兰州拉面、肉夹馍、盖饭、凉拌面等，可以满足少数民族同学的就餐需求。

石牌校区有二至六人间多种规格的宿舍，大多为楼梯房，部分宿舍设有独立卫浴。大学城校区宿舍的条件相对好一些，均为四人间，上床下桌，有独立阳台、卫浴。另外，在宿舍使用热水时需要用一卡通刷卡计费，每天固定时段会供应热水，宿舍内不能使用超过1000W的电器以及未经3C认证的电器。

华南师范大学为学生提供了不少有意思的选修课，比如岭南传统装饰图案与视觉创意课、酿酒与鉴赏课，都是十分抢手的。除此之外，还有 100 多个社团供新生选择加入。饮食天地社团就是一群吃货的聚集地，武术协会则会聚了各路"武林高手"，龙狮协会则致力于传承、弘扬岭南特色醒狮文化。

第四轮教育部评定 A+ 学科：

心理学。

学费标准：

文科类专业为 6060 元 / 学年；理工、外语、体育类专业为 6850 元 / 学年；软件工程专业为 8000 元 / 学年；艺术类专业为 10000 元 / 学年；金融学（中外合作办学）专业为 27600 元 / 学年；人工智能（中外合作办学）专业、软件工程（中外合作办学）专业、信息管理与信息系统（中外合作办学）专业为 70000 元 / 学年。

住宿费用：

800 ~ 1600 元 / 学年。

录取规则：

普通类（历史类、物理类）专业分档时，根据各省（区、市）投档规则出档后，实行"分数优先，遵循志愿"的录取原则，不设置专业志愿级差，根据考生投档总分从高分到低分（分数相同则按排位先后）排序进行专业录取。考生投档总分排位相同时，优先录取已修习相关专业基础知识（模块）的考生。

根据各省（区、市）投档规则出档后，体育类专业分专业录取时，依据投档总分按"分数优先，遵循志愿"的原则录取，投档总分相同的按高考文化课成绩（排位）录取。美术类、音乐类、舞蹈类专业分专业录取时，广东省计划依据投档总分按"分数优先，遵循志愿"的原则录取；外省计划按术科统考成绩从高到低录取，术科统考成绩相同的，按高考文化课成绩（排位）录取。

外语语种要求：本科公共外语教学中采用英语教学，本科生英语水平必须达到学校的培养要求方可毕业，非英语语种的考生填报志愿时应慎重。

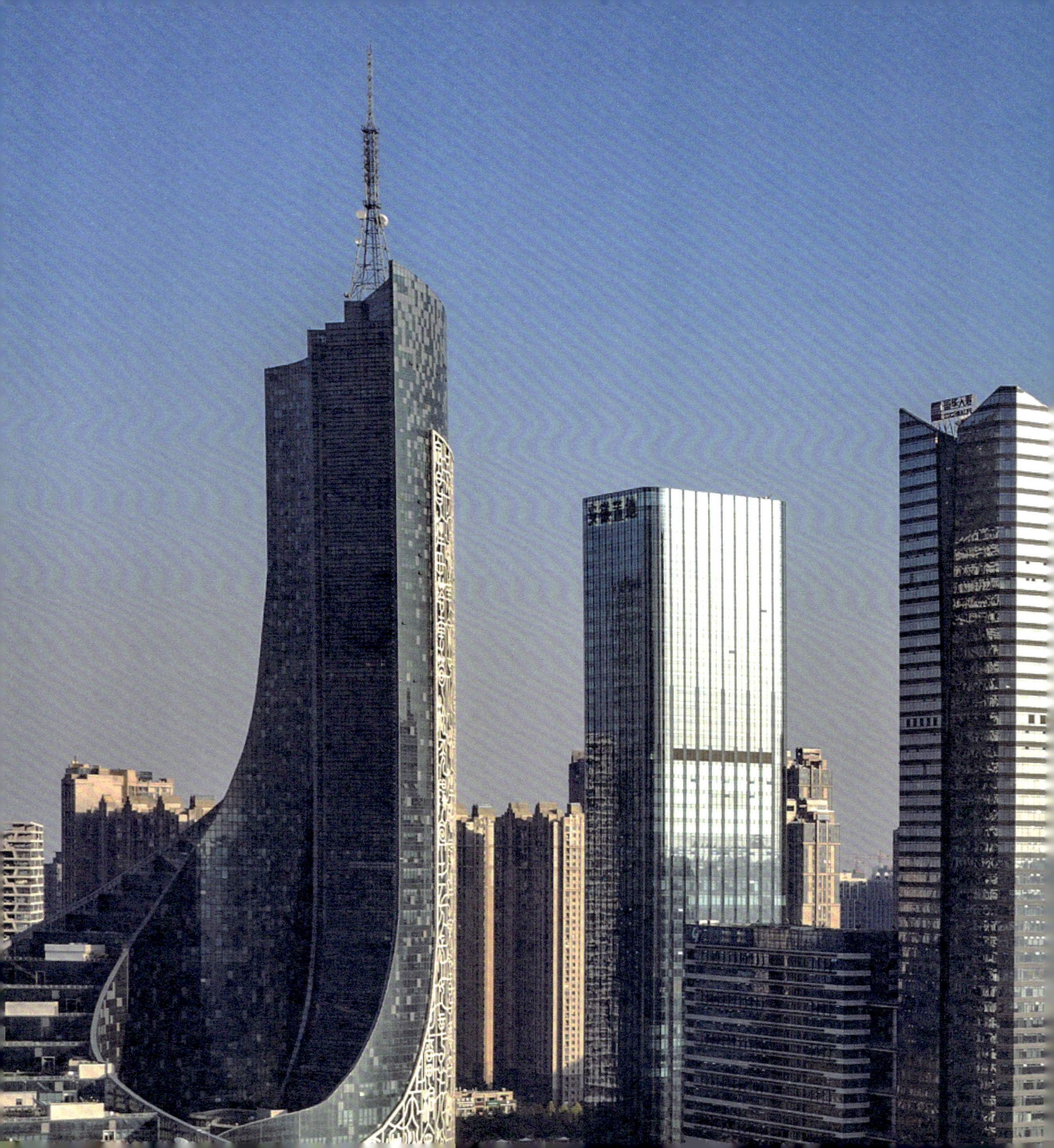

合肥

HE
FEI

「校友印象」

UNIVERSITY OF SCIENCE AND
TECHNOLOGY OF CHINA

中国科学技术大学

今时才识
科大美

毕业四年后重返校园,我才发现我们学校有各种各样的美。在中科大学习的那四年时光里,我每天除了上课、做实验、撰写报告和论文,别无他事,连偷懒乘凉的时间都没有,睡前刷几分钟手机已是奢望。在快节奏的日常学习中,我虽然增长了知识,但也非常疲惫,一旦哪天没有休息好,身体就像掉了一颗螺丝钉的机器一样瞬间卡住,耽误了后面所有的工作和进度。

这并不夸张,中科大的大多数同学都面临这样的处境,因为我们并不是考上了心仪的大学便一劳永逸了,中科大的"严进严出"模式就像一根皮鞭,鞭策着我们所有人。

大学不同于高中时期,高中时期大家的学习能力各不相同,大家的志向和梦想也各不相同。而在大学阶段,虽然每个人有自身的特色,但除了少数特别突出的天才,身边大部分同学的学习能力其实是差不多的,唯一的变量可能就是付出的时间和汗水。

然而很"不幸",我身边的每个人几乎都在努力,而且一个比一个拼,图书馆从来都是座无虚席,早上五六点就爬起来背诵知识点的也大有人在,挑灯夜战的"夜猫子"们就更不用说了。踩着线考上中科大的我,压力特别大,所以大学期间我从未将视线移到学习之外的地方。不过,我还是很感谢中科大,如果不是她严厉

的"管教"和"规训",推着我不断攀登,让我渐渐养成了随时随地学习的好习惯,那么我很可能不会像现在这样,有一份好的工作,还找到一位可爱又同样上进的女朋友。

如果不是女朋友坚持要在我的本科学校拍婚纱照,我同样不会发现原来我们学校也有这么好看的地方。镜头下的我们笑容灿烂,不远处的鉴亭立在湖中,被满湖的荷叶和绿林簇拥着,微风拂过,水波微皱,倒映在湖水中的六角飞檐也一并皱了。女友拉着我快步跨上湖面的平桥,招呼摄影师跟着我们的背影追拍。到了亭中,她凭栏而望,明亮的双眸映着摇曳生姿的荷叶以及水中倒映的几朵闲云,我忍不住掏出手机给她拍了一张照片,看着她秀气清丽的侧脸,不禁感到欣喜和幸福。

已经不记得自己以前有没有来过这座凉亭,但我能肯定的是,我从来都没有坐在这里凭栏远眺过,从前湖中芙蓉盛开时,我也只是在路过时匆匆瞥了一眼,连那清淡的荷香也没来得及去闻。

过去,女友问及我的母校时,我只会和她说我们学校从北京南迁安徽历经的风风雨雨,实力强劲的国家同步辐射实验室,以及不可企及的杰出的校友。当她问及我们学校可供拍照的景点时,我完全想不起来,甚至想打消她在我们各自母校拍婚纱照的想法。好在她一直坚持,不然我也没有机会重新认识我们的中科大。

毕竟,我青春的一部分留在了中科大。

中国的"麻省理工"

★ **中国科学技术大学**

中国科技大学于 1958 年 9 月在北京创建,郭沫若任首任校长,是我党亲手创办的红色大学,也是为"两弹一星"事业而建立的大学,学校的创办被称为"我国教育史和科学史上的一项重大事件"。建校后,中国科学院实施"全院办校、所系

结合"的办学方针，高起点、宽口径培养新兴、边缘、交叉学科的尖端科技人才，会集了严济慈、华罗庚、钱学森、赵忠尧、郭永怀、赵九章、贝时璋等一批著名科学家。1970年初，学校迁至安徽省合肥市。建校60多年来，学校坚持"红专并进、理实交融"的校训，敢为人先，锐意进取，培养了大批德才兼备的优秀人才，取得了一系列举世瞩目的科研成果，为党和国家事业的发展做出了重要贡献。

中国科学技术大学是国家"985工程""211工程""双一流"建设高校，是一所以前沿科学和高新技术为主，兼有医学、特色管理和人文学科的理工科大学。学校现有32个学院（学部），校园占地2000多亩，图书馆实体馆藏中外文书刊有200多万册。学校有教学与科研人员近3000人，其中教授1000多人（含相当专业技术职务人员）、副教授1000多人（含相当专业技术职务人员）、两院院士等高层次人才不重复统计共700余人。

第二轮"双一流"建设大学名单显示，中国科学技术大学的"双一流"建设学科有数学、物理学、化学、天文学、地球物理学、生物学、科学技术史、材料科学与工程、计算机科学与技术、核科学与技术、安全科学与工程等11个。学校还建有国家同步辐射实验室、合肥微尺度物质科学国家研究中心、火灾科学国家重点实验室、核探测与核电子学国家重点实验室（联合）等15个国家级科研机构，以及6个国家重大科技基础设施和88个院省部级重点科研机构。

报考须知

生活在中国科学技术大学：

中科大有 10 多个食堂，菜品丰富、价格实惠，5 元钱就能吃到荤菜，令校外人无比羡慕。小炒、盖浇、煲仔、干锅、面食等一应俱全，夏季还会供应小龙虾。而且，中科大还是国内首家对学生进行"隐形资助"的高校，学校会记录学生去食堂用餐的数据，包括用餐频率和平均消费，如果核实学生存在经济困难的情况，学校会偷偷往学生的饭卡里打钱，不仅暖心，也保护了学生的自尊心。

中科大的宿舍楼与游泳馆、篮球场的距离都很近，运动很便利。宿舍有三人间与四人间，四人间为上床下桌，三人间为上下铺＋上床下桌。宿舍内配备了空调、暖气，而且暖气费、日常电费全免，学生只需要支付空调电费，这也是令其他学校同学羡慕的地方。中科大的宿舍楼每层会配备洗鞋机、烘干机、公共热水机等。

中科大的宝藏选修课有很多，茶与健康这门课的课堂形式新颖有趣，教室被老师刻意打造成了品茶室；表达技巧与朗诵艺术课则锻炼了学生的表达能力。中科大的社团种类同样丰富，有配音社等表演类社团，也有经济学社等学术类社团，还有唐仲英爱心社等公益类社团，以及滑板协会、击剑协会等体育类社团，同学们可以根据自己的兴趣爱好选择加入。

第四轮教育部评定 A+ 学科：

物理学、化学、天文学、地球物理学、科学技术史、核科学与技术、安全科学与工程。

学费标准：

4800 元 / 学年。

住宿费用：

1000 元 / 学年。

录取规则：

按照进档考生的实考分数和专业志愿安排专业，各专业志愿之间没有分数级差。在实考分数相同的情况下，优先录取有政策加分者，相关科目分数比较顺序为：数学、理综、语文、外语。在专业招生规模允许的范围内，学校将根据考生专业志愿情况适度调整专业招生计划安排。

按照顺序志愿投档的批次，在第一志愿考生生源不足的情况下，将按照考生实考分数由高到低择优录取非第一志愿考生，直至完成来源计划。若符合条件的非第一志愿考生生源仍不足，将征集志愿。按照平行志愿投档的批次，未完成的计划也将征集志愿。征集志愿仍不足，则将剩余计划调剂到其他生源质量好的省（区、市）。

「校友印象」

HEFEI UNIVERSITY OF TECHNOLOGY

合肥工业大学

绒花一朵朵,坠落仙梦中

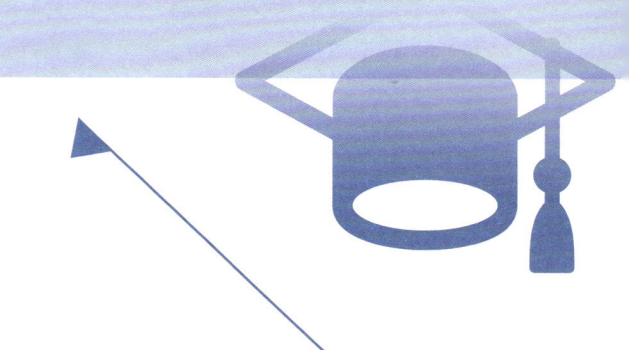

把"庐州"改名成"合肥",我是颇有怨言的,因为在我看来"合肥工业大学"这个校名实在是有些土气。如果是"庐州工业大学",那可能就不太一样了,两种截然不同的气质相互冲击、相互调和,一定会给他人留下深刻的印象。

不过比起一个好听的校名,我更在意我们学校自身拥有的实力以及她独具的工科特色。作为一所211院校,我们学校身怀"制国之重器、造民之栋梁"的远大抱负,将自身打造成了"工程基础厚、工作作风实、创业能力强"的特色工科院校,不负她"机械四小龙"的盛名。除此之外,她深明"精"与"专"的意义,作为最早设置汽车专业的大学之一,她不忘初心,在汽车领域不断地冲锋陷阵,培养出一大批杰出的科学家和实业家,为我国汽车工业发展做出了重要贡献,从而被誉为汽车领域的"黄埔军校"。

突然,学校在我的脑海里有了具体的模样,她就像一个胸怀理想、斗志昂扬的工程师,伫立在一辆辆汽车面前,眺望着远方。而这一瞬间,我发现"合肥工业大学"这个名称对她来说多么贴切。这里的人,这里的景,也像这所学校一样,没有被名字掩盖住光芒。

翡翠湖的黑天鹅是我们学校标志性的存在,很多人就是专门为它们而来,我第一次看到它们无忧无虑地在湖面嬉戏的时候,心里不由得十分开心,那红喙乌羽确实打眼。校园里的乔木在不同的季节,也有着不同的特点,春天花枝繁茂、色彩亮丽,夏天郁郁葱葱、生机勃勃,秋天满目金黄、叶落归根,冬天脱尽繁华、风撼不动。

除了学校的美景,我最怀念的还有学校安排的早操,这也算是我们学校的另一个"特色"。大学要求学生上晚自习很常见,但要求学生做早操的学校并不多。起初我的内心是非常抗拒的,因为我是起床困难户。不过也因为早上起得迟,动作又慢,被导员当众训得很是没面子,所以后来我一直都是提前到达操场。虽然多有抱怨,但现在回想起来,我真的很感谢学校让我养成了早起的习惯。一日之计在于晨,这话的确是真理。早起的那些日子,我的一天似乎都被延长了,可以做很多事。

我在合工大看了四年的黑天鹅,跳了四年的早操,还交到了一些包容我的好朋友。在我松懈的时候,她们毫不留

汽车界的"黄埔军校"

★ 合肥工业大学

学校始建于 1945 年，先后隶属高教部、机械工业部、机械电子工业部，被称为机械行业的"四小龙"之一。刘少奇、朱德、董必武、陈毅、邓小平等老一辈无产阶级革命家先后来校视察指导工作，邓小平同志 1979 年亲笔为学校题写了校名。学校深怀"工业报国"之志，秉承"厚德、笃学、崇实、尚新"的校训，以"培养德才兼备，能力卓越，自觉服务国家的骨干与领军人才"为人才培养总目标，形成了"工程基础厚、工作作风实、创业能力强"的人才培养特色。合肥工业大学在汽车领域有着强大的影响力，被誉为汽车行业的"黄埔军校"，江淮汽车、奇瑞汽车等诸家汽车企业的高管都出自该学校。

合肥工业大学属国家"211 工程""双一流"建设高校。学校占地 5000 亩，图书馆馆藏图书超过 372 万册。截至 2023 年 7 月，学校有 3 万多名全日制本科生，1.4

情地敲打我；在我发高烧的时候，她们分工合作给我买药、带饭和打水；在我考研复试失败后，她们又一直陪着我研究调剂通关秘籍。还有那位当地的室友，毕业之后给我寄了好多当地的小吃零食，就怕我回家之后"水土不服"。

今年她结婚，我们重返合工大，在合欢路上拍合照，一阵风吹过，一朵朵合欢花簌簌而落，沾到我们鬓边的绒花，就像朝霞一般，美得不可方物。而那晚我在酒店做了一个梦，梦里有黑天鹅，有合欢花，有她们的一张张笑脸，还有过去在学校的每一道亮丽的风景。

万余名硕士和博士研究生；有专任教师2400余人，其中包括两院院士、国家杰出青年科学基金获得者、国家优秀青年科学基金获得者等各类高层次人才100余人。

合肥工业大学的"双一流"建设学科有管理科学与工程1个。学校有（联合）国家重点实验室（培育）和国家工程实验室各1个，分别为特种显示技术国家工程实验室、省部共建现代显示技术国家重点实验室（培育基地）；此外，学校还有教育部重点实验室2个、教育部工程研究中心6个、教育部哲学社会科学实验室2个、国家国际科技合作基地（示范型）2个、国家地方联合工程研究中心3个、国家地方联合工程实验室1个。

报考须知

🎓 生活在合肥工业大学：

合工大屯溪路校区有9个食堂，德园食堂历史悠久，里面的大肉包油而不腻，只要4毛钱。馨园食堂以自选称重为特色，每餐供应70多种荤素菜品，选择丰富；馨园食堂时常会推出限量季节性美食，比如金秋的螃蟹、夏季的小龙虾等。俭园食堂别称风味餐厅，这里汇聚了各地的特色美食，比如麻辣香锅、黄焖鸡等，10～15元就能吃得很饱。和园食堂与慈园食堂主要经营面食，螺蛳粉、重庆小面、水饺等一应俱全，还有特色美食兰州拉面、刀削面等。

合工大的宿舍采用电子门禁系统，更加安全。宿舍大部分为上床下桌布局的四人间，部分宿舍带有独立卫生间与阳台，其余的则会配备公共卫生间与公共洗漱区。所有宿舍均会配备刷卡式热水器、公共吹风机、刷卡式洗衣机、公共浴池等设施，宿舍楼有24小时值班人员，能随时支援需要帮助的学生。

除了必修课，合工大也有一些新奇的"潮"课，吸引着众多学子，比如可以在课堂上打牌的桥牌课，同学们不仅能学到正经的桥牌技术，还能赚学分。另外，学校培养的桥牌队已经多次夺得相关赛事的冠军。合工大值得加入的社团也有很多，如书法社、建模社、文学社、轮滑社、电竞社、数学社等。

学费标准：

合肥工业大学按学生每学年实际所修学分和学籍注册费统一结算学费，在每学年开学注册前按学年制的标准预收。普通类专业有5500元/学年、6050元/学年等不同标准（软件工程专业、集成电路设计与集成系统专业为12500元/学年），"双一流"建设学科专业为6600元/学年，艺术类专业为8000元/学年，中外合作办学专业为50000元/学年。

住宿费用：

800～1200元/学年。

录取规则：

在符合学校投档要求的情况下，学校按照考生投档成绩从高分到低分排序并依据考生志愿和招生计划进行专业录取，各专业志愿之间不设级差。在投档成绩相同的情况下，优先录取相关科目分数高者。对于非高考综合改革省（区、市），相关科目分数比较顺序：文史类考生依次比较文科综合、语文、数学、外语，理工类考生依次比较理科综合、数学、语文、外语。对于高考综合改革省（区、市），相关科目分数比较顺序：数学、语文、外语。

艺术类专业实行生源省（区、市）投档规则及录取办法；如所在省（区、市）无明确规定，学校按综合分（省统考专业分/省统考专业满分×500＋文化课分/文化课满分×500）择优录取。考生综合成绩相同时，优先录取美术类专业统考成绩高者；美术类专业统考成绩和文化课高考成绩均相同时，按学校招生章程所述原则排序。

英语、印度尼西亚语专业只招英语考生，国际经济与贸易（中外合作办学）专业部分课程采用英语授课，建议非英语考生慎重报考；其他专业外语语种不限。

建筑学、城乡规划、风景园林、广告学专业需要美术基础，但不用加试。其中建筑学、城乡规划专业学制为五年。

「校友印象」

ANHUI UNIVERSITY

安徽大学

你是什么，安大就是什么

"你的脚下是你的安大,你是什么,安大就是什么。"

在看到文典阁内电子显示屏上的这句话时,我的眼眶突然湿润了,原来这就是和安大对话的感觉。

安大学风相对自由,初来乍到的我,终于摆脱了父母的控制以及压抑的高中生活,逐渐开始任性妄为,平时除了上课就是吃吃喝喝、睡觉、打游戏,蹉跎岁月,好似时光一文不值。是文典阁的风,吹散了我心里的阴霾。从外面看去,文典阁有点像一本摊开的书,它静静地伫立在那边,两边微微卷起,好似被人翻阅了无数次。还没有进去,我便被深深震撼。而里面,竟还藏着这么一句动人的话。

我想,这一定是安大给我们的情书。我感到脖子有些酸,却久久不忍将视线移开。如果说,有那么一瞬间能让人茅塞顿开,突然脱胎换骨,那就是现在;如果说,有那么一句话能震撼一个人的灵魂,并将影响这个人的一生,那就是这句话。

我一直认为自己是个平庸的人,尽管我高考发挥超常进了这所211院校,获得了身边所有人的认可和赞许,但这没有成为我继续努力下去的动力,我打算做到差不多便了事,平庸地度过这一生。因为,人本就是这沧海中的一粟,大多数人注定平凡,只要不成为那个拖后腿的,就足够了。

然而不知道为什么,看到这句话,我突然有些感动,我也许可以成为沧海中特殊的一粟,在历史进程中起到一定的推动作用。这个想法沉重而又远大,但我突然想要试一试,至少为自己的将来,为安大的将来拼一把。虽然只是在一个普通的夜晚,看到了这句普通的话,但我的想法就此发生了翻天覆地的变化。我也坚信,有着这么一句话的安大,一定能为我提供汲取知识的力量和不竭的精神养分。

后来,我走遍了我们学校,一直以来缩在壳里的我突然打开了属于自己的那扇门。你知道吗?新校区的轮廓竟然酷似古代的打击乐器——磬,"磬苑校区"也因此得名。而我们学校的艺术与传媒学院美术楼则是运用了"新徽派艺术聚落"的主题,灰瓦白墙,高大的门楼,精致的雕花,在传承徽派建筑独特风格的基础上推陈出新,发展出了新徽派艺术。

我被学校专属的"文艺气息"深深折服,忙里偷闲,我还去老校区转了一圈,没想到我们学校有着如此深厚的历史底蕴。历经百年沧桑,教学主楼依旧肃穆威严,远望时深感敬畏,近看时又颇为亲近,虽然我没有在这里上过课、做过实验、发表过自己的想法,

但看到时光在它身上留下的痕迹，我似乎能听到它在耳边轻声诉说过往那一段又一段平凡却不平庸的岁月。有多少人在这里树立人生理想，又有多少人在这里找到了自己专业领域的那条路，我无法想象。它只是小小的一栋楼，却搭载着这么多人驶入了属于他们的理想之海。

而逸夫图书馆、垂泪湖、小红楼……它们都在无声地记录那些过去的岁月。近百年前的那一句句豪言壮语、一声声谆谆教诲……都在这里留下了痕迹。而今日，快毕业了，我踟蹰半日，还是不由自主地来到见证了我平凡岁月的文典阁。我在这里度过上千个日夜，电子显示屏上的内容也变化千百次，但那句话仍在我脑海里清晰如昨日。

我是什么，安大就是什么。

如果这是安大写给我的一句情诗，那我想回信给她：不负遇见，不负韶华。

省属高校的"排头兵、领头雁"

★ 安徽大学

1928年，安徽大学肇始于时为省会的安庆市，开启了安徽现代高等教育之先河。作为一所具有红色革命传统的高等学府，安徽大学办学以来勇担民族复兴大任，为党育人、为国育才，累计培养了38万余名优秀毕业生，是安徽省内毕业生人数最多、分布最广、影响最大的高校，被誉为省属高校的"排头兵、领头雁"。

安徽大学是国家"211工程""双一流"建设高校。学校学科覆盖11大门类，有32个学院，学校占地3200余亩。截至2023年11月，学校有本科生3万多人、博硕士研究生1万多人；有教职工3000余人，其中专任教师2000余人。

安徽大学的"双一流"学科有材料科学与工程1个。同时，学校建设了强光磁集成实验设施实验室、信息材料与智能感知实验室等世界一流研究平台。

报考须知

生活在安徽大学：

安大有桂园、梅园、桔园、榴园、蕙园等多个食堂。桂园食堂的性价比最高，也服务了大部分师生。梅园的内部装修很具徽派风格，带着古典韵味，木质的桌椅也有别于其他食堂，在这样的环境里用餐是一种享受。

安大的宿舍是封闭式管理，一楼需要刷卡才能出入，安全性很到位。学生在生活上遇到困难时，也可以找宿管帮忙。宿舍一般是上床下桌布局的四人间，带有独立卫生间、阳台。每层楼也会提供洗衣机、吹风机、开水机等。

安大的学生社团很丰富，公益类组织也不少，青年志愿者协会经常会举办对社会有益的活动，比如到敬老院关爱老人，去福利院照顾孤儿与残疾人，到偏远地区的学校支教等。选修课方面，鸟与中华文化课、绘画赏析与启智疗愈课、化妆技巧与形象设计课、走近法医学课等，在学生中的口碑都很不错。

学费标准：

文科类专业为5000～5500元/学年，理科类专业为5400～6480元/学年，艺术类专业为8000元/学年，安徽大学纽约石溪学院为50000元/学年，中外合作办学（本科）为22000元/学年，"3+1"合作办学（专科）为16000元/学年。

住宿费用：

600～1200元/学年。

录取规则：

对进档考生，学校按"分数优先（含国家政策加分），遵循志愿"（所有专业或大类调剂考生的优先级均低于其他考生）的方式进行专业或大类志愿录取。专业或大类录取时采用各省高考排序成绩，对未对成绩进行排序的省（区、市），按照投档成绩进行专业或大类录取，如果投档成绩相同，文科依次按高考实考总分、语文成绩、数学成绩、外语成绩比较排序，理科依次按高考实考总分、数学成绩、语文成绩、外语成绩比较排序。

高考综合改革省（区、市）考生所填报的专业或大类志愿须满足该专业或大类选考科目要求，对招生专业组内进档考生分配专业（类）按"分数优先（含国家政策加分），遵循志愿"（所有专业或大类调剂考生的优先级均低于其他考生）的方式进行专业或大类志愿录取，对同分考生按各省（区、市）同分位次排序录取。

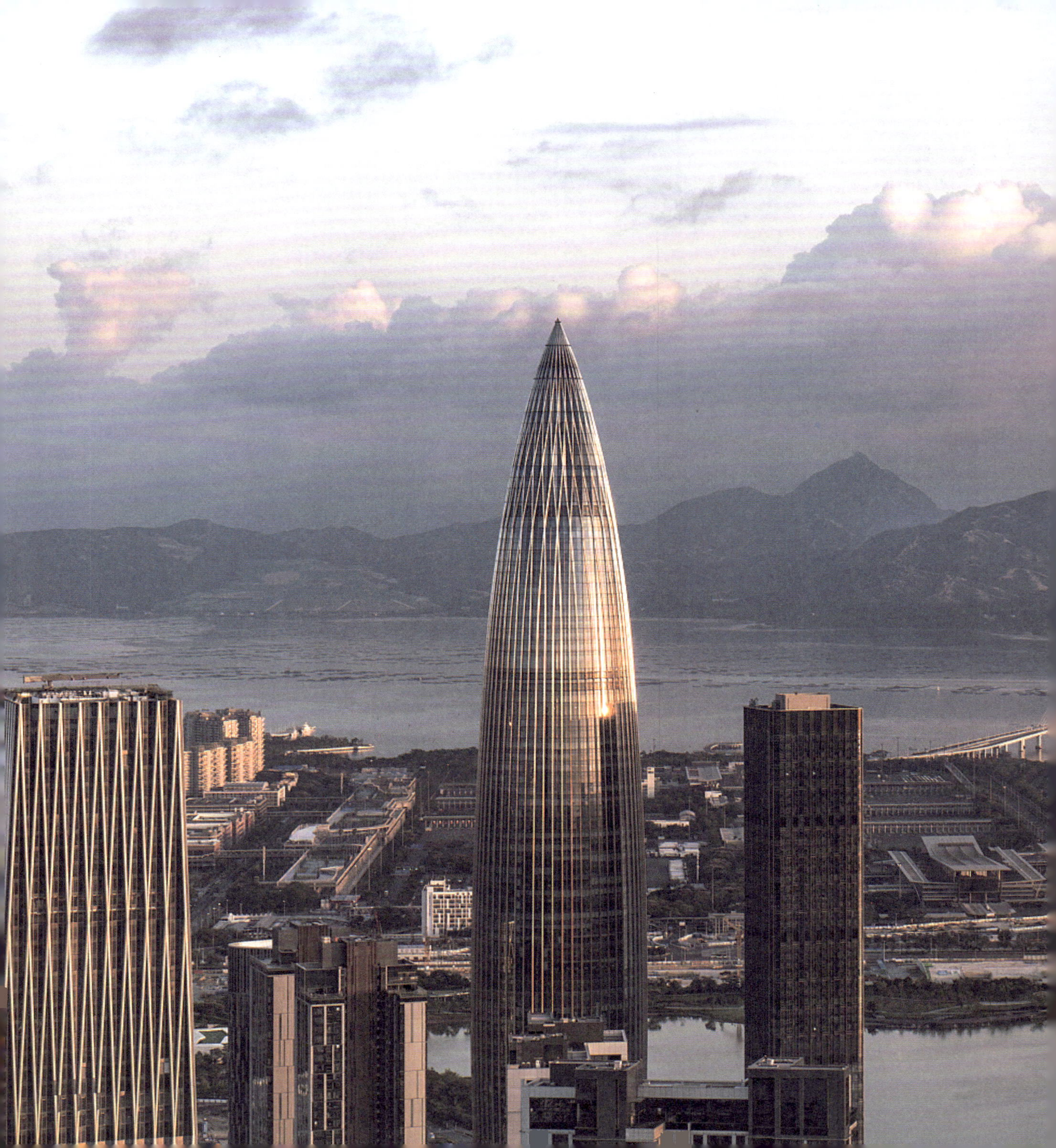

深圳

SHEN ZHEN

「校友印象」

SOUTHERN UNIVERSITY OF
SCIENCE AND TECHNOLOGY

南方科技大学

年轻
就是资本

我生活在一座年轻的城市，一座时尚与科技融合的城市——深圳。作为一座新兴城市，这里孕育了一所有活力的大学，那就是成立于2010年的南方科技大学。从成立至今，这所年轻的大学已经送走了一批批优秀的毕业生，他们奔向社会的各个岗位，也将南科大特色鲜明的办学理念传播到世界各地。

有人说，这座学校过于年轻，缺乏历史底蕴。但作为南科大的一分子，我可以自信地回答，年轻就是资本，年轻就是活力。在探索知识的道路上，年轻能够带来飞跃，创造新的奇迹。这里将无数热爱知识的年轻人聚集在一起，我们谈笑风生，探讨学术，在潜移默化中感受着南科大的办学理念。

转眼间，南科大已经走过了十四载历程，在大沙河畔，朝气蓬勃的同学，无时无刻不感受着南科大的浪漫。这种浪漫简单而直接，能够直抵灵魂深处，撞击出璀璨的火花。南科大是典型的理工科院校起家，这里的学子都有着独特的个性。在求是的路上，科技是时代的一种精神情怀。说到情怀，无人不想到年代感。可是在这里，时间仿佛恨不得向前推进一个世纪，大家在探索知识的道路上总是少了几分"斯文"，多了几分"贪婪"，而这种动力来自对知识的渴求。

潜心做学问，实现自我价值，是每个南科大学子的精神指引。南科大所有的学子，都有一个惊人的共同点，就是喜欢独立思考。求是的路上，需要"日新"，即新的状态、新的思路、新的成果。带着对知识的渴求和对

十年磨一剑

★ **南方科技大学**

南方科技大学是"双一流"建设高校，也是深圳在中国高等教育改革发展的时代背景下创建的一所高起点、高定位的公办新型研究型大学。学校借鉴世界一流理工科大学的学科设置和办学模式，以理、工、医为主，兼具商科和特色人文社科的学科体系。学校设有8个二级学院，33个系（院），2个独立教学单位，共有39个本科专业。其中数学学科已经入选"双一流"建设学科名单。

南方科技大学校园占地近3000亩。

科学的好奇，我们都在求知的路上孜孜不倦地探求。

每个人在校园里的时间都是有限的，不过，那些已经前往世界各地进行深造的学子，有时间也不忘回到母校来看看。这些年，母校变得更成熟，散发出独具一格的文化魅力。与其说我们是南科大的学子，不如说我们是校园文化的缔造者，南科大如今已经从一个青涩懵懂的少年转变为一位落落大方的青年，正走在成为壮年的路上。

闲暇之余，我总喜欢用镜头记录校园的一草一木，将南科大的美定格在一帧一帧的画面中。身处温暖的南国，南科大的校园就像一个花园，每年3月，就是各种植物争奇斗艳的时候，风铃木、马缨丹、羊蹄甲、银叶金合欢竞相开放。清晨凉风习习，同学们奔波的身影，落日余晖下的第三教学楼，体育场绿意盎然的草坪，图书馆里的光和影，都被我的镜头一一捕捉。

也许，每个学子的眼中都有一个不同的南科大，请和我一起来用心记录。

截至 2023 年 12 月，图书馆中外文纸质图书有 29 万余册，电子图书有 70 万余册，电子期刊有 7.8 万余种。南科大高度重视人才队伍建设，有学生 1 万多人，其中本科生 5000 多人，研究生 6000 多人。同时，学校初步建立了一支国际化、高水平的教师队伍，已签约引进教师 1000 多人，包括院士 62 人（签约引进与自主培养全职院士 49 人），国际会士 72 人，教育部特聘教授（含青年）51 人，"国家特支计划"专家 26 人，"国家自然科学基金杰出青年基金"获得者 56 人，"国家自然科学基金优秀青年基金"获得者 33 人。

报考须知

🎓 生活在南方科技大学：

南方科技大学有 10 余家餐厅，学生餐厅与中心餐厅是学校用餐密度最高的餐厅，学生餐厅一楼以基础用餐为主，二楼用于学术交流活动用餐。中心餐厅紧挨着图书馆、教学楼，菜式上有风味卤水、各类面食、川湘小炒、粤系菜、东北炖菜等，还单独设有素食窗口。第二学生餐厅的装修环境舒适雅致，是同学小聚时不错的选择。教职工餐厅除普通用餐之外还设有包间，适合社团聚会、学术交流等场合。

南方科技大学的宿舍被称为"别人家的宿舍"，整体环境良好，设施齐全，宿舍为上床下桌布局的四人间，下床的楼梯被充分利用设计成了储物柜，可用来收纳个人物品。每位同学都有单独的衣柜、鞋柜等，宿舍内一般配有空调、风扇，并且带有独立卫浴、热水、独立 Wi-Fi。没有独立卫浴的宿舍，其每层楼都会配备公共卫浴，提供内带升降式淋浴头。另外每层楼都提供了会客活动区，有冰箱等设施，可以用来休息、讨论等。每栋楼的楼下基本都有带烘干机的洗衣房，并且供人免费使用。值得一提的是，学校的校巴、健身房、游泳馆也都是免费的。

南科大实行的是书院制，目前有致仁、树仁、致诚、树德、致新、树礼六大书院。学生入校后可以根据自己的兴趣与发展方向自主选择书院，每个书院以学生公寓为核心，由若干栋学生公寓与配套设施组成，囊括了不同年级、不同专业的同学。学院也会为每位学生配备生活导师，学生选定专业后，院系将为学生再配备一位教授担任其专业指导教师，这样的方式更利于学生多维度成长。在社团方面，学校每年初秋会举办"百团大战"活动，百余社团会在现场"抢夺"新生。

学费标准：

6000元/学年。

住宿费用：

1200元/学年。

录取规则：

仅招收高中理科毕业生[新高考省（区、市）须选考物理]。按物理学大类录取，学生入学不分专业，在大学一、二年级根据自己的兴趣、能力和社会需求再选择专业。

高考成绩（折算成百分制）占综合成绩的60%，学校组织的能力测试成绩占30%（一般机试占25%、面试占5%；上海面试占30%；浙江机试占22%，面试占5%，综合素质评价占3%），高中学业成绩占10%（一般3%为综合素质评价、7%由高中学业水平考试成绩折算；浙江的高中学业成绩均由高中学业水平考试成绩折算）。在考生思想政治品德考核和身体健康状况检查合格，符合学校提档要求的情况下，学校按考生综合成绩择优录取。如综合成绩相同，则依次比较高考成绩、学校能力测试成绩、体育科目测试成绩，从高分到低分择优录取。

提前批次普通高考录取：按照考生高考投档分数（不含各类政策加分）进行录取，分数相同时，按"数学—理综（物理）—语文—外语"的顺序从高分到低分进行录取。

「校友印象」

SHENZHEN UNIVERSITY

深圳大学

年轻时尚，荔香满园

深圳这座开放包容的新兴城市,给我留下太多美好的印象,而深圳大学犹如源头活水,给这座包罗万象的城市注入了很多活力与新鲜元素。深大的学子,是站在世界舞台上来感受时代脉搏的。深大将我们送到了这个追梦的舞台上,那我们必定不负韶华。

深圳大学校园颜值很在线,如同一座草木丰茂的大花园。这里有适宜的温度,充足的氧气,置身于这座花园式的校园里,我不由地心生感叹,身为深大学子好幸福。校园对外界开放时,前来参观的人都小心翼翼,生怕打扰了这里的一草一木。

深大到底有多少棵荔枝树,恐怕连学校的园丁都不清楚。每到荔枝成熟的季节,整个校园里都飘着果香,枝繁叶茂的一棵棵树上挂满了团团红火般的荔枝,无比惹人喜爱。深大人独爱荔枝,每年都会举办"荔枝节"。校园里绿意融融,香气馥郁,鸟语幽幽,蝉鸣声声,"南山后花园"名副其实。

虽然这座城市的节奏很快,每个人都是步履匆匆,但是到了深大,学子便可以体会什么叫"一站式"的劳逸结合。在教育楼里上课学习,在图书馆内仔细研讨,在文山湖边放松身心,最后在艺术楼里来场社团活动,生活节奏完全由自己掌握。

深圳属于亚热带季风气候,清晨的阳

光明媚而炽烈，白色的理工楼在阳光的照耀下，更显得简约、自然而不失高级感。不如穿上亮色的衣服，和它来一个合影，感受和谐之美、现代之美、青春之美。理工楼的外观设计使用简约的格子和流畅的线条组合，看似简单，但里面别有洞天，走进大楼，一不小心就可能迷路。

文山湖永远是人气最旺的地方，若厌倦了都市的快节奏，你可以到静谧的湖边散散步，放松放松自己，运气好的话还能欣赏黑天鹅的优雅舞姿。逛累了，你可以去文山湖的咖啡屋里，点一杯咖啡提振精神，再到汇文楼前看日落，感受深大特有的浪漫。

脚踏实地，方可仰望星空。汇元楼墙壁上醒目地印刻着一个脚印，以及"实"与"地"的繁体字，无时无刻不提醒着深大学子应脚踏实地。中央广场的日晷记录了时间的流逝，基座侧面还刻着朱熹的箴言，时刻提醒着我们要不负韶华。它可以记录变迁，更可以见证努力。这就是我眼中的深大，虽然很年轻，但一直在努力，一直在进步。

双非中的遗珠

★ 深圳大学

深圳大学成立于1983年，建校40余年间，深圳大学秉承"自立、自律、自强"的校训，紧随特区，锐意改革、快速发展，在较短的时间内形成了从学士、硕士到博士的完整人才培养体系以及多层次的科学研究和社会服务体系，有着"特区大学、窗口大学、实验大学"的办学特色，也培养了近30万名各类创新创业人才。

深圳大学校园总面积为4000余亩，图书馆纸本资源为460余万册。学校学科门类齐全、综合性强，涵盖哲学、文学、经济学、法学、教育学、理学、工学、管理学、医学、历史学、艺术学等11个学科门类。学校有在校生4.4万余人，教职工4100余人。

科研平台方面，深圳大学设有射频异质异构集成重点实验室、国家生化工程技术研究中心（科技部）、Carson国际肿瘤干细胞疫苗研发基地、医学超声关键技术国家地方联合工程实验室等。

报考须知

🎓 生活在深圳大学：

深圳大学有大大小小的食堂十多个，其中伐木食堂是丽湖校区最大的食堂，它有三层，靠窗的位置能180度观赏开阔的田径场。伐木食堂的泡菜肥牛铁板焦饭、广式茶点、鲜肉小馄饨、锡纸烤鱼都深受同学们喜爱。伐檀食堂也很豪华，这两大食堂也被称为深大食堂的"天花板"。伐檀食堂外形低调，内部别有洞天，暖色调的设计，黄色的大台阶与玻璃天花板，使它看起来更像是图书馆，食堂提供自选菜、煲仔饭、烧腊、汤粉面、小炒、自助称重窗口等。

宿舍方面，乔院被很多同学视为最宜居的宿舍，设施新，部分宿舍还能安装洗衣机，宿舍一般是四人间或五人间，上床下桌，有独立卫浴，还配备公用微波炉、冰箱、洗衣房、电梯等。旧斋由于是最早建造的宿舍，相对来说要陈旧一些。不过旧斋的地理位置非常优越，离图书馆、教学楼、饭堂都比较近。另外，学校的运动场所很多，健身房、游泳池、壁球馆、保龄球馆、羽毛球场、高尔夫球场、网球场等一应俱全。此外，学校每学年都会给学生发放300元体育资助经费，供学生在校内各大运动场所中使用。

深圳大学的学子有足够的自由。即便学习成绩一般，学生也有机会申请创业奖学金。如果你有想法做实验，学校也会免费提供很多材料，而且学生也有很多出国交流的机会。此外，学校还有很多有意思的社团。电协在深大可以说是最大的学术性社团，颇具含金量，社团经常承办一些电子设计比赛、小程序开发大赛等。有意思的选修课也不少，比如有的同学报了四年都报不上的法医学课。

学费标准：

学费（不含书费）按学分制收费，由课程学分学费和专业学费两部分组成，每学期学分学费按学生实际修读的课程总学分计算。理工、外语、体育类专业为6230～6853元/学年；文史类专业为5510～6061元/学年；医学类专业为6960元/学年；艺术类专业为10000元/学年；休闲体育（高尔夫）专业为12500元/学年；深圳大学深圳南特金融科技学院中外合作办学专业为81500元/学年（按学年制收费）。

住宿费用：

800～1500元/学年。

录取规则：

对享受加分政策的考生，可按省（区、市）招生办的规定加分投档，普通文理（历史、物理）类录取专业时以原始成绩（不含政策性加分）为准。

在考生思想政治品德考核和身体健康状况检查合格，统考成绩达到同批录取控制分数线，符合学校提档要求的情况下，对于普通文理（历史、物理）类，学校依据考生志愿，按考生原始成绩（不含政策性加分）从高分到低分排序择优录取。

当普通文理（历史、物理）类考生原始成绩（不含政策性加分）相同时，按该省（区、市）相关录取排序（投档排序）规则执行；无相关规则的省（区、市）则按以下排序规则执行：语文加数学总成绩、语文和数学两门中的单科较高成绩、外语成绩、其余科目中单科较高成绩。当排位相同时，优先录取已修习相关专业基础知识（模块）的考生。

实行平行院校志愿的省（区、市）按"分数优先，遵循志愿"的投档原则处理。其他省（区、市）实行院校志愿优先的录取原则；同等志愿，择优录取。即优先录取第一院校志愿考生，若第一院校志愿考生生源不足，再按考生的学校志愿次序，择优录取。

普通文理（历史、物理）类实行专业平行志愿，按分数优先原则，并结合专业要求录取。

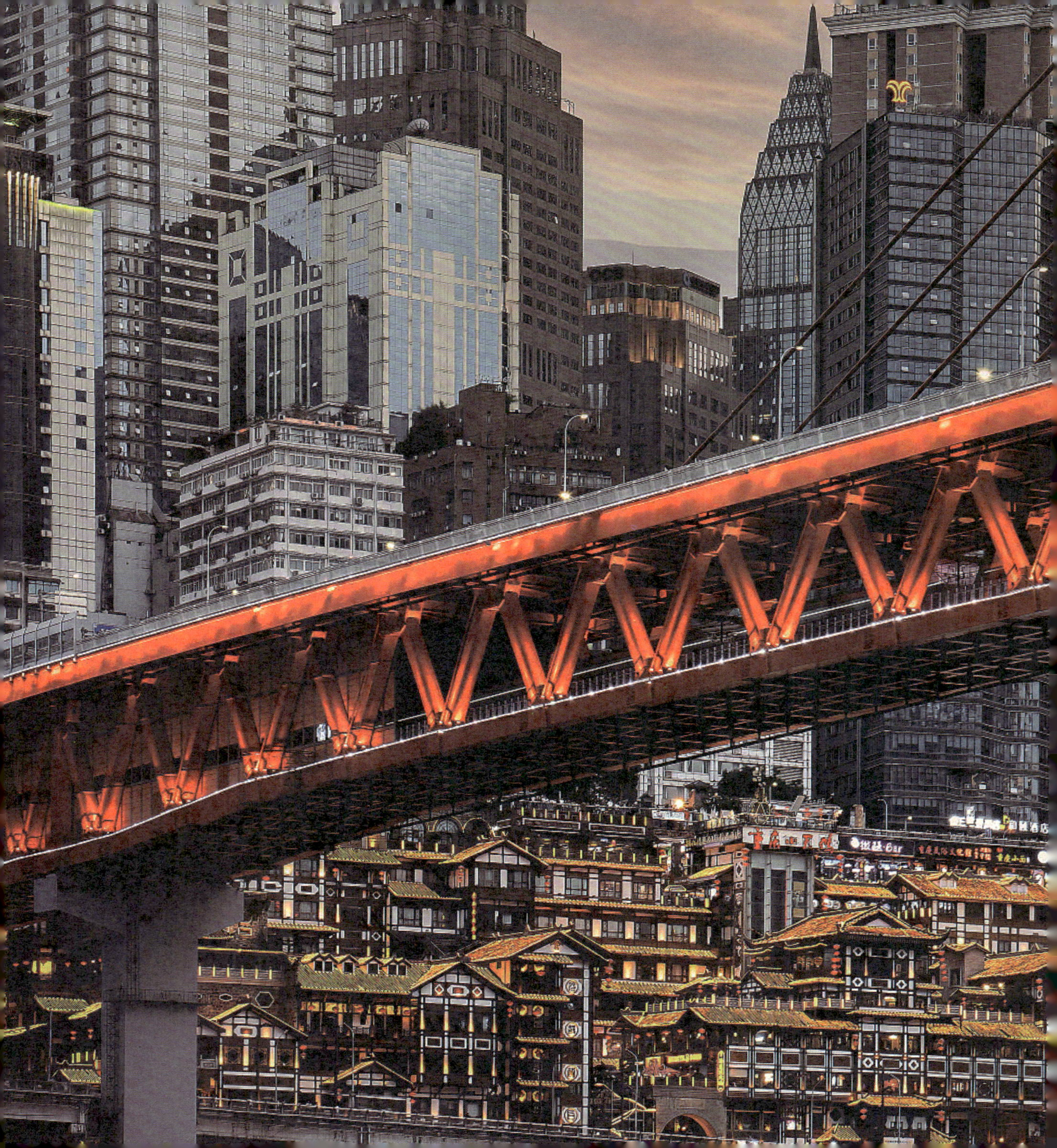

重庆

CHONGQING

「校友印象」

CHONGQING UNIVERSITY

重庆大学

重大的
多面之美

山环水绕、江峡相拥，重庆大学就成长在这样一块风水宝地上。得天独厚的自然条件和人文环境，造就了重庆大学求实求精的学风和独一无二的气质。这种气质，是与生俱来的，更是精心沉淀下来的。在我国的高校之林里，重庆大学就像是一颗生命力顽强的种子，在战火中扎根，在风雨中发芽，在时光中不断成长。

重庆大学的美，不只是自然风光之美，更是历史厚重之美，文化魅力之美。重大是一所非常珍视历史文化的学校，除了能够彰显中华传统文化之美的典型中式建筑，遍布校园的还有纪念碑、雕塑、砖雕等，这也让来自全国乃至世界各地的学子都能感受到这所学校的红色底蕴与历史韵味。

用合理的方式表达艺术，也是尊重艺术的体现。学校会定期组织各种艺术展览，以及丰富的社团活动，在这个大家庭里，我的生活是五彩斑斓的，也是丰富而充实的。在这座江湖气息浓厚的城市里，重大给了我们这群青涩少年许多感受生活的机会，我的求学生涯一点都不孤独。

有人说重大有很多种色彩，每个人的眼中都有一个记忆深刻的颜色；还有人说重大美到窒息，也许这种说法比较夸张，但这都是出自重大学子的亲身体会。星河流转，四季变换，多变的重大总会给人无限惊喜。我们就像生活在一个巨大的调色盘里，大自然就是最好的化妆师，重大地总是毫不吝啬地将其最美的一面展现在我们面前。

站在艺术楼上俯瞰，重大是温暖的橙色。夕阳西下，校园里只剩下了浪漫与温柔。湖畔小憩的黑天鹅，身上披着金色的霞光。图书馆的倒影干净而柔和，让人感到平静。这种热情恰到好处，并不张扬，也许就是读书人所说的中庸之道吧。

如果说泛着新绿的植物有些单调，那么争艳的花朵

会打破这种局面。春天的虎溪校区是粉色的，杏花、梅花、桃花、红叶李，都悄悄地换上了新衣，用自己的方式吸引着大家的目光。一草一木之间，我们感受着春的气息，同时心怀希冀，种下梦想。

我站在第一教学楼蔚蓝色的墙边，仿佛遨游在无边的海洋中，思想的浪花在碰撞、在拍打。在我眼里，重大亦是如此深邃的蓝，它像海纳百川一样，包容着每一位学子，教导着我们，非宁静无以致远。这种处变不惊的人生态度，令人受用一生。

重大的另一面，是活力四射的，永远保持着向上的激情，而这也完全符合重庆这座城市的气质。傍晚时分，城市的热气仍未退去，天边火烧云美得毫无保留，让人惊叹。在重庆大学的 4 年，学习的是知识，收获的是人生。多面的重庆大学，还有更多的美等待我们去发现。

学府宏开，济济隆隆

★ **重庆大学**

重庆大学于 1929 年由中华民国军事将领刘湘创办，校址最初设于渝中区菜园坝，1933 年迁至现址沙坪坝区嘉陵江江畔。此后，学校又经历了多次更名、重组、停办、复校，直到 1949 年 11 月，正式更名为重庆大学。2000 年，原重庆大学、重庆建筑大学、重庆建筑高等专科学校合并组成新的重庆大学。在近百年的办学历程中，学校一直秉承着"耐劳苦、尚俭朴、勤学业、爱国家"的校训，"团结、勤奋、求实、创新"的校风，"求知、求精、求实、求新"的学风，立德树人，为国家培养了数十万名高素质人才。

重庆大学是一所以工为主、多学科协调发展的高校，属国家"985工程""211工程""双一流"建设高校。学校学科门类齐全，涵盖理、工、经、管、法、文、史、哲、医、教育、艺术11个学科门类。重庆大学校园占地面积为5300余亩。截至2024年1月，学校有在校学生5万余人、教职工5300余人。

重庆大学的机械工程、电气工程、土木工程均入选了第二轮"双一流"建设学科。同时，学校还设有诸多科研平台，全国重点实验室有高端装备机械传动全国重点实验室、输变电装备技术全国重点实验室等5个，教育部重点实验室有光电技术及系统教育部重点实验室、三峡库区生态环境教育部重点实验室、山地城镇建设与新技术教育部重点实验室等8个，科研实力强大。

> **报考须知**

> 🎓 **生活在重庆大学：**
>
> 重庆是美食爱好者的天堂，火锅、小面、串串都是吃货们耳熟能详的食物。但重庆绝不仅仅有这些，重大的食堂就能佐证这一点。重大有十多个食堂。虎溪校区的一食堂装修典雅大气，环境舒适。其一楼有各种特色面食、麻辣烫等，二楼的"快乐食间"则提供了广式烧腊、"怪噜饭"等。不仅如此，一食堂还专门设有学习区以及休闲区，是学生自习、师生聚会的好去处。
>
> 重大的宿舍楼周围被茂盛的绿植覆盖，风景宜人。宿舍是上床下桌的标准四人间，还带有独立卫浴、阳台、空调、饮水机、热水器等。宿舍楼一楼提供了可自助洗衣的洗衣房，每栋宿舍楼也会配备活动室，同学们可以在此进行学习、探讨。书屋也是重大宿舍的特色，犹如微型的图书馆，里面有众多书籍可借阅，原木风格的桌椅、复古的装潢以及智能化的借阅设备，为同学们提供了一个非常好的学习与阅读环境。
>
> 在选修课方面，地学景观、中国传统文化解读、世界舞台上的中华文明等课程都颇有意思。重庆大学共有200多个学生社团，每年学校会开展数千场社团活动，形式多样的社团极大地丰富了同学们的课余生活。学生艺术团是整个重庆高校中规模最大、艺术门类最齐全、

演出水平最高的业余演出团体之一，其下设有民乐队、西洋乐队、管乐队、舞蹈队、合唱队、话剧队、川剧队等7个演出团队和艺术特长生工作组，团员多达300人。他们的原创话剧作品《重庆往事·红色恋人》还荣获过中国校园戏剧最高奖项"中国戏剧奖·校园戏剧奖"。

学费标准：

学校学费由专业学费和学分学费两部分构成，学费采取预收制，年终按照专业学费和选修学分学费结算。实行大类招生的专业，按统一标准收取学费，学费标准预定为：各普通类专业（类）为4500～6875元/学年，待专业分流确定后，再按物价局核定标准收取学费。

住宿费用：

800～1200元/学年。

录取规则：

录取时，对第一批投档考生的专业安排实行分数优先兼顾专业志愿顺序原则，从高分到低分录取并安排专业。当投档成绩相同时，不设专业级差，专业志愿靠前者优先安排专业；专业志愿也相同时，按数学、外语、语文科目成绩排序优先安排专业；相关科目成绩仍相同时，则与各省（区、市）招生考试机构商议同意后调整专业计划录取。非第一批投档(或顺序志愿的非第一志愿)进档的考生，依据本条上述规定，在未录满专业中进行专业安排。

当考生填报的专业志愿均未满足时，对服从专业调剂者，从高分到低分依次调剂到未录满专业；对不服从专业调剂者，作退档处理。

按专业组投档的上海、北京、天津、海南、广东、福建、江苏、湖南、湖北等省市的考生只能在同一个院校专业组内进行调剂。

「校友印象」

SOUTHWEST UNIVERSITY

西南大学

雨僧楼下的
百年约定

绿树成荫的西大干道上，迎来送往，两旁的行道树默默地凝望着每个西南大学的学子。四季变换，不变的唯有我们的初心。春天，草木生发，琼树冒出了新绿，西大学子的心中也种下了一个梦想。送走了上一届的师兄师姐，这个春天，我们也要忙碌起来了。继续深造，还是投身到茫茫人海，去社会大学继续磨炼？树木不语，却给了我们智慧，提醒我们继往开来，准备迎接秋天的硕果。

　　夏季的校园虽然有点闷热，但是主校区里树木成林，为我们打造了天然的遮阳伞。光透过树叶的间隙，投下一片片斑驳的树影。西大学子喜欢在这座天然的图书馆中阅读、思考和交流。在石桌旁、台阶下，对知识的上下求索，将大家紧密地联系在一起。这一片树林，守护着每个西大学子，也将外界的喧嚣彻底隔绝。有时候我手捧着书，一读就是一天，呼吸着树木通过光合作用产生的新鲜氧气，思维也变得更加敏捷。

　　西大有树木，有湖水，也有可爱的小动物，人与自然和谐共处。鸟儿们在清晨伴唱，催促着每个奋进的学子，看着我们纷纷在教室里坐定，仿佛才完成了它们的使命。碧波荡漾的崇德湖，似乎总能让一切静下来，哪怕外面风雨交加，湖面上也只有层层涟漪。天朗气清的春天，湖边的柳树萌发新芽，柳条映在湖面上，春风拂过时也随之轻轻舞动，这一幕场景如同浑然天成的画卷。用相机，用画笔，西大的学子选择将这校园美景记录下来，哪怕只是一瞬间。

作为一个西大人，我为自己的母校代言。坐落在山城重庆的西大，对我这个热爱火锅的人有着绝对的吸引力。嘉陵江畔，缙云山前。这里虽然远离了繁华的市区，但我们学校生活便利，重重美食包围，又可以享受天然氧吧的优待，即使思乡之情浓烈，也总能被这里的美食、美景治愈。当然，西大吸引我的地方不只是人文气息和生活情调，还有西大在学术界的分量，西大被誉为重庆市的"清华北大"，专业实力自然不容小觑。

生于西南，立于西南，含弘光大，继往开来。这所百年名校，如今依然保留着历史的厚重感。一入西大，每个学子都被赋予了光荣的使命。当年的先驱者，也和如今的我们一样，风华正茂，意气风发。让我们守一份初心，聚首西南大学，在雨僧楼下，践行百年的约定。

特立西南，学行天下

★ **西南大学**

西南大学的历史可溯源至1906年建立的川东师范学堂，几经传承演变，1936年更名为四川省立教育学院。1950年，四川省立教育学院的教育、国文、外文、史地、数学等系与1940年成立的国立女子师范学院合并建立西南师范学院，农艺、园艺和农产制造等系与1946年创办的私立相辉学院等合并建立西南农学院。此后，两校又经更名、调整，直至2005年，合并组建为西南大学，开启了学校发展的崭新篇章。百余年来，一大批名师先贤执教于此，春风化雨，躬耕不辍。数十万毕业生从这里走向四面八方，成为民族复兴大业的建设者和各行各业的中坚骨干。"世界杂交水稻之父"袁隆平院士、著名园艺学家吴明珠院士、奥运健儿赵帅和施廷懋等都毕业于西南大学。

西南大学校园的环境宏丽庄重，气象万千，是闻名

遐迩的花园式学校，学校是国家"211工程""双一流"建设高校。学校学科门类齐全，涵盖了哲、经、法、教、文、史、理、工、农、医、管、艺、交叉学科等13个学科门类，46个教学单位，106个本科专业。学校占地8000多亩，图书馆有纸质图书400多万册（包括古籍14.7万余册、民国文献4万余册、外文图书28.7万册）。截至2023年11月，学校有专任教师3000多人；有在校学生近5.8万人，其中普通本科生近4万人，硕士、博士研究生1.6万人，留学生近2000人。

西南大学"双一流"建设学科有教育学、生物学，同时学校设有资源昆虫高效养殖与利用全国重点实验室、国家柑桔工程技术研究中心、重庆市三峡库区生态环境与生物资源省部共建国家重点实验室培育基地等科研平台。

报考须知

🎓 生活在西南大学：

西南大学的桃园食堂以小面和砂锅出名，二两小面只要3元钱。橘园食堂二楼晚上还会供应夜宵，品种多样，用餐环境也非常不错，适合朋友小聚。梅园食堂配备了少数民族餐厅，新疆手抓饭、大盘鸡、羊肉串、牛肉炒河粉等特色菜都颇受欢迎。竹园食堂是校内最豪华的食堂，甚至配备了电梯，除了普通饭菜，还有各种风味美食、小吃、饮品等，是学生去的次数最多的食堂。

西大宿舍实行公寓化管理，宿舍大多为上床下桌布局的四人间，均装有空调。宿舍楼有洗衣房等设施，生活上很便利。另外部分楼栋有通宵自习室，方便了爱学习的同学。学校配备学生活动中心、体育馆、标准运动场、网球场、游泳池、电影院等文体设施，为学生创造了非常好的环境。

西南大学的不少选修课是需要蹲点抢的，而且还不一定能选得上。基因与生活、葡萄酒与西方文化、博弈论、三国大农、红色诗词文化等课程，都深受同学们喜爱。或许不是每个西大人都上过这些课程，但一定听说过它们。特别是基因与生活这门课，教授在课堂上金句频出，因此在互联网上也非常出圈。社团方面，每年的"百团大战"是社团招新的重要方式，学校不仅有弘扬传统文化的汉服协会，也有电影爱好者的聚集地电影协会，还有长跑协会、创业协会等，新生可以根据兴趣爱好申请加入。

学费标准：

普通类专业为 3700 ~ 5500 元 / 学年；软件工程专业一、二学年为 4500 元 / 学年，三、四学年为 10500 元 / 学年；运动训练专业为 8000 元 / 学年；艺术类专业为 10000 元 / 学年；少数民族预科为 3700 元 / 学年。

住宿费用：

800 ~ 1800 元 / 学年。

录取规则：

对实行顺序志愿投档的省（区、市）及类别，学校优先录取第一志愿考生，若第一志愿考生生源不足，则依次录取后续志愿考生，若生源仍不足，将根据录取要求征集志愿；按照平行志愿投档的省（区、市）及类别，未完成的招生计划将征集志愿。若征集志愿后仍未完成招生计划，则将未完成计划调剂到其他生源质量好的省（区、市）。

对进档考生的专业安排，学校按照分数优先原则（艺术类、体育类及中外合作办学专业除外），依据投档成绩从高到低择优录取，不设专业间分数级差。所有专业志愿都无法满足时，若考生服从专业调剂，则根据考生成绩和专业志愿等情况调剂到其他未能录取满额的专业；若考生不服从专业调剂，则作退档处理。

在进档考生（不含艺术类、体育类）专业安排时，对投档成绩相同的考生，文史类依次比较文综、语文、外语、数学成绩，理工类依次比较理综、数学、外语、语文成绩，历史类依次比较历史、语文、外语、数学成绩，物理类依次比较物理、数学、外语、语文成绩，综合改革类依次比较数学、语文、外语成绩，择优录取。

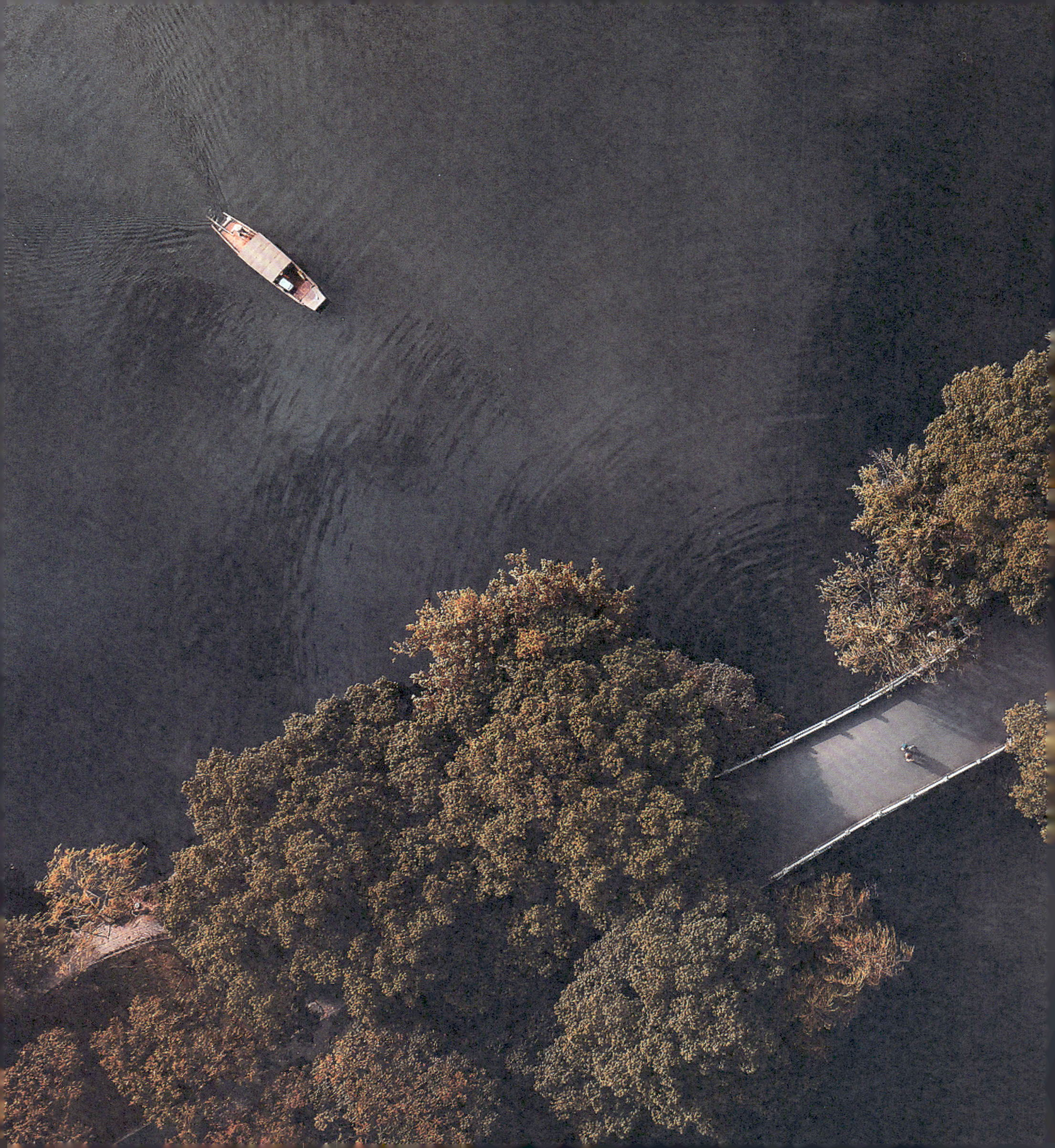

杭州

HANG
ZHOU

「校友印象」

ZHEJIANG UNIVERSITY

浙江大学

求知路上，
永不停歇

校园的美，在于其所坐落的城市，在于其每一个角落，在于每一个学子的心灵。上有天堂，下有苏杭，历史名校浙江大学就坐落在这样一座天堂般的城市。要说这座城市哪里超越天堂，那就是它的钟灵毓秀，是它在一景一物中流露出来的灵气。

历史的碎片，被一代一代的学子用自己灵巧的双手不断地拼接和继承，形成了特有的浙大名片。要问浙大学子的心愿是什么，那么大概率就是想要永远留在这个见证了他们努力的校园里。时光荏苒，浙大的一草一木目睹了莘莘学子在求是道路上的精彩表现。在这里，我们收获了知识、友谊甚至爱情，也给自己的未来定下了基调。

校园里的生活，无法用一个准确的词语来形容，对有的人来说是绵延和悠长，对有的人来说是从容和淡定，对有的人来说是青春和激情。对于我而言，我想将浙大的美景印刻在自己的脑海里，即便日后走出校园，这些美景也值得静静地回味。

杭州的灵气一半来自水，从日出到日落，启真湖见证着每个学子的努力。在这里，诵读一段莎翁的经典，探讨一道难解的题，哪怕是激烈的辩论，都体现了我们不断接近真理的努力。湖面倒映过太多的绚烂，也聆听了太多的故事。湖水不语，心里却装着每个路过的学子，看着他们离去，想要挽留，也只能遗憾，在落日的映照下甚至有点黯然神伤。

崭新的一天，人潮如水，我们迈着轻快坚定的步伐，有序地穿越东教学楼，去求知，奔向希望和未来。校园的景色会随着四季不断更替，这里唯一不变的，是每个浙大学子对知识热烈的渴求。

拱形的红砖大门，带着治学的严谨以及饱经风霜的历史，仿佛只有在经典的历史剧作中才能见到，它也是我们通往知识殿堂的另一条必经之路。红砖和灰瓦，历史和现代的碰撞，撞出了广袤的探索之路。

多少个日夜，在月牙楼面前，每个学子进行着日常仪式，向竺可桢老校长的雕塑致敬。经历了百年的风雨，这座学府将会以全新的姿态，去创造和见证一个个新的传奇，而我们每个人都是亲历者，铸造者，更是见证者。学在浙大，何其有幸！

准备好了吗？我在紫金港校区等你，让我们一起用脚步丈量校园，在大草坪上畅聊人生，在知识的海洋里遨游，一起欣赏海宁校区的夜景，寻找校园卡上的钟楼，一起成为闪闪发光的自己，在浙大的指引下与更多的朋友同频共振！

国有成均，在浙之滨

★ 浙江大学

浙江大学一路走来，几易其名，它的前身求是书院创立于1897年，是中国人自己最早创办的新式高等学校之一。1928年，定名国立浙江大学。在抗战期间，为保存文脉，老校长竺可桢带领师生举校西迁，在贵州遵义、湄潭等地办学七年，1946年秋才回迁杭州。在120多年的办学历程中，浙江大学始终秉承"求是创新"的优良传统，以天下为己任、以真理为依归，逐步形成了"勤学、修德、明辨、笃实"的浙大人共同价值观和"海纳江河、启真厚德、开物前民、树我邦国"的浙大精神。在此期间，学校也涌现出大批著名科学家、文化大师以及各行各业的精英翘楚，包括1位诺贝尔奖获得者、5位国家最高科技奖得主、4位"两弹一星"功勋奖章获得者，为实现中华民族伟大复兴、推进人类文明交流互鉴做出了积极贡献。

浙江大学是国家"985工程""211工程""双一流"建设高校。作为一所在海内外影响较大的综合型、研究型、创新型大学，浙江大学的学科涵盖哲学、经济学、法学、教育学、文学、历史学、理学、工学、农学、医学、管理学、艺术学、交叉学科等13个门类，下设7个学部、40个专业学院（系）、1个工程师学院、2个中外合作办学学院、7家直属附属医院。学校占地超1万亩，图书馆藏书超800万册。截至2023年底，浙江大学已有全日制学生6.7万余人、教职工9500余人，教师中有中国科学院全职院士27人、中国工程院全职院士21人。

第二轮"双一流"建设大学名单显示，现浙江大学的"双一流"学科有化学、生物学、生态学、机械工程、光学工程、材料科学与工程、动力工程及工程热物理、电气工程、控制科学与工程、计算机科学与技术、土木工程、农业工程、环境科学与工程、软件工程、园艺学、植物保护、基础医学、临床医学、药学、管理科学与工程、农林经济管理。浙江大学还设有数个国家级重点实验室，包括硅材料科学国家重点实验室、化学工程联合国家重点实验室等。

报考须知

生活在浙江大学：

浙江大学紫金港校区的学生食堂共有三层，可容纳上万人就餐，三楼餐厅还供应本地特色杭帮菜，环境、菜品不亚于外面的饭店。浙大食堂已经率先实现智能化，其智能结算台可自动识别饭菜价格，大大提高了工作效率。智能餐盘也能自动计算食物的卡路里以及营养比例，可帮助学生养成更健康的饮食习惯。

浙大每个学园均设置了自助服务室与自助式公共厨房"毕至居"。自助服务室不仅提供自助洗衣与烘干、打印、微波炉加热、衣物熨烫等服务，里面还有可供学生娱乐休闲、进行小组讨论的区域。"毕至居"则是一个小型厨艺分享吧，里面有冰箱、电饭煲、炒菜锅、烤箱等，使用前可进行线上预约。

浙大的选修课五花八门，比如舞龙舞狮、皮划艇、女子防身术、减肥课等。学校的文体活动很丰富，每年春秋两季，师生会自发组织长距离团队户外徒步活动，旨在强身健体，锻炼意志力与耐力。社团方面，黑白剧社在浙大名气不小，其前身为黑白文艺社，在20世纪30年代就已经成立。

第四轮教育部评定 A+ 学科：

生态学、光学工程、控制科学与工程、计算机科学与技术、农业工程、软件工程、园艺学、农业资源与环境、植物保护、临床医学、农林经济管理。

学费标准：

有5300元/学年、5500元/学年、6000元/学年、9000元/学年、10000元/学年、16000元/学年等不同标准。

住宿费用：

学生公寓不超过1600元/学年。

录取规则：

浙江大学在各省（区、市）按照分专业或分大类招生计划数，依据投档成绩择优录取，不设专业间分数级差。

按照顺序志愿投档的批次，当第一志愿考生生源数不足时，浙江大学可接收非第一志愿考生，按照投档成绩择优录取。

浙江大学录取的学生在入学一年内确认主修专业。在本科教学中，专业培养方案中要求的双语或全外文课程一般使用英语教材、进行英语教学，非英语语种的考生应慎重填报志愿。

根据浙江省政府相关文件精神，主修专业确认到农学、园艺、植物保护、茶学、动物科学、动物医学6个专业的浙江籍学生将免交学费。

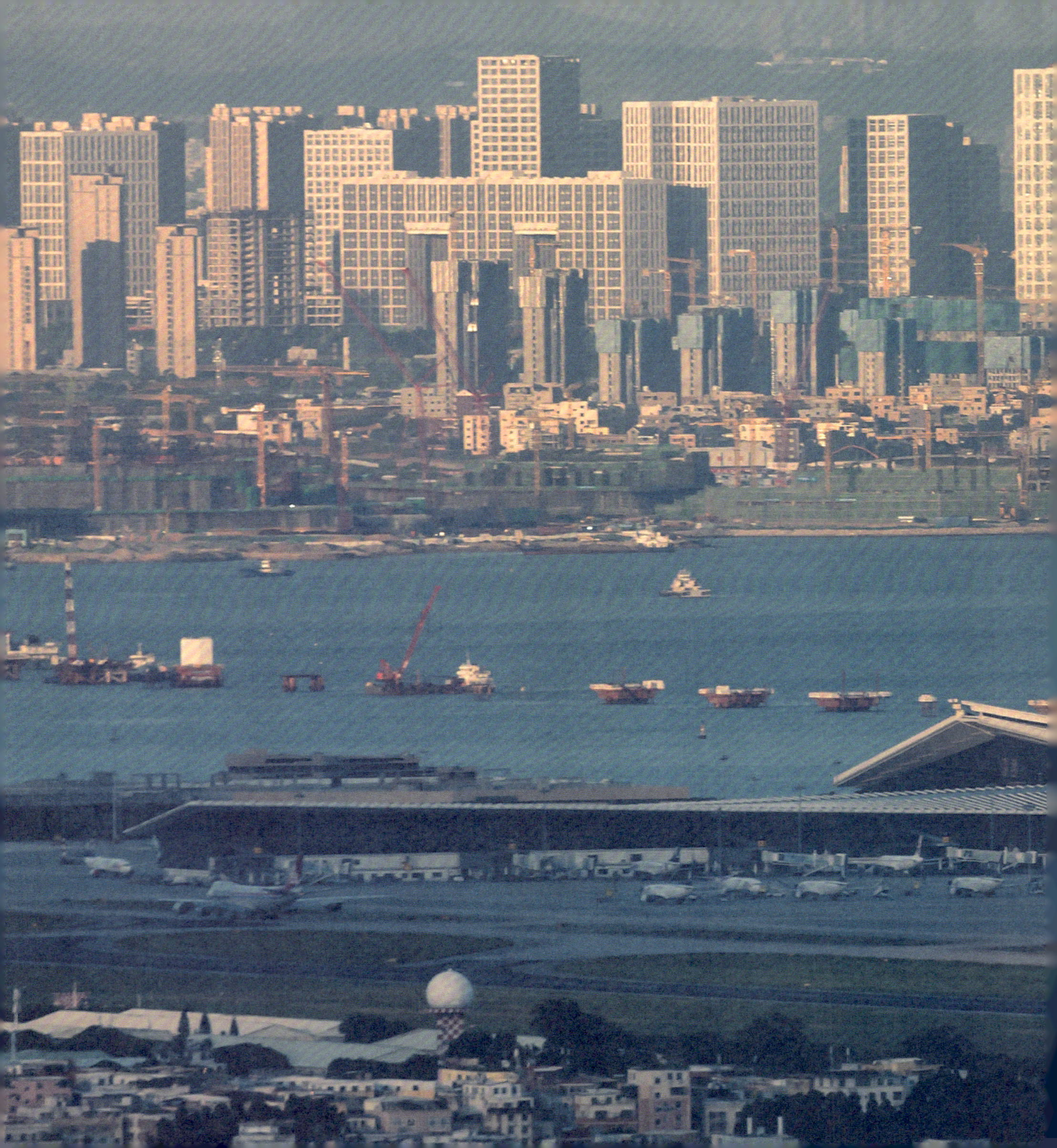

厦
门

XIA
MEN

「校友印象」

XIAMEN UNIVERSITY

厦门大学

我的
灵魂归处

又是一年毕业季，凤凰花开得越来越艳，宛如云霞染红了三岔路口。我看着厦大学子成群结队地在凤凰木下拍照，想起了几年前我和室友捧着鲜花，亦在这里留下了难以忘怀的笑颜。

我也没有想到自己最后会留校。以前有人跟我说，再美的景色看多了也会腻的，最后每一处美景都会变得稀松平常，等你投身于忙碌的工作之后，你会直接忽视那些鲜花、碧海、振翅的黑天鹅。细数一下，我已经在厦大生活了十年，除非好友不远千里来寻我叙旧，这些年来我确实不怎么去南普陀寺、白城沙滩了。但我还是会常去思源谷和芙蓉隧道看看，尤其是精神压力比较大的时候。不知道为什么，从学生时代开始，只要去了思源谷，我就感觉自己躁动的内心瞬间得到了安抚。谷中的碧波和云雾似乎有其独特的声、味、色，身在其中，我好像变成了一颗种子，躺进了湿润温暖的土壤里，静静地沉眠着，等待着一个破土而出的时机。这种返璞归真的体验令我沉迷，每当心里感到不安时，我就会去那里沿着湖边走一走，直到我的心灵被完全抚慰了，才意犹未尽地离开。也许，这就是厦大给我的另类归属感。

真正邂逅芙蓉隧道，是一次匆匆路过时，偶然看到的一个很小很小的涂鸦笑脸，它让当时紧绷的我感到轻松，于是我忍不住停下来细细观赏那些涂鸦。那天，这些文字图画似乎有了生命力一般，毫不留情地直击我的心扉。这些充满想象力的奇妙涂鸦让我倍感惊喜，甚至热血沸腾，我感觉自己又回到了青春最绚丽的那几年。这大概也是厦大想教给我的，按部就班地学好知识并非人生的全部，有时候，我们要懂得停下来，看一看身边的风景。

那天回去之后，我搜索了有关厦大的资料，看到那一张张如画的照片，我才意识到自己的学校是如此的美，也是那一晚，我才知道，厦大也曾历经风风雨雨。厦大的创办者陈嘉庚，在家乡这个当时并不知名的海岛，在一个被称作演武场的荒废之地，出资建立了厦大。当时，厦大的所有建筑群都是面朝大海设计，这是创办者的雄心，他希望外国轮船一进厦门港就能看到厦门大学，感受到我们祖国的新气象。为了兴学，他甚至不惜变卖家产，最终走向破产的绝境，在那个如此艰难的年代守护了学校这么久,这是一件多么伟大又浪漫的事情。

后来,在厦大的日子里,我几乎走遍了学校的每个角落,聆听她的声音,欣赏她的容颜,细品她的历史,触碰她的灵魂。不知不觉中,我对她也有了全新的认知。在我心中,厦大不仅仅是我的母校,她更是我灵魂的归处。如今每逢毕业季,我便按照惯例去凤凰花开的路口,目送那些拍好照片的毕业生。

希望他们常回母校——我灵魂的归处看看。

自强不息,止于至善

★ 厦门大学

厦门大学是一所具有光荣传统的大学,学校是著名的爱国华侨领袖陈嘉庚先生于 1921 年创办的,初名私立厦门大学,是中国近代教育史上第一所由华侨创办的大学。1937 年,厦门大学由私立改为国立,更名为国立厦门大学。百余年来,学校秉承爱国华侨领袖陈嘉庚先生的立校志向,形成了"爱国、革命、自强、科学"的优良校风,打造了鲜明的办学特色,培养了大批优秀人才,为国家富强、人民幸福和中华文化海外传播做出了积极贡献。

厦门大学是国家"985 工程""211 工程""双一流"

建设高校，有着"中国最美校园"之称。学校设有6个学部、34个学院(直属系、直属中心)和17个研究院，覆盖哲学、经济学、法学、教育学、文学、历史学、理学、工学、医学、管理学、艺术学、交叉学科等12个学科门类。学校占地9000多亩，图书馆有纸质图书480余万册。截至2023年12月，学校有在校学生4.6万余人，其中本科生2.1万余人，硕士研究生1.9万余人、博士研究生5700余人；有专任教师近3000人，其中两院院士35人（含双聘18人）、发展中国家科学院院士4人、中国医学科学院学部委员4人、国家重点研发计划项目负责人56人。

第二轮"双一流"建设大学名单显示，厦门大学的化学、生物学、海洋科学、生态学、统计学、教育学等6个学科入选"双一流"建设学科。学校设有300多个研究机构，包括6个国家（全国）重点实验室，2个国家级协同创新中心，1个国家工程技术研究中心，1个国家工程实验室，5个国家地方联合工程研究中心（实验室）。

报考须知

🎓 生活在厦门大学：

厦大的食堂众多，南光餐厅、芙蓉餐厅、勤业餐厅和东苑餐厅称得上是网红食堂。南光餐厅有着全厦大最好吃的早餐，有豆浆、油条、烧卖、汉堡等中式与西式早餐，此外厦大的佛跳墙也是出自南光餐厅。芙蓉餐厅每到午饭时间总是人头攒动，这里菜品丰富，价格实惠，还有大闸蟹、皮皮虾等各类海鲜，这大概就是沿海城市的福利吧。勤业餐厅是厦大资历最老的食堂，曾因25元/人的自助餐走红网络，现在价格虽有上涨，但仍称得上是业界良心。勤业餐厅的沙茶面也是厦大必尝的美食之一。值得一提的是，厦门大学深圳校友会此前已宣布，会为2021—2030年这一时期上学的所有厦大学生提供米饭和矿泉水的费用，看来厦大不仅有"别人家的食堂"，还有"别人家的学长"。

与鼓浪屿隔海相望、依山傍水的厦大，其宿舍环境自然也是非常优越的，在这里，学生花很少的钱就有机会住上海景房。宿舍内部一般是上床下桌布局，配有空调、热水器、独立卫浴等，宿舍楼也有洗衣房、开水房，部分楼层会配备带隔间的公共浴室。

厦大的花样选修课很多，既有教你爬树的攀树课，也有教你下水的潜水课，还有划龙舟、高尔夫、攀岩等，这些课程都深受学生喜爱。国剧赏析也非常值得一提，这门课其实是由物理学教授蔡端俊开设，虽说是"跨界"教学，但蔡老师唱念做打，无所不能。当然，抢这门课的学生也非常多，每次上课至少要提前半小时才能占到好座位。除此之外，厦大还成立了上百个学生社团，绿野协会已经成立20多年，是厦大人数最多、影响力最大的社团之一。绿野协会每年都能将"十佳社团"这一荣誉收入囊中，协会也经常开展公益环保活动，并且每年都会筹办暑期实践，倡导人与自然和谐共生，号召大家关注环保、保护自然。

第四轮教育部评定 A+ 学科：

海洋科学。

学费标准：

大部分专业为 5460～9360 元/学年；集成电路设计与集成系统专业、软件工程系的数字媒体技术专业（将由电影学院联合培养）、软件工程专业一、二年级为 5460 元/学年，三、四年级按学分收费，每人每学分 400 元（两年不超过 80 学分）；外国语言文学类＋会计学/财务管理：英语、日语、法语、俄语、德语、西班牙语等主修专业为 5460 元/学年，会计学、财务管理等辅修专业按实际修读学分收费，具体为 120 元/学分；创意与创新学院各专业为 90000 元/学年。

住宿费用：

800～1200 元/学年。

录取规则：

省级招生部门投档后，厦门大学分科类（选考科目或首选科目）按照考生投档成绩从高到低排序并依据考生志愿和招生计划进行专业录取，各专业志愿之间不设置专业级差。高考改革省（区、市）投档考生须满足学校选考科目要求。对投档成绩相同的考生，以各省（区、市）确定的成绩排序规则进行排序。无同分排序规则的批次参照所在省（区、市）本科普通批次执行。

对所填报专业志愿都无法满足的考生，若服从专业调剂，则调剂到考生投档的科类或专业组内招生计划尚未完成的专业；对所有专业志愿都无法满足且不服从专业调剂的考生作退档处理。

按非平行志愿投档的批次，厦门大学在第一院校志愿生源不足的情况下，可接收非第一院校志愿的考生。按平行志愿投档的批次，第一次投档后计划未完成时，可在所在省（区、市）征集志愿。征集志愿仍不足则将剩余计划调剂到其他省（区、市）完成招生计划。

滕王閣

南昌

NAN
CHANG

「校友印象」

NANCHANG UNIVERSITY

南昌大学

我的母校
前景无限

我对滕王阁的认识，一直都停留在王勃的《滕王阁序》上，直到来到南昌大学求学，才有幸目睹这座江南明楼的风采。南昌是座英雄的城市，红色的革命火种曾在这里燃起。除了满满的历史文化，南昌也不缺壮丽的山河，西挽西山，北望梅岭，赣江穿城而过，"城在湖中，湖亦在城中"，是最真实的写照。

南昌水系发达，就连校园也不例外，南昌大学的湖光山色没有让我失望，光是前湖校区就有3个湖，真的让我很惊喜。有水的地方会多一些灵气，润溪湖、龙腾湖，还有未命名的湖，每个湖都各具特色。如果说龙腾湖体现的是静谧之美，那么润溪湖就是赣南女子的婉约之美。润溪湖旁植物众多，氧气也特别充足。我喜欢捧着一本书，坐在润溪湖旁边的小坡上晨读，那里远离尘嚣，是背书、思考的好地方。

前湖校区位于来龙山下，南昌大学的正大门便屹立于此，巨大的半圆形大门仿佛张开的双臂，欢迎来自五湖四海的学子，"南昌大学"四个金黄的大字在阳光的照射下熠熠生辉。据悉这座恢宏霸气的校门高达300米，被称为"亚洲第一门"。前湖校区校园内别有洞天，南大最具代表性的主教学楼隐藏在一片浓密的绿植里，站在教学楼内，随手推开一扇窗，就可以感受来自四面八方的风，顿觉神清。从空中俯视，主教学楼的造型好似人的眼睛，因此它也被誉为"前湖之眼"。并且，这座教学楼功能性很强，可同时容纳上万人上课，如果你还没有在这里面上过课，那么就不能算是真正的南大人。

南昌的夏季炎热，人也更容易变得浮躁。这时候，我喜欢去看看湖水，在湖边找一个安静的角落，将自己融入大自然，静静地思考着，探索自己的内心。就像梭罗在《瓦尔登湖》中描述的那样，成为自己的哥伦布，探索内心的新大陆和新世界，开辟思想的新航道。

南昌大学前景无限，这也是习总书记的殷切祝愿。前景需要每个学子去开拓，理想也要靠我们的双手实现。只要心中有光，脚踏实地，实践就能出真知。在这座流淌着红色血液的英雄之城，让我们用自己的方式来继续讲述新时代的英雄故事。我在"亚洲第一门"等你，南昌大学见！

来自军旗升起的地方

★ **南昌大学**

南昌大学的前身江西医学院、江西大学和江西工业大学分别溯源于1921年创建的江西公立医学专门学校、1940年创建的国立中正大学和1958年创建的江西工学院。1949年，国立中正大学更名为国立南昌大学，后经多次调整，国立南昌大学建制撤销。直到1993年，江西大学、江西工业大学重新组建为南昌大学，2005年，南昌大学与原江西医学院合并组建新的南昌大学。建校以来，学校秉承"格物致新、厚德泽人"的校训，传承"育人为本、教研并重、兼容并蓄、致善致用"的办学思想，坚持开放性、高雅性、定期性、互动性、群众性的原则，共培养了50多万名优秀人才，为经济社会的发展做出了重要贡献。

南昌大学是国家"211工程""双一流"建设高校，地处被誉为"军旗升起的地方"——南昌市。学校设有42个教学单位，13个学科门类，有5所直属附属医院。学校图书馆有图书文献400多万册。截至2023年11月，学校有全日制本科生3.6万余人，各类研究生1.8万余人。学校有在编教职工4000余人，其中专任教师2000余人、有高级职称者1000余人、中国科学院院士3人、中国工程院院士2人、发展中国家科学院院士1人、国际食品科学院院士1人。

第二轮"双一流"建设大学名单显示，南昌大学的材料科学与工程学科已入选国家"双一流"建设学科。同时，学校有1个全国重点实验室，1个国家工程技术研究中心，2个国家地方联合工程研究中心，1个国家国际科技合作基地，1个中国－加拿大食品科学与技术联合实验室（南昌），2个教育部省部共建协同创新中心，以及其他各类国家级、省部级科研平台。

报考须知

生活在南昌大学：

南昌大学食堂众多。其中，第一食堂、第二食堂以供应大众菜为主，味道偏辣。第三食堂、第四食堂离宿舍比较近，在这里吃饭的学生并不少，三食堂的麻辣香锅、四食堂的东北菜都广受好评。风味美食城有来自全国各地的小吃。清真食堂虽是专门为少数民族学生开设，但也深受其他同学的喜爱。

南昌大学的宿舍一般是上床下桌的四人间，带有阳台、洗漱池等。另外，每层宿舍楼会配备活动室，辅导员办公室也设在宿舍楼，辅导员与学生之间沟通起来会更便利。

在南昌大学的学生社团中，抱欢相声社名气不小。该社团会聚了众多相声爱好者，也是学校唯一一个喜剧类的表演社团。社团以"轻松、幽默、诙谐、搞笑"风格见长，不仅发扬了中华传统曲艺文化，为学生提供了一个展示自我的舞台；同时，社团也非常注重培养成员的演出、节目制作与编排能力，对于提高学生自身能力与艺术修养都很有帮助。南昌大学有趣的选修课不少，有模拟法庭、宠物的鉴赏与驯养、戏曲知识和鉴赏、葡萄酒酿造及品尝学等课程。

学费标准：

文史类专业为4650元/学年或4950元/学年，理工、医学类专业为5250元/学年或5550元/学年，计算机类（软件与网络空间）为10000元/学年，艺术类专业为12000元/学年，会计学（国际会计师）和工商管理（中法实验班）为14000元/学年，临床医学（中外合作办学）学费另行公布。

住宿费用：

1000～1200元/学年。

录取规则：

文史、理工类专业录取根据考生投档成绩从高到低按"分数优先，遵循专业志愿"原则择优进行。对无法满足专业志愿的考生，如服从专业调剂，则调剂到未录满的专业；对不服从专业调剂的考生，作退档处理。

护理学专业身高要求男生167cm、女生157cm以上。江西省单独代码录取的护理学专业学生，投档成绩低于学校在江西省同科类其他普通类型投档线的不允许转专业。

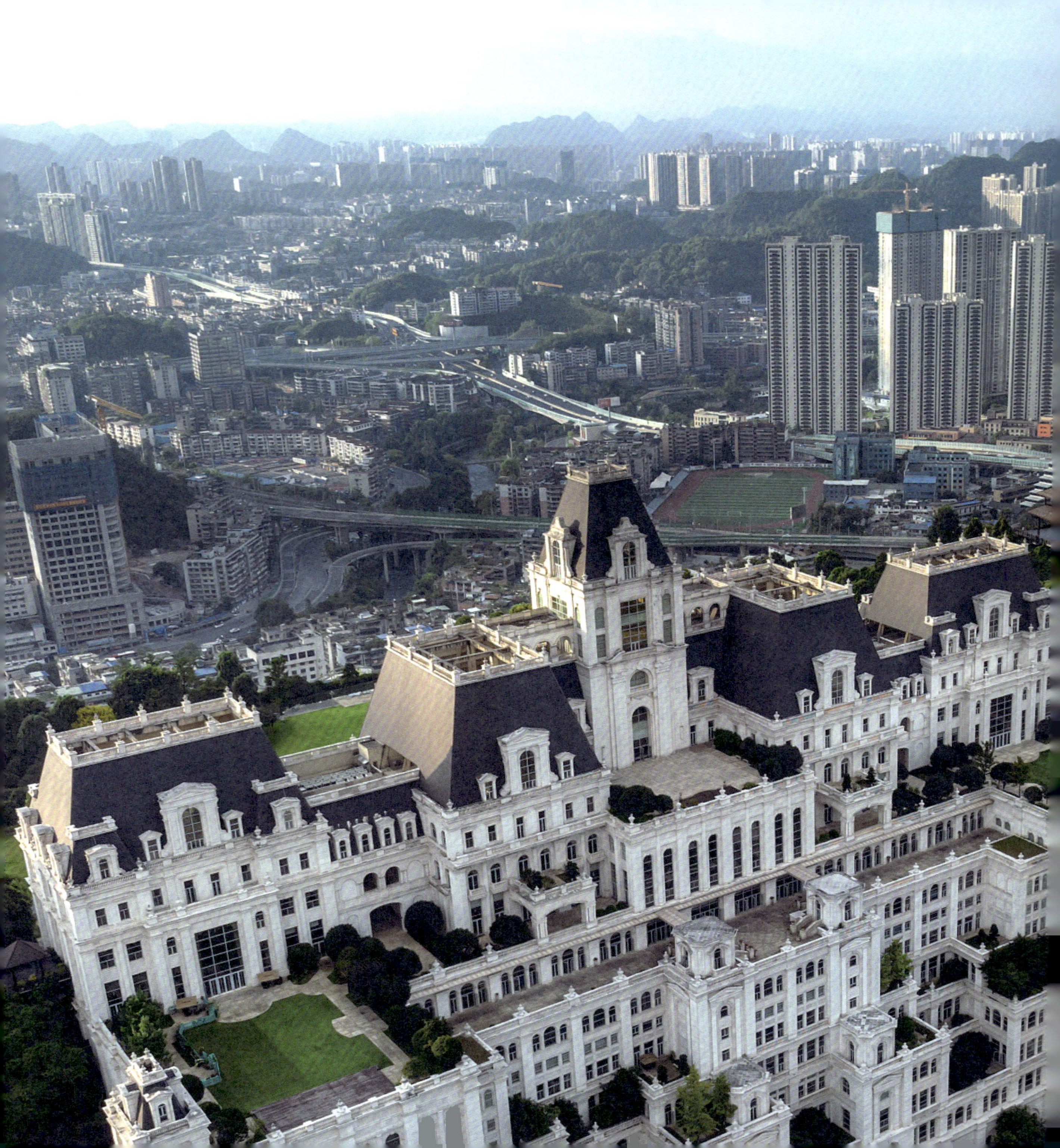

贵阳

GUI YANG

「校友印象」

GUIZHOU UNIVERSITY

贵州大学

千人千面的贵大

历经120多年，贵州大学给秀丽多彩的云贵高原，注入了斩棘辟荒的力量，滋养着一方热土。在贵州大地上书写生命的篇章，这是时代赋予贵大学子的使命和担当。进校第一天，我就感受到了学校浓郁的书香，从师兄师姐身上看到了"贵大力量"。

新时代赋予了贵州大学新的历史使命。作为新一代的贵大人，在老一辈拓荒人的基础上，我们站在了更高的起点上。虽然不及前辈们有底蕴，但我们有新颖的思路和无穷的活力，相信青出于蓝而胜于蓝，在这片热土上唱响时代的最强音。

有人高谈阔论，有人脚踏实地，我选择后者。我的人生新篇章，从贵州大学开启。如今的我，已经是一名资深的"GZUer"，对校园的每个角落都非常熟悉。在迎接新生的时候，我可以滔滔不绝地为他们介绍校园里的每一个打卡点。

三月，春回大地，致诚北路上有着绝对不能错过的视觉盛宴，这是贵大独有的浪漫。道路两旁璀璨的樱花开满枝头，路过的学子纷纷驻足观赏，融融的春意似乎也跃动到了心头。春去秋来，致达路上的银杏也换了新装，金黄的银杏叶努力讲述着关于秋天的故事，点缀着这个季节的校园，也陪伴着学子度过学习时光。

阅湖是我常去的地方之一，平静的阅湖湖面似乎有一种能让人内心安定的力量。夕阳西下，微风吹拂，漫步在湖边，所有的心事也都随风飘去。有时候，我还会到阅湖旁边去跳绳，用运动缓解学习了一天的疲惫。阅湖旁边就是图书馆，所以经常能看见许多同学在这里阅读、学习。

贵大不仅有柔美秀丽的一面，也有磅礴大气的一面。被称为"贵大之印"的新校区图书馆，可以说是每个贵大学子必去的地方，图书馆采用正方体结构，总共十二层，内有数百万册图书任由我们借阅。图书馆外部布满印章回字形造型的"贵"和"图"字，充满着古朴的韵味。在这里学习，学生很容易忘记时间，沉浸在书海中以至于肚子咕咕叫还浑然不觉。

一千个贵大学子眼中有一千个不同的贵大，或古香古色，或青春活泼，或磅礴大气，或厚重沧桑，这些都是贵大的形容词。据说运气爆棚的人会在北校区礼堂前看到彩虹，你是不是那个幸运的人呢？

黔中最高学府

★ 贵州大学

贵州大学也属百年老校，始建于 1902 年，历经贵州大学堂、省立贵州大学、国立贵州农工学院、国立贵州大学。新中国成立后，于 1950 年 10 月定名为贵州大学。1951 年 11 月，毛泽东同志亲笔题写校名。后又经历了停办以及多次重组，2004 年 8 月，新的贵州大学成立。在百余年的办学历程中，虽然校名几经更迭，校址几度变迁，历经沧桑，但百年传承，薪火相继。学校始终坚持以兴学育人为根本，以立足贵州、服务地方为己任，学校由小到大，由弱渐强，形成了"艰苦奋斗，自强不息"的办学精神和"明德至善，博学笃行"的校训，以严谨、求实、创新的校风和丰厚的文化底蕴培养并孕育了大批优秀人才，为国家特别是贵州的经济建设和社会发展提供了强有力的人才支持和智力支撑。

贵州大学是国家"211 工程""双一流"建设高校，学校位处黔中大地，是贵州最高学府。学校涵盖文学、历史学、哲学、理学、工学、农学、医学、经济学、管理学、法学、教育学及艺术学等 12 个门类，下设 40 个学院。学校占地面积为 4600 多亩，另有教学实验农场 1100 多亩，图书馆藏书总量为 390 万余册，电子图书总量为 370 万余册。学校有在校全日制本科生 3.4 万余人，研究生 1.6 万余人；有在职职工 4200 余人，其中专任教师 2800 余人、中国工程院院士 2 人、国际欧亚科学院院士 1 人、国家杰出青年科学基金项目获得者等国家级领军人才 42 人次、中宣部全国文化名家暨"四个一批"人才等国家级青年人才 57 人次等。

第二轮"双一流"建设大学名单显示，贵州大学的"双一流"建设学科为植物保护。科研平台方面，学校有绿色农药与农业生物工程国家重点实验室培育基地、公共大数据国家重点实验室以及 26 个部级以上科研平台与 55 个省级科研平台。

报考须知

🎓 生活在贵州大学：

贵大有十余个食堂，南北口味菜一应俱全。食堂不仅有自选菜、黄焖系列、粉面、砂锅、盖饭、烧腊饭、锅巴、烤鱼等美食，还会提供炒菜、炒粉等夜宵。民族餐厅则结合了民族餐饮的特点，主要提供牛肉系列快餐、粉面等菜品。另外，部分食堂还推出了"轻食减脂餐"，以"少糖、少油、少盐、高蛋白、高纤维"为特点，荤素搭配、营养均衡且价格不贵，深受师生的喜爱。

贵大西校区的宿舍拥有最好的住宿环境，宿舍楼配备电梯，每层楼有带隔间的浴室，部分楼层有洗衣房。宿舍内置阳台和独立卫生间，且均为上床下桌的布局，通常是四人间或六人间。而南校区的宿舍环境也不差，宿舍为六人间，均带独立卫生间、阳台。

贵大的社团很多，有热爱动漫的天陨动漫社，也有致力于汉服文化宣传和普及的汉风府，还有兼具趣味性与学术性的昆虫协会，总而言之，在这里找到兴趣相投的人并不难。同时，贵大也提供了非常多样化的选修课，比如，在数码摄影基础这门课上，老师会系统地教授摄影的基本原理与拍摄技巧，也会带学生到户外进行实践，趣味性十足。

💡 学费标准：

普通类专业有4590元/学年、4920元/学年、5040元/学年等不同标准（软件工程专业为10000元/学年），艺术类专业为10800元/学年，体育类专业为4920元/学年，中外合作办学专业有24000元/学年、60000元/学年两种标准。

🪙 住宿费用：

一般不超过1200元/学年。

录取规则：

对普通类、体育类专业进档考生，学校按照"分数优先"（分数以投档成绩为准）的原则确定专业（含未实行平行志愿模式进档考生的专业安排），即优先满足高分考生的专业志愿，若高分考生第一专业志愿不能录取，按其第二、第三……专业志愿顺序依次择优录取。当考生填报的专业志愿均未被录取时，对服从专业调剂者，调剂到其未填报且学校未录满的专业录取；对不服从专业调剂者，学校将予以退档。

在录取时，对于投档成绩相同的考生，按照各省（区、市）录取子系统中的同分排序从高到低进行录取。若录取子系统中未进行同分排序，则依次分别按语文、数学、外语单科成绩从高到低排序择优录取。

男女比例要求：公共事业管理（预征入伍实验班）仅招收男性考生，其余专业男女不限。

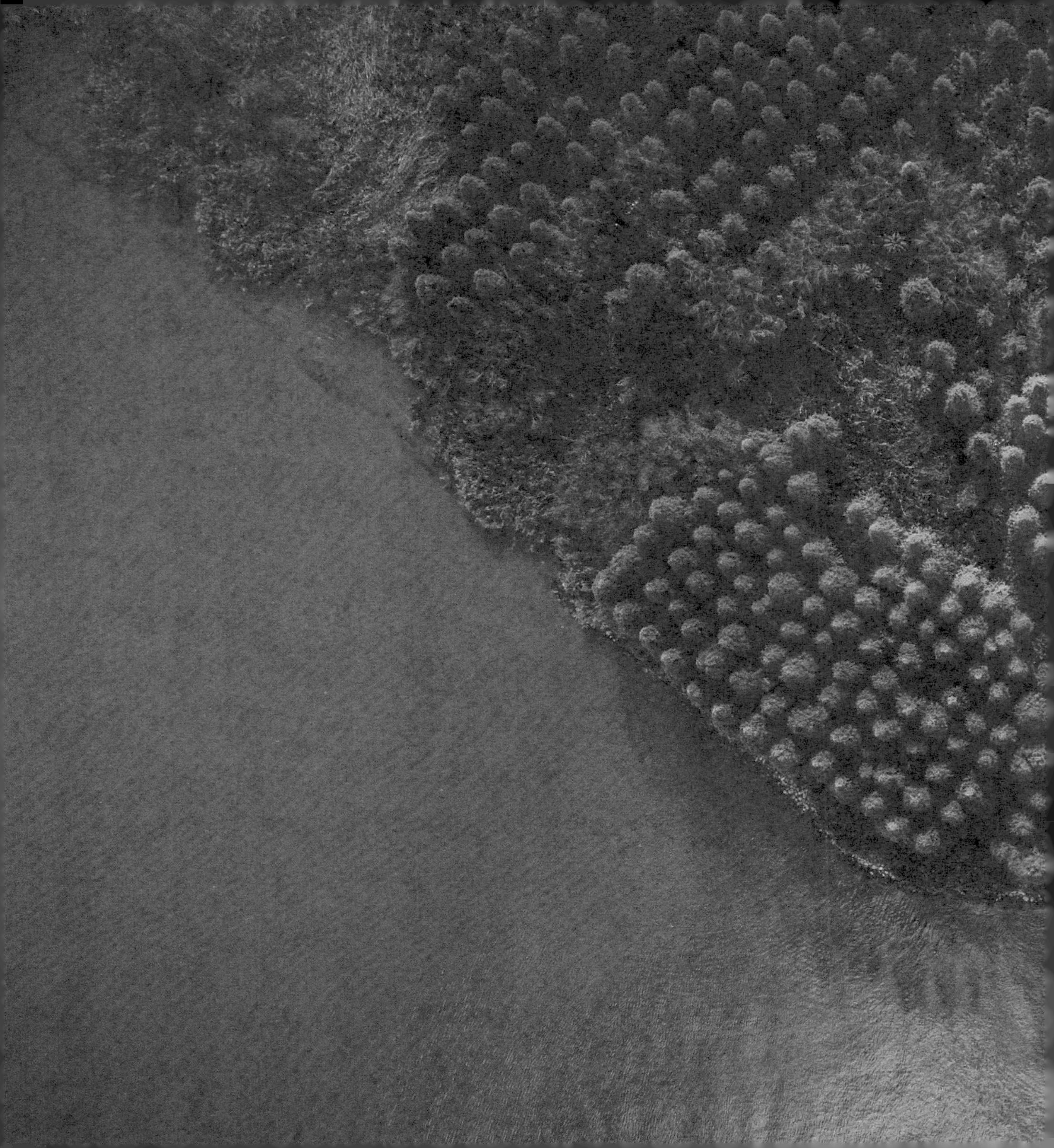

昆明

KUN
MING

「校友印象」

YUNNAN UNIVERSITY

云南大学

百年云大的韵味

用什么词能够形容积蓄了一百年的美，这是我来到云大后一直在思考的问题。2023年，我的母校云南大学迎来百年华诞。这片我深爱的热土，虽然身处西南边陲，但它拥有属于自己的格调，有着属于云南人的精气神。如果要给全国的高校来一场选美，那么我首推自己的母校。

"四时读书好，探研境界更无垠"，1938年的第一次开学典礼，云大学子唱出了自己的心声。从此以后，这首校歌在云大校园里广为流传。伫立于云贵高原，身处高海拔地区，这里的学子"缺氧"却不缺精神。四季如春的昆明，一年四季都是读书的好时光。

七彩云南，是多民族文化融合和碰撞之地，展现了和而不同之美，也让中华文化的内涵更加丰富。古罗马风格的建筑，上面配有精致的雕花，整体恢宏大气，这是呈贡校区的一景——霸气的明远楼。你知道明远楼上一共有多少个台阶吗？不妨抽空去数一数。

闲不住的云大人将从前的储水洼地打造成了清新明丽的自然景观，它就是绝对不能错过的泽湖，我和舍友

还曾经给它取名为天鹅湖。这里是黑天鹅栖息的地方，它们时而昂首，时而交颈，缓缓地划过湖面，优雅极了。

这个四季如春的城市，难得看到秋天的风景。这里的秋天来得似乎更晚，如果你想要欣赏最美的秋景，不如等到 11 月。彼时，银杏大道上遍地都是柔软的黄叶，让人不忍心去踩踏。为了欣赏这难得的美景，银杏大道上来来往往的人们，都不约而同地放慢了脚步，有时甚至会出现拥堵的现象。

都知道云南盛产鲜花，我们学校不仅有规模巨大的玫瑰花田，还有金黄的油菜花，以及浪漫的紫色薰衣草、粉色的粉黛草、黄色的狼尾草，它们点缀了云大的"花花世界"。

呈贡校区的图书馆是我的最爱，这里就是传说中抬头就能看到蓝天的地方。读书感到困惑时，你不妨抬头看看天空，便会豁然开朗。

东陆校区的小吃一条街你逛过吗？谁能想到小吃街已经开到了校园里？如果吃腻了食堂的三餐，不妨尝试一下云南特有的美食，闻名海外的烧豆腐、口感强劲的牛肉干巴，这可是在其他省份的高校无法品尝到的。

学校还有一处隐藏的打卡点，那就是校园的养蜂试验场。几只憨态可掬的羊驼成了这里的镇场之宝，这在云大学子中是心照不宣的小秘密，只不过想要看到这几只小可爱，有时候确实得凭借运气。关于云大的点点滴滴，回想起来都是温暖的，有色彩的，这也许就是这座百年名校的韵味吧。

会泽百家，至公天下

★ 云南大学

云南大学始建于 1922 年，1923 年正式开学，时为私立东陆大学，1934 年更名为省立云南大学，1938 年改为国立云南大学，是我国西部边疆最早建立的综合性大学之一。1946 年，《不列颠百科全书》将云南大学列为中国 15 所在世界最具影响力的大学之一。1950 年，学校定名为云南大学。百年来，云大培养了一大批毕业生，

包括学界、政界和企业界等众多杰出校友，如徐祖耀、陈景、殷之文、戴永年、孙汉董、胡永康、张国成、季维智等院士。同时，云大也是全国民族边疆人才培养重镇，结束了傣族、哈尼族、傈僳族、基诺族、布朗族、景颇族、白族、纳西族等少数民族没有硕士、博士的历史，为云南高等教育体系的建立做出了巨大贡献。

云南大学是国家"211工程""双一流"建设大学，学科涵盖文、史、哲、经、管、法、理、工、农、教育、艺术等多个学科门类。学校下设28个学院，10个研究机构，1家附属医院，84个本科专业。学校占地4300多亩，图书馆藏书400万余册。截至2023年6月，学校已有全日制本科生近1.7万人，全日制硕士研究生近1.2万人，博士研究生1500余人；有教职员工3000余人（不包括附属医院），其中专业技术岗位人员2700余人，院士12人（含双聘），"长江学者"、国家杰出青年科学基金获得者、国家优秀青年科学基金获得者等国家高层次人才近80人。

第二轮"双一流"建设大学名单显示，云南大学的民族学、生态学已入选"双一流"建设学科；科研平台方面，学校有1个省部共建国家重点实验室，1个国际联合研究中心，1个国家技术转移中心，2个国家级众创空间，1个教育部哲学社会科学实验室，1个四部委铸牢中华民族共同体意识研究基地等。

报考须知

🎓 生活在云南大学：

云南大学又称"吃货培训基地",不仅校园环境好,美食也很多。学校食堂价格实惠,菜品也非常有特色。最幸福的莫过于呈贡校区的学生,每年进入玫瑰盛花期时,学校30余亩食用玫瑰园不仅成为校内最亮丽的一道风景,玫瑰花还会被厨师做成美食,如玫瑰奶冻、玫瑰寿司、玫瑰冰粉、玫瑰饼、玫瑰木瓜水、玫瑰苏子包、玫瑰切糕、玫瑰紫薯糕、玫瑰鸡翅、玫瑰香甜骨、玫瑰时蔬圈等,这些食物基本是两三元一份,可以说是真正的色香味俱全,人气极高。除了玫瑰宴,食堂还提供荤素搭配、营养均衡的轻食餐,如蔬菜谷物沙拉、香煎牛肉藜麦沙拉、混合时蔬土豆泥鸡蛋、低卡鲜虾谷物饭等。

云南大学宿舍有四、六、八人间,四人间一般为上床下桌布局,带独立卫浴、阳台,每栋宿舍楼也会配备洗衣房、开水房、乒乓球室、自习室,不仅生活方便,也利于学习。由于云大的校园环境实在是太好了,小动物时不时还会来串门,过去就发生过从动物园跑出来的小熊猫到宿舍楼来"拜访"的情况。

云大有上百个学生社团,种类丰富。每年的校级文艺晚会上,音乐、舞蹈、话剧、朗诵等社团的同学们都会为大家呈现精彩的表演。致力于环保事业的唤青社,热心于非物质文化遗产传承与保护的传艺坊,以及传承中华戏曲、传播戏曲文化的晚翠园戏曲社等也都很有特色,这些社团既给了学生展示自己的平台,又锻炼了学生的团队合作精神与沟通能力。云大也有五花八门的选修课,诸如大学书法、佛教艺术、化妆品原理与应用、云南古代艺术、怎样打官司等课程,可以帮助学生拓宽眼界。

📖 第四轮教育部评定 A+ 学科：

民族学。

💡 学费标准：

普通类专业有3400元/学年、4000元/学年、4500元/学年、5000元/学年等不同标准,艺术类普通专业(音乐学、美术学)为8500元/学年,艺术类普通专业(其他)为10000元/学年,中外合作办学专业有25000元/学年、35000元/学年等不同标准。

🪙 住宿费用：

400～1200元/学年。

👤 录取规则：

在同一批次志愿中,按"高考投档成

绩优先"原则录取，即对已投档考生，按高考投档成绩从高到低排序后，依次按考生填报的专业志愿进行录取，优先满足高分考生的专业志愿。若投档成绩相同，依次比较语文、数学、外语各项成绩，优先录取单科成绩高者。高考投档成绩及上述三门单科成绩均相同时，按"专业志愿优先"原则录取。

对所有专业志愿都无法满足的考生，如果服从专业调剂，将调剂至同批次同科类中尚未完成招生计划的专业；对所有专业志愿都无法满足且不服从专业调剂的考生，作退档处理。

艺术类专业：对已投档至学校的考生，按照"成绩优先"原则进行录取。在高考文化课和专业课统考成绩均达到生源地艺术类本科录取控制线的前提下，美术学、音乐学专业按综合成绩（综合成绩＝文化成绩÷高考文化满分×70+专业课成绩÷专业课统考满分×30）从高到低录取；舞蹈学、绘画、环境设计、视觉传达设计专业按综合成绩（综合成绩＝文化成绩÷高考文化满分×50+专业课成绩÷专业课统考满分×50）从高到低录取，以上包含中外合作办学专业。

若综合成绩相同，按文化课成绩从高到低录取；若综合成绩与文化课成绩均相同，依次比较语文、数学、外语各项成绩，优先录取单科成绩高者；若综合成绩与文化课成绩及上述三门单科成绩均相同，按"专业志愿优先"原则录取。

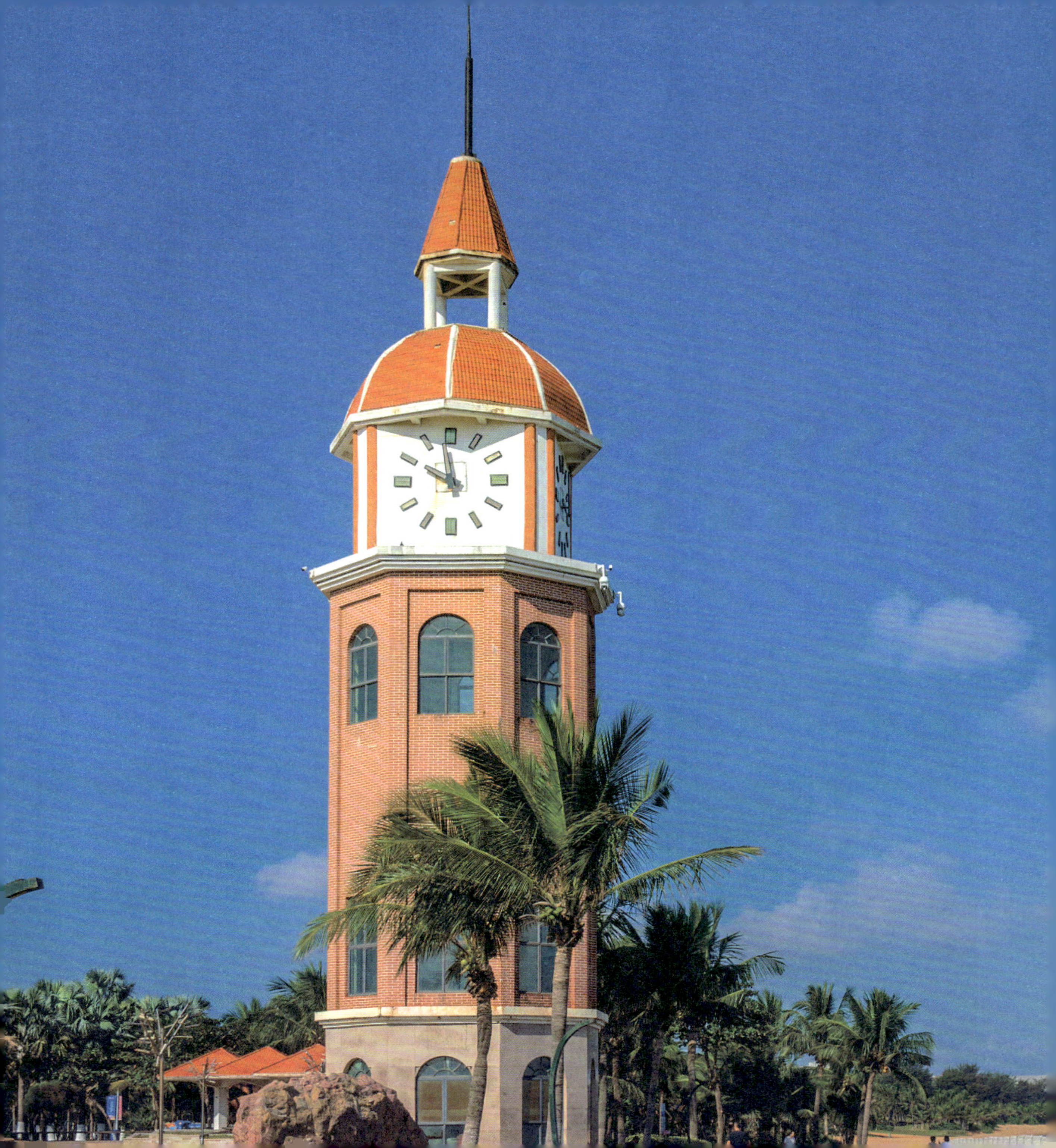

海
口
··················
HAI
KOU

「校友印象」

HAINAN UNIVERSITY

海南大学

面朝大海，
春暖花开

我的大学，在天之涯、海之角，你应该已经猜到它是哪座高校了。没错，它就是我国最温暖的一所大学，也是距离海边最近的大学之一，海南大学。

面朝大海，春暖花开。出于对海洋的热爱，我选择从西北的家乡飞越几千公里到海大求学。在这里，你不仅能感受到来自太平洋的暖风，还能住上性价比超高的"海景房"，只要你能习惯海南夏天的酷热，海南大学可以说是不二的选择。

世界上有各种各样的蓝色，而我最喜欢独一无二的"海大蓝"，这是海大人心中最为经典的颜色。海大的蓝干净纯粹，令人赏心悦目，多了些生机，少了些忧郁，孕育着希望，可迸发出无限可能。

海纳百川，大道致远。大海可以包罗万象，海大亦拥有大海般的胸怀，兼容并包，崇尚自由。这也能从海大的建筑上反映出来，海大的建筑极具特色，有充满异国情调的南洋风格，也有注重通风的热带风格，以及本土传统化风格，十分多元。一路走来，海大一直不忘周总理曾经的嘱托，一代一代的海大人在儋州立业，在宝岛生根。海大周边的红树林，就是校园耕耘史的见证者。这里曾经是不起眼的小水滩，如今已摇身一变，成为让海大人引以为豪的东坡湖，还吸引了众多的白鹭来"打卡"。东坡湖畔，白鹭纷飞，树荫下，学子读书纳凉，仿佛在和文豪苏东坡进行一场时空的对话。海大是懂东坡先生的，时至今日，在海大的校园里还能见到东坡先生的足迹。每天下课时，同学们不约而同地从东坡先生的雕像前路过，让曾经孤身一人流放儋州的东坡先生不再孤独。

此心安处是吾乡，当年东坡先生的一首《定风波》，让人看懂了他的豁达。如今，他的这股精神力量依然影响着许多人。海大学子，不管来自何地，都已经将海大视为自己的第二个家。毕业后我们将各奔东西，心中虽有不舍，但不论到哪里，我们都会坦然面对，也会在心里留一个位置给海大，留给蓝天碧海、椰影婆娑、一年四季都充满阳光的海大。

海纳百川，大道致远

★ 海南大学

海南大学是由原华南热带农业大学与原海南大学合并组建。原华南热带农业大学创建于 1958 年，与创建于 1954 年的中国热带农业科学院紧密结合，并称"热作两院"，被誉为我国热带农业科教领域的"双子星"。在周恩来总理"儋州立业，宝岛生根"光辉题词的激励下，"两院人"经过艰苦卓绝的奋斗，使我国成为世界上唯一在北纬 18°～24°范围内大面积成功种植天然橡胶的国家，使我国从原来的植胶空白国，奇迹般地崛起为世界第五大产胶国。而原海南大学于 1983 年在一片荒滩地上艰难起家，建成了全省规模最大、社会辐射力和影响力广泛的学科专业体系，成为省属综合性重点大学。2007 年 8 月，两校合并组建新海南大学。学校秉承"海纳百川、大道致远"的校训，弘扬"自强敬业、厚德弘毅"的校风，为国家培养了不少人才。

海南大学坐落于滨海之城海口，是国家"211 工程""双一流"建设高校。学校学科涵盖了哲学、经济学、法学、文学、理学、医学、农学、工学、管理学、艺术学等门类，下设 31 个二级学院，72 个本科专业。学校占地超 6000 亩，图书馆纸质馆藏文献有 300 多万册，电子书刊有 333 万册。截至 2023 年 11 月，学校有学生 4.5 万人，专任教师 2800 余人。

海南大学的作物学为国家"双一流"建设学科。学校建设有热带作物生物育种全国重点实验室、数字医学工程全国重点实验室、省部共建南海海洋资源利用国家重点实验室、国家耐盐碱水稻技术创新中心等科研平台。

报考须知

生活在海南大学：

海南大学有十余家食堂，食物形式多样、种类繁多，囊括了各种大众快餐、特色面食、地方风味小吃等。你可以用一口热气腾腾的包子，或者一碗海南特色的炒粉，开启元气满满的一天。经历了一上午的学习，一份清甜鲜香的可乐焖鸭饭或者美味的石锅饭便能为你补充能量。晚上，麻辣香锅、麻辣烫、炸鸡、沙县小吃也任君选择。

海大提供上床下桌布局的四人间宿舍，两张上下铺＋两张上床下桌的六人间，以及由六人间改造而成的五人间宿舍，宿舍内基本都有独立卫浴、阳台，但大部分宿舍内并不提供热水。宿舍楼会配备公共浴室，同时每层楼也带有洗衣机、饮水机等设施。

海大的选修课可谓多姿多彩，在厨艺课上，老师会给学生传授各种原料特性、均衡搭配的原则以及烹饪方法，对于爱动手的吃货来说不容错过。另外，海大还有上百个学生社团，比如笨笨手工艺协会、FREE街舞协会、军事爱好者协会、爱心协会、在路上自行车协会等，你在社团中可以与志同道合的小伙伴们一起，挥洒青春，编织美好的大学回忆。

学费标准：

普通类专业有4100元/学年、4600元/学年、6820元/学年、13600元/学年等不同标准，艺术类专业为8800元/学年，中外合作办学专业有50000元/学年、73000元/学年、80000元/学年等不同标准。

住宿费用：

四人间学生公寓为1200～1450元/学年、六人间学生公寓为800元/学年，普通宿舍为600元/学年。

录取规则：

对同一轮投档的考生，没有特别说明时，录取专业实行分数优先原则，不设专业志愿分数级差，即优先满足高分考生专业志愿。考生分数相近或相同时，先遵从专业志愿，参考考生综合素质评价结果，优先录取与专业相关科目分数高、外语分数高、获得省级以上奖励或因特长加分的考生，外语类专业优先录取英语成绩高的考生。

为鼓励考生第一专业志愿填报园林、水产养殖学、农业资源与环境、动物科学、动物医学、农学、植物保护、园艺、林学、种子科学与工程、农艺教育等农林类专业，实行第一专业志愿优先原则。另外，同一轮投档考生录取时，在考生所填报专业志愿未能录取但同意专业调剂的情况下，若农科类专业未录满，优先录取填报有农科类专业志愿的考生。

建筑学专业学制为五年，要求报考考生具备一定绘画基础，新生入学后须测试绘画水平，测试不合格者转入土木工程专业学习。

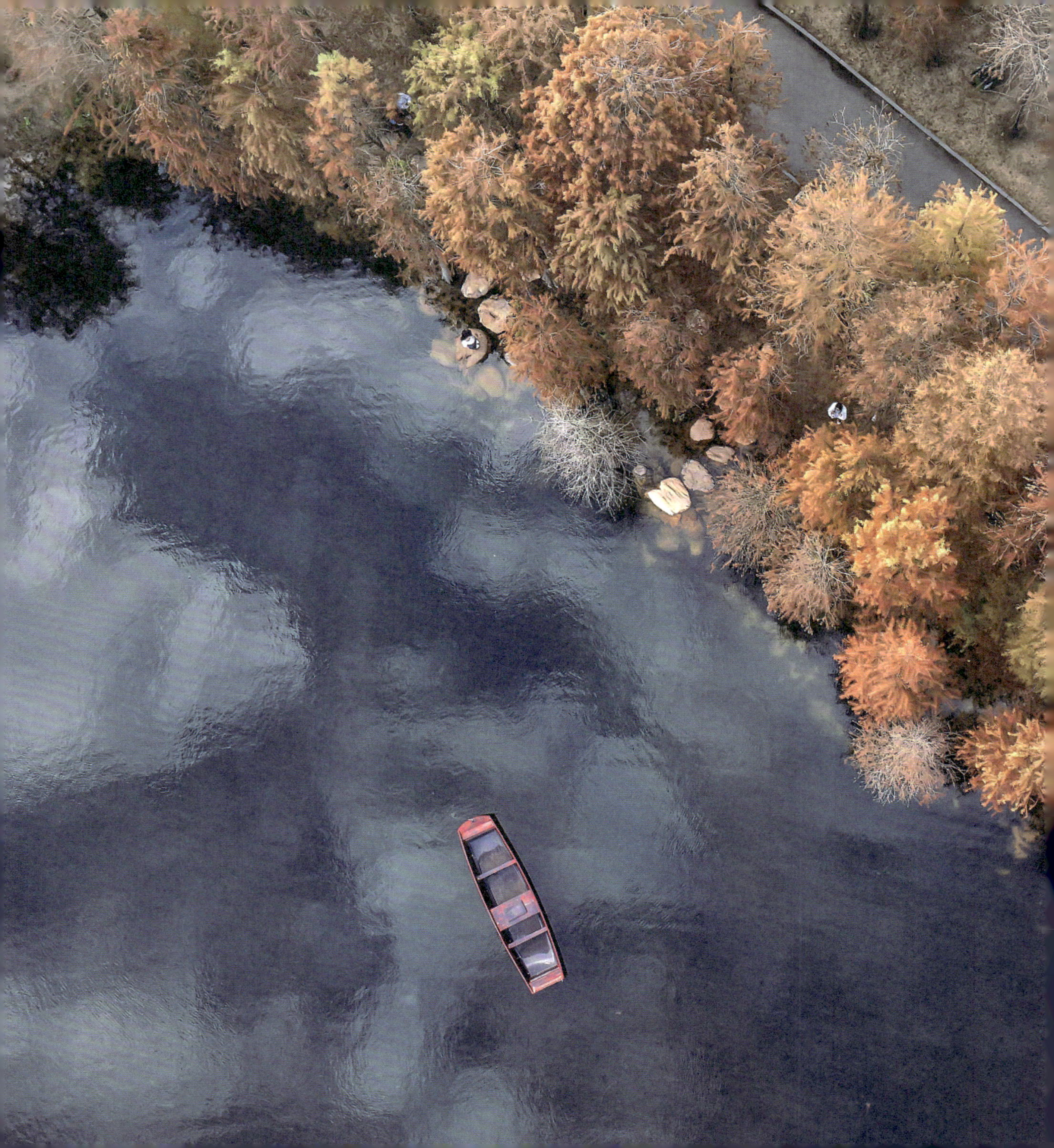

南宁

....

NAN
NING

「校友印象」

GUANGXI UNIVERSITY

广西大学

西大的美，
等你亲自来挖掘

有一所大学，民国时期曾经媲美清华北大，这就是我的母校——广西大学。国立广西大学时期，和蔡元培齐名的校长马君武博士吸引了一大批青年才俊来到学校，当时西大的师资力量可以和北京大学相比。不过后来经过拆分，广西大学便不再是学术舞台上的璀璨明星了。

从梧州蝴蝶山，走到桂林、贵州，最后终于定居南宁，广西大学可谓饱经风霜。西大的面积很大，进了校门，就是一座城。磅礴大气的校门正中央有四个夺目的大字，由毛主席亲笔题写，细心的同学会发现题字两侧各有四朵精致可爱的小花，这就是我们广西盛产的桂花。在丹桂飘香的季节漫步西大校园，空气中弥漫着的都是甜甜的味道。春日的西大，也是繁花似锦的，粉紫相间的紫荆花、洁白无瑕的梨花、热情奔放的三角梅、温文尔雅的木棉竞相绽放，好不热闹。春晖桥下，群鸭嬉戏，树影婆娑，好一场盛景。

西大的校门一直都是网红打卡点，每到毕业季，一些年长者也会相约在校门口拍照留念。他们曾经可能在西大学习过、工作过、奋斗过，后来即便身处他乡，对西大的感情也无法割舍。温柔的夜色中，柔和的灯光下，南大门精致的吊顶让人流连忘返。仔细端详，你会发现它的造型借鉴了广西的铜鼓。作为多民族聚居的地区，广西非常注重民族文化的传播，西大用这种生动的方式，向来自全国各地的学子展示自己的文化特色。

碧云湖中的劝学岛景色宜人，这里有亭台楼阁，连廊水榭，还有再现孔子讲学场景的人物雕像。我抚摸着这些铜像，仿佛穿越了两千多年的历史，耳边响起圣人对弟子们的谆谆教诲，"少而不学，长无能也"，"博学之，审问之，慎思之，明辨之，笃行之"。先贤的智慧，始终鞭策着我们前进，让我们不断审视自己、完善自己。走进典雅庄重的知行书院，这里有着别样的静，尘世的喧嚣自动被隔绝开，是独处、阅读、冥想的好地方。

纸上得来终觉浅，绝知此事要躬行。西大的美，等你亲自来挖掘，西大的历史故事，由你亲自来讲述，你准备好了吗？

勤恳朴诚

★ **广西大学**

广西大学于 1928 年在梧州成立，1939 年成为国立广西大学，首任校长是被誉为教育界"北蔡南马"之一和"一代宗师"的我国著名教育家、科学家、民主革命家马君武博士，李四光、陈望道、李达、陈寅恪、梁漱溟等一大批名家大师曾在这里任教。1952 年，毛泽东同志亲笔题写"广西大学"校名。1953 年，广西大学在全国高校院系调整中被拆分到 19 所高校。1958 年，毛泽东同志批准广西大学恢复重建。1997 年，广西大学与广西农业大学合并组建新的广西大学，90 多年来，广西大学共培养了各类毕业生超 50 万人。

广西大学是国家"211 工程""双一流"建设高校。学校学科涵盖哲、经、法、教、文、理、工、农、医、管、艺等 11 大门类，

下设 26 个学院。学校占地 2 万余亩，图书馆馆藏总量超 535 万册。截至 2023 年 12 月，学校有全日制本科生 2.4 万余人、全日制研究生 1.5 万余人；有在职在编教职工 3000 多人，其中包括全职中国工程院院士 2 人、国家重大人才工程项目人选 56 人、享受国务院特殊津贴者 22 人。

广西大学"双一流"建设学科有土木工程 1 个。广西大学还有 2 个国家重点实验室、1 个国家级国际科技合作基地、1 个国家级高校引智平台、2 个教育部重点实验室、2 个教育部工程研究中心、1 个教育部国别和区域研究基地、2 个省部共建协同创新中心、1 个国家林业和草原局重点实验室等一批国家和部级科研平台，以及 45 个省部级科技创新平台。

报考须知

生活在广西大学：

要问广西大学食堂什么最好吃，各种粉面一定不能错过。东苑的鸡丝凉面颇受学生欢迎，咸香的酱汁搭配韧劲十足的凉面，夏天来一碗，让人十分满足。还有广西人最爱的老友粉，酸辣味的老友炒料搭配广西经典切粉，再来一勺东苑特制辣椒酱，吃起来真是够劲。萃苑的螺蛳粉也很绝，富有嚼劲的粉加以独门螺蛳汤，一口下去，唇齿留香。还有加了卤水的桂林米粉，铺上切好的脆皮、叉烧、锅烧、酸笋、葱花、辣椒等配料，吃起来细腻 Q 弹，鲜香爽口。在西大校园里，每天听到最多的一句话就是：今天去哪吃粉？对于西大人来说，没有什么事情是一碗粉不能解决的。如果有，那就再来一碗。

西大宿舍多为六人间，也有少量五人间和八人间，每间宿舍都会配备空调、风扇、独立卫浴，宿舍楼会配备洗衣房（有洗衣机与烘干机），部分宿舍楼提供健身运动器材以及自习室，基本能满足学生的日常需求。

音乐协会是西大名气最大的社团之一，规模也很大，容纳了各种不同的音乐风格，喜爱音乐的同学们不容错过。青年志愿者协会每年都会举办许多志愿活动，比如助残家教、义卖工艺培训、支教等，致力于用热情与真诚给他人带来快乐，在这里，学生能很好地锻炼自己的各方面能力。选修课方面，女性学概论课、红木文化课等课程的口碑都不错。

学费标准：

有 4928 元 / 学年、5448 元 / 学年、5965 元 / 学年、5986 元 / 学年等不同标准，另外，艺术类专业为 11988 元 / 学年，体育类专业为 5451 元 / 学年。

住宿费用：

600 ~ 1350 元 / 学年。

录取规则：

对以顺序志愿进档的考生不设置学校志愿分数级差，优先录取第一志愿考生，若第一志愿考生生源不足，可接收非第一志愿的考生。所有考生的全部专业志愿录取结束后，对未满足专业志愿的考生，若服从专业调剂，则调剂到其他未录取满额的专业；若不服从专业调剂，则作退档处理。

对于进档的考生（不含艺术类），不设置专业级差。根据投档成绩从高分至低分依照其专业志愿顺序安排专业，优先满足高分考生的专业志愿。对于投档分数相同的考生，按照各省级招生主管部门确定的同分排序规则进行录取。在内蒙古自治区实行招生计划 1:1 范围内按专业志愿排队录取的录取规则。

建筑学专业新生入学后须复试美术，不合格者将被调入其他专业。

报考外国语言文学类（英语、翻译）专业的考生，如所在省级招办组织外语口试,须参加口试且成绩合格。学校仅以英语作为公共基础外语安排教学，公共外语课及相关专业课不具备非英语语种开设条件，非英语语种的考生在填报志愿时须慎重。

全国优质大学重点学科分布明细						
	序号	省（区、市）	院校	类型	评估结果	学科明细
"985工程"大学（39所）	1	北京市（8所）	北京大学	综合类大学	A+	哲学、应用经济学、政治学、社会学、心理学、中国语言文学、外国语言文学、艺术学理论、考古学、世界史、数学、物理学、化学、地理学、大气科学、生物学、统计学、力学、计算机科学与技术、基础医学、口腔医学
					A	理论经济学、法学、马克思主义理论、中国史、生态学、电子科学与技术、环境科学与工程、软件工程、药学、工商管理、公共管理
					A-	教育学、临床医学、公共卫生与预防医学
	2		清华大学	综合类大学	A+	马克思主义理论、设计学、化学、生物学、力学、机械工程、仪器科学与技术、材料科学与工程、动力工程及工程热物理、电气工程、控制科学与工程、计算机科学与技术、建筑学、水利工程、核科学与技术、环境科学与工程、城乡规划学、风景园林学、管理科学与工程、工商管理、公共管理

此表格中评估结果以教育部公布的第四轮学科评估结果为准，部分学校以第二轮"双一流"建设学科为准。

全国优质大学重点学科分布明细

	序号	省（区、市）	院校	类型	评估结果	学科明细
"985工程"大学（39所）	2	北京市（8所）	清华大学	综合类大学	A	法学、数学、物理学、电子科学与技术、信息与通信工程、土木工程、化学工程与技术、软件工程
					A-	应用经济学、政治学、社会学、外国语言文学、新闻传播学、艺术学理论、美术学、生物医学工程
	3		中国人民大学	综合类大学	A+	理论经济学、应用经济学、法学、社会学、马克思主义理论、新闻传播学、统计学、工商管理、公共管理
					A	哲学、政治学
					A-	中国语言文学、中国史、图书情报与档案管理
	4		北京理工大学	理工类大学	A+	兵器科学与技术
					A	机械工程、控制科学与工程
					A-	光学工程、材料科学与工程、信息与通信工程、计算机科学与技术、化学工程与技术、管理科学与工程

全国优质大学重点学科分布明细

	序号	省（区、市）	院校	类型	评估结果	学科明细
"985工程"大学（39所）	5	北京市（8所）	北京航空航天大学	理工类大学	A+	仪器科学与技术、材料科学与工程、航空宇航科学与技术、软件工程
					A	控制科学与工程、计算机科学与技术、管理科学与工程
					A-	外国语言文学、力学、机械工程、信息与通信工程、交通运输工程、生物医学工程、公共管理
	6		北京师范大学	师范类大学	A+	教育学、心理学、中国语言文学、戏剧与影视学、中国史、地理学
					A	数学、环境科学与工程
					A-	哲学、理论经济学、马克思主义理论、外国语言文学、生态学、统计学、公共管理
	7		中央民族大学	民族类大学	A+	民族学
	8		中国农业大学	农林类大学	A+	农业工程、食品科学与工程、作物学、畜牧学、兽医学、草学
					A	生物学

全国优质大学重点学科分布明细

	序号	省（区、市）	院校	类型	评估结果	学科明细
"985工程"大学（39所）	8	北京市（8所）	中国农业大学	农林类大学	A-	农业资源与环境、植物保护
	9	山东省（2所）	山东大学	综合类大学	A+	数学
					A	马克思主义理论、中国语言文学
					A-	应用经济学、外国语言文学、控制科学与工程、药学、工商管理
	10		中国海洋大学	综合类大学	A+	海洋科学、水产
	11	吉林省（1所）	吉林大学	综合类大学	A	马克思主义理论、化学
					A-	哲学、法学、政治学、考古学、数学、物理学、机械工程、计算机科学与技术、工商管理
	12	天津市（2所）	南开大学	综合类大学	A	理论经济学、数学、化学、统计学、工商管理
					A-	应用经济学、政治学、马克思主义理论、中国语言文学、中国史、世界史、物理学、生物学、环境科学与工程

全国优质大学重点学科分布明细

	序号	省（区、市）	院校	类型	评估结果	学科明细
"985工程"大学（39所）	13	天津市（2所）	天津大学	综合类大学	A+	化学工程与技术
					A	机械工程、光学工程、仪器科学与技术、管理科学与工程
					A-	力学、材料科学与工程、动力工程及工程热物理、建筑学、土木工程、水利工程、环境科学与工程、城乡规划学、软件工程
	14	甘肃省（1所）	兰州大学	综合类大学	A+	草学
					A	生态学
	15	黑龙江省（1所）	哈尔滨工业大学	理工类大学	A+	机械工程、控制科学与工程、环境科学与工程
					A	力学、材料科学与工程、计算机科学与技术、土木工程、管理科学与工程
					A-	数学、光学工程、仪器科学与技术、动力工程及工程热物理、电气工程、信息与通信工程、化学工程与技术、城乡规划学、软件工程

全国优质大学重点学科分布明细

	序号	省（区、市）	院校	类型	评估结果	学科明细
"985工程"大学（39所）	16	辽宁省（2所）	东北大学	理工类大学	A	控制科学与工程
					A-	材料科学与工程、计算机科学与技术、软件工程
	17		大连理工大学	理工类大学	A	机械工程、化学工程与技术
					A-	力学、土木工程、环境科学与工程、管理科学与工程、工商管理
	18	陕西省（3所）	西安交通大学	综合类大学	A+	动力工程及工程热物理、电气工程
					A	数学、力学、机械工程、工商管理
					A-	应用经济学、马克思主义理论、材料科学与工程、电子科学与技术、控制科学与工程、计算机科学与技术、管理科学与工程、公共管理
	19		西北工业大学	综合类大学	A+	航空宇航科学与技术
					A	材料科学与工程

300

全国优质大学重点学科分布明细

	序号	省（区、市）	院校	类型	评估结果	学科明细
"985工程"大学（39所）	20	陕西省（3所）	西北农林科技大学	农林类大学	A-	计算机科学与技术
					A-	林学
	21		电子科技大学	理工类大学	A+	电子科学与技术、信息与通信工程
					A	计算机科学与技术
					A-	光学工程
	22	四川省（2所）	四川大学	综合类大学	A+	口腔医学
					A	中国语言文学
					A-	马克思主义理论、数学、化学、生物学、材料科学与工程、化学工程与技术、生物医学工程、软件工程、临床医学、药学、护理学、管理科学与工程、工商管理、公共管理
	23	重庆市（1所）	重庆大学	综合类大学	A-	机械工程、仪器科学与技术、电气工程

全国优质大学重点学科分布明细

	序号	省（区、市）	院校	类型	评估结果	学科明细
"985工程"大学（39所）	24	江苏省（2所）	南京大学	综合类大学	A+	天文学、地质学、图书情报与档案管理
					A	哲学、社会学、中国语言文学、外国语言文学、中国史、物理学、生物学、计算机科学与技术、环境科学与工程、软件工程、工商管理
					A−	理论经济学、法学、数学、化学、地理学、生态学、电子科学与技术
	25		东南大学	综合类大学	A+	艺术学理论、建筑学、土木工程、交通运输工程、生物医学工程
					A	电子科学与技术
					A−	仪器科学与技术、信息与通信工程、控制科学与工程、城乡规划学、风景园林学、管理科学与工程
	26	湖南省（3所）	湖南大学	综合类大学	A−	设计学、化学、机械工程、土木工程、工商管理
	27		中南大学	综合类大学	A+	冶金工程、矿业工程、护理学

全国优质大学重点学科分布明细

	序号	省（区、市）	院校	类型	评估结果	学科明细
"985工程"大学（39所）	27	湖南省（3所）	中南大学	综合类大学	A-	马克思主义理论、机械工程、材料科学与工程、控制科学与工程、计算机科学与技术、土木工程、安全科学与工程、临床医学、管理科学与工程
	28		国防科技大学	军事类大学	A+	系统科学、计算机科学与技术、软件工程、管理科学与工程
					A	光学工程、信息与通信工程、控制科学与工程
					A-	机械工程
	29	福建省（1所）	厦门大学	综合类大学	A+	海洋科学
					A	应用经济学、化学、统计学、工商管理
					A-	法学、生物学
	30	安徽省（1所）	中国科学技术大学	综合类大学	A+	物理学、化学、天文学、地球物理学、科学技术史、核科学与技术、安全科学与工程
					A	数学、生物学
					A-	统计学、材料科学与工程、计算机科学与技术、环境科学与工程、软件工程、管理科学与工程

	序号	省（区、市）	院校	类型	评估结果	学科明细
"985工程"大学（39所）	31	上海市（4所）	同济大学	综合类大学	A+	土木工程、环境科学与工程、城乡规划学、管理科学与工程
					A	设计学
					A-	数学、机械工程、计算机科学与技术、建筑学、交通运输工程、风景园林学、软件工程
	32		华东师范大学	师范类大学	A+	教育学、世界史
					A	体育学、中国语言文学、地理学、统计学、软件工程
					A-	马克思主义理论、心理学、外国语言文学、数学、生态学
	33		上海交通大学	综合类大学	A+	生物学、机械工程、船舶与海洋工程、临床医学、工商管理
					A	外国语言文学、数学、物理学、材料科学与工程、动力工程及工程热物理、信息与通信工程、控制科学与工程、计算机科学与技术、生物医学工程、管理科学与工程

全国优质大学重点学科分布明细

	序号	省（区、市）	院校	类型	评估结果	学科明细
"985工程"大学（39所）	33	上海市（4所）	上海交通大学	综合类大学	A-	法学、新闻传播学、化学、仪器科学与技术、电子科学与技术、环境科学与工程、软件工程、基础医学、药学、公共管理
	34		复旦大学	综合类大学	A+	哲学、理论经济学、政治学、中国史、数学
					A	马克思主义理论、中国语言文学、新闻传播学、物理学、化学、基础医学、临床医学、工商管理
					A-	应用经济学、社会学、外国语言文学、生物学、生态学、电子科学与技术、公共卫生与预防医学、中西医结合、药学、公共管理
	35	湖北省（2所）	华中科技大学	综合类大学	A+	机械工程、光学工程、生物医学工程、公共卫生与预防医学
					A	新闻传播学、电气工程、计算机科学与技术
					A-	物理学、生物学、动力工程及工程热物理、控制科学与工程、临床医学、工商管理、公共管理

全国优质大学重点学科分布明细

	序号	省（区、市）	院校	类型	评估结果	学科明细
"985工程"大学（39所）	36	湖北省（2所）	武汉大学	综合类大学	A+	马克思主义理论、地球物理学、测绘科学与技术、图书情报与档案管理
					A	法学、生物学、软件工程、公共管理
					A−	哲学、理论经济学、中国语言文学、新闻传播学、数学、物理学、化学、地理学、计算机科学与技术、水利工程、工商管理
	37	广东省（2所）	华南理工大学	综合类大学	A+	轻工技术与工程
					A−	机械工程、材料科学与工程、建筑学、化学工程与技术、环境科学与工程、食品科学与工程、管理科学与工程
	38		中山大学	综合类大学	A+	生态学、工商管理
					A	马克思主义理论、公共管理
					A−	哲学、中国语言文学、中国史、数学、物理学、化学、生物学、基础医学、临床医学、药学
	39	浙江省（1所）	浙江大学	综合类大学	A+	生态学、光学工程、控制科学与工程、计算机科学与技术、农业工程、软件工程、园艺学、农业资源与环境、植物保护、临床医学、农林经济管理

全国优质大学重点学科分布明细

	序号	省（区、市）	院校	类型	评估结果	学科明细
"985工程"大学（39所）	39	浙江省（1所）	浙江大学	综合类大学	A	中国语言文学、外国语言文学、机械工程、材料科学与工程、动力工程及工程热物理、土木工程、化学工程与技术、环境科学与工程、药学、管理科学与工程、公共管理
					A−	理论经济学、法学、马克思主义理论、教育学、设计学、数学、物理学、化学、生物学、电气工程、电子科学与技术、生物医学工程、食品科学与工程、作物学、畜牧学、基础医学、工商管理
"211工程"大学（除"985"外的76所）	1	北京市（18所）	北京邮电大学	理工类大学	A+	信息与通信工程
					A	计算机科学与技术
					A−	电子科学与技术
	2		北京交通大学	理工类大学	A+	系统科学
					A−	信息与通信工程、计算机科学与技术、交通运输工程、工商管理
	3		北京科技大学	理工类大学	A+	科学技术史、冶金工程
					A	材料科学与工程

307

全国优质大学重点学科分布明细

	序号	省（区、市）	院校	类型	评估结果	学科明细
"211工程"大学（除"985"外的76所）	4	北京市（18所）	对外经济贸易大学	财经类大学	A	应用经济学、工商管理
					A-	法学、外国语言文学
	5		华北电力大学	理工类大学	A	电气工程
					A-	动力工程及工程热物理
	6		中国传媒大学	语言类大学	A+	新闻传播学、戏剧与影视学
					A-	艺术学理论
	7		北京工业大学	理工类大学	A	土木工程
					A-	环境科学与工程
	8		北京化工大学	理工类大学	A	化学工程与技术
					A-	材料科学与工程
	9		中国矿业大学（北京）	理工类大学	A+	矿业工程、安全科学与工程
					A-	测绘科学与技术、地质资源与地质工程
	10		中国石油大学（北京）	理工类大学	A+	地质资源与地质工程、石油与天然气工程
					A-	化学工程与技术

全国优质大学重点学科分布明细

	序号	省（区、市）	院校	类型	评估结果	学科明细
"211工程"大学（除"985"外的76所）	11	北京市（18所）	中央财经大学	财经类大学	A+	应用经济学
					A-	工商管理
	12		中国地质大学（北京）	理工类大学	A+	地质学、地质资源与地质工程
	13		北京外国语大学	语言类大学	A+	外国语言文学
	14		中国政法大学	政法类大学	A+	法学
	15		中央音乐学院	艺术类大学	A+	音乐与舞蹈学
	16		北京林业大学	农林类大学	A+	风景园林学、林学
	17		北京中医药大学	医药类大学	A+	中医学、中西医结合
	18		北京体育大学	体育类大学	A+	体育学
	19	福建省（1所）	福州大学	理工类大学	A-	化学

309

全国优质大学重点学科分布明细

	序号	省（区、市）	院校	类型	评估结果	学科明细
"211工程"大学（除"985"外的76所）	20	广东省（2所）	暨南大学	综合类大学	A-	新闻传播学
	21		华南师范大学	师范类大学	A+	心理学
					A-	马克思主义理论、教育学、体育学
	22	广西壮族自治区（1所）	广西大学	综合类大学	双一流	土木工程
	23	贵州省（1所）	贵州大学	综合类大学	双一流	植物保护
	24	海南省（1所）	海南大学	综合类大学	双一流	作物学
	25	河北省（1所）	河北工业大学	理工类大学	双一流	电气工程
	26	河南省（1所）	郑州大学	综合类大学	双一流	化学、材料科学与工程、临床医学
	27	黑龙江省（3所）	东北林业大学	农林类大学	A+	林业工程
	28		东北农业大学	农林类大学	双一流	畜牧学

	序号	省（区、市）	院校	类型	评估结果	学科明细
"211工程"大学（除"985"外的76所）	29	黑龙江省（3所）	哈尔滨工程大学	理工类大学	A+	船舶与海洋工程
					A-	控制科学与工程
	30	湖南省（1所）	湖南师范大学	师范类大学	双一流	外国语言文学
	31	吉林省（2所）	延边大学	综合类大学	双一流	外国语言文学
	32		东北师范大学	师范类大学	A+	马克思主义理论
					A	教育学、生态学、统计学
					A-	世界史、生物学
	33	陕西省（5所）	西安电子科技大学	理工类大学	A+	电子科学与技术
					A	信息与通信工程
					A-	计算机科学与技术
	34		空军军医大学	军事类大学	A+	口腔医学
	35		陕西师范大学	师范类大学	双一流	中国语言文学

全国优质大学重点学科分布明细

	序号	省（区、市）	院校	类型	评估结果	学科明细
"211工程"大学（除"985"外的76所）	36	陕西省（5所）	西北大学	综合类大学	A+	考古学
					A-	理论经济学
	37		长安大学	理工类大学	双一流	交通运输工程
	38	山西省（1所）	太原理工大学	理工类大学	双一流	化学工程与技术
	39	重庆市（1所）	西南大学	综合类大学	A-	马克思主义理论、教育学、心理学
	40	云南省（1所）	云南大学	综合类大学	A+	民族学
					A-	生态学
	41	安徽省（2所）	合肥工业大学	理工类大学	A	管理科学与工程
	42		安徽大学	综合类大学	双一流	材料科学与工程
	43	江苏省（9所）	南京航空航天大学	理工类大学	A-	力学、机械工程、管理科学与工程
	44		南京理工大学	理工类大学	A+	兵器科学与技术

全国优质大学重点学科分布明细							
	序号	省（区、市）	院校	类型	评估结果	学科明细	
"211工程"大学（除"985"外的76所）	44	江苏省（9所）	南京理工大学	理工类大学	A-	化学工程与技术	
	45		河海大学	综合类大学	A+	水利工程	
					A-	土木工程、环境科学与工程	
	46		苏州大学	综合类大学	A-	设计学、软件工程	
	47		南京师范大学	师范类大学	A	马克思主义理论、教育学	
					A-	中国语言文学、外国语言文学、美术学、地理学	
	48		江南大学	综合类大学	A+	轻工技术与工程、食品科学与工程	
					A-	设计学	
	49		中国药科大学	医药类大学	A+	药学	
	50		南京农业大学	农林类大学	A+	作物学、农业资源与环境、植物保护、农林经济管理	

全国优质大学重点学科分布明细

	序号	省（区、市）	院校	类型	评估结果	学科明细
"211工程"大学（除"985"外的76所）	50	江苏省（9所）	南京农业大学	农林类大学	A	公共管理
					A-	食品科学与工程、园艺学
	51		中国矿业大学	综合类大学	A+	矿业工程、安全科学与工程
					A-	测绘科学与技术、地质资源与地质工程
	52		中南财经政法大学	财经类大学	A-	应用经济学、法学
	53		华中师范大学	师范类大学	A	马克思主义理论、教育学
					A-	政治学、中国史
	54	湖北省（5所）	武汉理工大学	理工类大学	A+	材料科学与工程
	55		中国地质大学（武汉）	理工类大学	A+	地质学、地质资源与地质工程
	56		华中农业大学	农林类大学	A+	园艺学、畜牧学、兽医学
					A	生物学
					A-	食品科学与工程、作物学、农林经济管理

全国优质大学重点学科分布明细

	序号	省（区、市）	院校	类型	评估结果	学科明细
"211工程"大学（除"985"外的76所）	57	江西省（1所）	南昌大学	综合类大学	A	食品科学与工程
	58	辽宁省（2所）	大连海事大学	理工类大学	双一流	交通运输工程
	59		辽宁大学	综合类大学	双一流	应用经济学
	60	青海省（1所）	青海大学	综合类大学	双一流	生态学
	61	山东省（1所）	中国石油大学（华东）	理工类大学	A+	地质资源与地质工程、石油与天然气工程
					A-	化学工程与技术
	62	上海市（6所）	上海财经大学	财经类大学	A	应用经济学、工商管理
					A-	统计学
	63		上海外国语大学	语言类大学	A+	外国语言文学
	64		上海大学	综合类大学	A-	社会学、美术学
	65		华东理工大学	理工类大学	A+	化学工程与技术

全国优质大学重点学科分布明细

	序号	省（区、市）	院校	类型	评估结果	学科明细
"211工程"大学（除"985"外的76所）	66	上海市（6所）	海军军医大学	军事类大学	A+	护理学
					A-	基础医学、药学
	67		东华大学	综合类大学	A+	纺织科学与工程
	68	天津市（1所）	天津医科大学	医科类大学	双一流	临床医学
	69	新疆维吾尔自治区（2所）	新疆大学	综合类大学	双一流	马克思主义理论、化学、计算机科学与技术
	70		石河子大学	综合类大学	双一流	化学工程与技术
	71	内蒙古自治（1所）	内蒙古大学	综合类大学	双一流	生物学
	72	宁夏回族自治区（1所）	宁夏大学	综合类大学	双一流	化学工程与技术
	73	西藏自治区（1所）	西藏大学	综合类大学	双一流	生态学
	74	四川省（3所）	西南财经大学	财经类大学	A-	应用经济学、工商管理
	75		西南交通大学	理工类大学	A+	交通运输工程

全国优质大学重点学科分布明细

	序号	省（区、市）	院校	类型	评估结果	学科明细
"211工程"大学（除"985"外的76所）	75	四川省（3所）	西南交通大学	理工类大学	A-	土木工程
	76		四川农业大学	农林类大学	A-	畜牧学
"双一流"建设大学（除"985""211"外的32所）	1	北京市（9所）	北京协和医学院	医药类大学	A+	基础医学、药学
					A	临床医学
					A-	护理学
	2		中国科学院大学	综合类大学	A+	数学、物理学、化学、天文学、地理学、大气科学、海洋科学、地球物理学、地质学、生物学、系统科学、生态学、电子科学与技术、计算机科学与技术、环境科学与工程、农业资源与环境、水产、药学
					A	光学工程、材料科学与工程、信息与通信工程、控制科学与工程、化学工程与技术、管理科学与工程
					A-	心理学、统计学、力学、仪器科学与技术、土木工程、软件工程

317

全国优质大学重点学科分布明细						
	序号	省（区、市）	院校	类型	评估结果	学科明细
"双一流"建设大学（除"985""211"外的32所）	3	北京市（9所）	中国美术学院	艺术类大学	A+	美术学、设计学
					A-	艺术学理论
	4		中国人民公安大学	政法类大学	双一流	公安学
	5		中国音乐学院	艺术类大学	A	音乐与舞蹈学
	6		中央美术学院	艺术类大学	A+	美术学
					A	设计学
	7		中央戏剧学院	艺术类大学	A-	戏剧与影视学
	8		首都师范大学	师范类大学	A-	马克思主义理论、教育学、中国语言文学、美术学、世界史
	9		外交学院	语言类大学	双一流	政治学
	10	四川省（3所）	成都理工大学	理工类大学	双一流	地质资源与地质工程
	11		成都中医药大学	医药类大学	双一流	中药学
	12		西南石油大学	综合类大学	A+	石油与天然气工程

	全国优质大学重点学科分布明细					
	序号	省（区、市）	院校	类型	评估结果	学科明细
"双一流"建设大学（除"985""211"外的32所）	13	上海市（5所）	上海海洋大学	农林类大学	A+	水产
	14		上海科技大学	理工类大学	双一流	材料科学与工程
	15		上海体育大学	体育类大学	A+	体育学
	16		上海音乐学院	艺术类大学	A+	音乐与舞蹈学
	17		上海中医药大学	医药类大学	A+	中医学、中西医结合、中药学
	18	天津市（2所）	天津工业大学	综合类大学	A+	纺织科学与工程
	19		天津中医药大学	医药类大学	A-	中药学
	20	广东省（3所）	广州医科大学	医药类大学	双一流	临床医学
	21		广州中医药大学	医药类大学	A-	中西医结合
	22		华南农业大学	综合类大学	A-	兽医学

全国优质大学重点学科分布明细

序号	省（区、市）	院校	类型	评估结果	学科明细
"双一流"建设大学（除"985""211"外的32所）					
23	江苏省（5所）	南京林业大学	农林类大学	A+	林业工程、林学
				A-	风景园林学
24		南京信息工程大学	综合类大学	A+	大气科学
25		南京医科大学	医药类大学	A+	公共卫生与预防医学
26		南京中医药大学	医药类大学	A-	中医学、中西医结合、中药学
27		南京邮电大学	理工类大学	双一流	电子科学与技术
28	河南省（1所）	河南大学	综合类大学	双一流	生物学
29	浙江省（1所）	宁波大学	综合类大学	双一流	力学
30	深圳市（1所）	南方科技大学	理工类大学	双一流	数学
31	湖南省（1所）	湘潭大学	综合类大学	双一流	数学
32	山西省（1所）	山西大学	综合类大学	双一流	哲学、物理学